建筑工程管理与成本核算

翟兴众　吕燕　石峰　著

吉林科学技术出版社

图书在版编目（CIP）数据

建筑工程管理与成本核算 / 翟兴众，吕燕，石峰著
. -- 长春：吉林科学技术出版社，2023.5
ISBN 978-7-5744-0457-1

Ⅰ. ①建… Ⅱ. ①翟… ②吕… ③石… Ⅲ. ①建筑工程—成本管理—研究 Ⅳ. ① F407.967.2

中国国家版本馆 CIP 数据核字 (2023) 第 105636 号

建筑工程管理与成本核算

著　　翟兴众　吕　燕　石　峰
出 版 人　宛　霞
责任编辑　程　程
封面设计　何路遥
制　　版　何路遥
幅面尺寸　185mm × 260mm
开　　本　16
字　　数　360 千字
印　　张　18
印　　数　1–1500 册
版　　次　2023年5月第1版
印　　次　2024年1月第1次印刷

出　　版　吉林科学技术出版社
发　　行　吉林科学技术出版社
地　　址　长春市福祉大路5788号
邮　　编　130118
发行部电话/传真　0431-81629529 81629530 81629531
81629532 81629533 81629534
储运部电话　0431-86059116
编辑部电话　0431-81629518
印　　刷　廊坊市印艺阁数字科技有限公司

书　　号　ISBN 978-7-5744-0457-1
定　　价　111.00元

前 言

建筑业作为我国国民经济发展的支柱产业之一，长期以来为国民经济的发展做出了突出的贡献。特别是进入21世纪以后，建筑业发生了巨大的变化，我国的建筑施工技术水平跻身于世界先进行列，在解决重大项目的科研攻关中得到了长足发展，我国的建筑施工企业已成为发展经济、建设国家的一支重要的有生力量。

随着社会的发展，城市化进程的加快，建筑领域科技的进步，市场竞争将日趋激烈，面对当前竞争激烈的建筑市场，如何强化和完善建筑工程管理与成本核算，不断提高施工企业水平，从而节约成本，实现企业经济效益最大化，是所有建筑工程施工企业的共同目标。建筑工程成本是指建筑企业在以项目作为成本核算对象的施工过程中所耗费的生产资料转移价值和劳动者的必要劳动所创造的价值的货币形式。它主要包括消耗的原材料、辅助材料、构配件等费用，周转材料的摊销费或租赁费，施工机械的使用费或租赁费，支付给生产工人的工资、奖金、工资性质的津贴等，以及进行施工组织与管理所发生的全部费用支出。建筑工程成本管理是企业成本管理的基础和核心，它贯穿于施工项目全过程，不仅需要企业管理层的支持与重视，也需要广大员工们的积极配合，并利用各项规章制度、有效措施等做好保障工作。

本书参考了大量的相关文献资料，借鉴、引用了诸多专家、学者和教师的研究成果，得到了很多专家学者的支持和帮助，在此深表谢意。由于能力有限，时间仓促，虽极力丰富本书内容，力求著作的完美无瑕，并多次修改，仍难免有不妥与遗漏之处，恳请专家和读者指正。

目录

第一章　建筑工程管理

第一节　项目与建筑工程项目

一、项目

（一）项目的概念

项目是指在一定约束条件（资源、时间、质量）下，具有特定目标的一次性活动。关于项目的定义有很多，许多相关组织都给项目下过定义。

比较典型的有：

美国项目管理协会（PMI）对项目的定义为：项目是为提供某项独特产品、服务或成果所做的临时性努力。

英国标准化协会（BSI）发布的《项目管理指南》一书对项目的定义为：具有明确的开始和结束点、由某个人或某个组织所从事的具有一次性特征的一系列协调活动，以实现所要求的进度、费用以及各功能因素等特定目标。

国际质量管理标准ISO10006对项目的定义为：具有独特性的过程，有开始和结束日期，由一系列相互协调和受控的活动组成。过程的实施是为了达到规定的目标，包括满足时间、费用和资源约束条件。

项目可以是建造一栋大楼、一个工厂、一个体育馆，开发一个油田，或者建设一座水坝，像国家大剧院的建设、三峡工程建设都是项目；项目也可以是一项新产品的开发、一项科研课题的研究，或者一项科学试验，像新药的研制、转基因作物的实验研究等。

从上述定义可以看出，项目可以是一个组织的任务或努力，也可以是多个组织的共同努力，它们可以小到只涉及几个人，也可以大到涉及几百人，甚至可以大到涉及成千上万个人。项目的时间长短也不同，有的在很短时间内就可以完成，有的需要很长时间，甚至很多年才能够完成。实际上，现代项目管理所定义的项目包括各种组织所开展的一次性、独特性的任务或活动。

（二）项目的特征

尽管项目的定义多种多样，但都具有一些共同的特征。

1.项目具有一次性

任何项目都有确定的起点和终点，而不是持续不断地工作。从这个意义上来讲，项目都是一次性的。因此，项目的一次性可以理解为：每一个项目都有自己明确的时间起点和终点，是有始有终的；项目的起点是项目开始的时间，项目的终点是项目目标已经实现，或者项目目标已经无法实现，从而中止项目的时间；项目的一次性与项目持续时间的长短无关，不管项目持续多长时间，一个项目都是有始有终的。

2.项目具有目标性

项目目标性是指任何一个项目都是为实现特定的组织目标服务的。因此，任何一个项目都必须根据组织目标确定项目的目标。这些项目目标主要分两个方面：一是有关项目工作本身的目标，二是有关项目可交付成果的目标。例如，就一栋建筑物的建设项目而言，项目工作的目标包括项目工期、造价和质量等，项目可交付成果的目标包括建筑物的功能、特性、使用寿命和使用安全性等。

3.项目具有独特性

项目独特性是指项目所生成的产品或服务与其他产品或服务相比具有一定的独特之处。每个项目都有不同于其他项目的特点，项目可交付成果、项目所处地理位置、项目实施时间、项目内部和外部环境、项目所在地的自然条件和社会条件等都会存在或多或少的差异。

4.项目具有特定的约束条件

每个项目都有自己特定的约束条件，可以是资金、时间、质量等，也可以是项目所具有的有限的人工、材料和设备等资源。

5.项目的实施过程具有渐进性

渐进性（也称“复杂性”）意味着分步实施、连续积累。由于项目的复杂性，项目的实施过程是一个阶段性过程，不可能在短时间内完成，其实施过程要经过不断的修正、调整和完善。项目的实施需要持续的资源投入，逐步积累才可以交付成果。

6.项目的其他特性

项目除了上述特性以外还有其他一些特性，如项目的生命周期性、多活动性，项目组织的临时性等。从根本上讲，项目包含一系列相互独立、相互联系、相互依赖的活动，包括从项目的开始到结束整个过程所涉及的各项活动。另外，项目组织的临时性也主要是项目的一次性造成的。项目组织是为特定项目而临时组建的，一次性的项目活动结束以后，项目组织则解散，项目组织的成员就需要被重新安排。

（三）项目生命周期

项目作为一种创造独特产品与服务的一次性活动是有始有终的，项目从始至终的整个过程构成了一个项目的生命周期。对于项目生命周期也有一些不同的定义，其中，美国项目管理协会（PMI）对项目生命周期的定义表述为："项目是分阶段完成的一项独特性的任务，一个组织在完成一个项目时会将项目划分成一系列的项目阶段，以便更好地管理和控制项目，更好地将组织的日常运作与项目管理结合在一起。项目的各个阶段放在一起就构成了一个项目的生命周期。"这一定义从项目管理的角度，强调了项目过程的阶段性和由项目阶段所构成的项目生命周期，这对开展项目管理是非常有利的。

项目生命周期的定义还有许多种，但是基本上大同小异。然而，在对项目生命周期的定义和理解中，必须区分两个完全不同的概念，即项目生命周期和项目全生命周期的概念。

项目全生命周期的概念可以用英国皇家特许测量师协会RICS（Royal Institute of Charted Surveyors）所给的定义来说明。具体表述为："项目全生命周期是包括整个项目的建造、使用（运营）以及最终清理的全过程。项目的全生命周期一般可划分成项目的建造阶段、使用（运营）阶段和清理阶段。项目的建造、使用（运营）和清理阶段还可以进一步划分为更详细的阶段，这些阶段构成了一个项目的全生命周期。"由这个定义可以看出，项目全生命周期包括项目生命周期（建造周期）和项目可交付成果的生命周期[从使用（或运营）到清理的周期]两个部分，而项目生命周期（建造周期）只是项目全生命周期中的项目建造阶段。

二、建筑工程项目

（一）建筑工程项目的界定

建筑工程项目是一项固定资产投资，是最为常见的，也是最为典型的项目类型，属于投资项目中最为重要的一类，是投资行为和建设行为相结合的投资项目。这里所定义的工程项目主要是由建筑工程及安装工程（以建筑物为代表）和土木工程（以公路、铁路、桥梁等为代表）共同构成，因此也可称为“建设工程项目”。

建筑工程项目一般经过前期策划、设计、施工等一系列程序，在一定的资源约束条件下，形成特定的生产能力或使用效能并形成固定资产。

（二）建筑工程项目的分类

建筑工程项目种类繁多，可以从不同的角度进行分类。

按投资来源，可分为政府投资项目、企业投资项目、利用外资项目及其他投资项目。

按建设性质，可分为新建项目、扩建项目、改建项目、迁建项目和技术改造项目。

按项目用途，可分为生产性项目和非生产性项目。

按项目建设规模，可分为大型、中型和小型项目。

按产业领域，可分为工业项目、交通运输项目、农林水利项目、基础设施项目和社会公益项目等。

不同类别的工程项目，在管理上既有共性要求，又存在一些差别。

（三）建筑工程项目的构成

建筑工程项目一般可以分为单项工程、单位工程、分部工程和分项工程。

单项工程是指具有独立的设计文件，建成后能够独立发挥生产能力并获得效益的一组配套齐全的工程项目。

单位工程是指具有独立的设计文件，独立的施工条件能形成独立使用功能的工程项目。它是单项工程的组成部分。

分部工程是单位工程的组成部分。一般按专业性质、工程部位或特点、功能和工程量确定。工业与民用建筑工程的分部工程通常包括地基与基础、主体结构、建筑装饰装修、屋面工程、建筑给水排水及采暖、通风与空调、建筑电气、建筑智能化、建筑节能和电梯分部工程。

分项工程是分部工程的组成部分。一般按主要工种、材料、施工工艺和设备类别等进行划分。如混凝土结构工程中按主要工种分为模板工程、钢筋工程、混凝土工程等分项工程。

（四）建筑工程项目的特点

建筑工程项目除具有一般项目的基本特征外，还具有如下特征。

1.工程项目投资大

一个工程项目的资金投入少则几百万元，多则上千万元、数亿元。

2.建设周期长

由于工程项目规模大，技术复杂，涉及的专业面广，投资回收期长，因此，从项目决策、设计、建设到投入使用，少则几年，多则十几年。

3.不确定因素多，风险大

工程项目由于建设周期长，露天作业多，受外部环境影响大，因此，不确定因素多，风险大。

4.项目参与人员多

工程项目是一项复杂的系统工程，参与的人员众多。这些人员来自不同的参与方，他们往往涉及不同的专业，并在不同的层次上进行工作，其主要人员包括建设单位人员、建筑师、结构工程师、机电工程师、项目管理人员、监理工程师、其他咨询人员等。此外，还涉及行使工程项目监督管理的政府建设行政主管部门以及其他相关部门的人员。

（五）建筑工程项目建设生命周期

将建筑工程项目实施的各个不同阶段集合在一起就构成了一个工程项目建设的生命周期。即从工程项目建设意图产生到项目启用的全过程，包括项目的决策阶段和项目的实施阶段。

建筑工程项目全生命周期是指从工程项目建设意图产生到工程项目拆除清理的全过程，包括项目的决策阶段、项目的实施阶段、项目使用（运营）和清理阶段。

决策阶段工作是确定项目的目标，包括投资、质量和工期等。实施阶段工作是完成建设任务并使项目建设的目标尽可能实现。使用（运营）阶段工作是确保项目的使用（运营），使项目能够保值和增值。清理阶段工作是工程项目的拆除和清理。

第二节　建筑工程类型与任务管理

一、工程管理类型

（一）业主方项目管理

业主方的项目管理是全过程的，包括项目策划决策与建设实施阶段的各个环节。由于建设工程项目属于一次性任务，业主或建设单位自行进行项目管理往往存在很大的局限性。首先，在技术和管理方面，业主或建设单位缺乏配套的专业化力量；其次，即使业主或建设单位配备完善的管理机构，没有连续的工程任务也是不经济的。在计划经济体制下，每个建设单位都建立一个筹建处或基建处来管理工程建设，这样无法做到资源的优化配置和动态管理，而且也不利于建设经验的积累和应用。在市场经济体制下，业主或建设单位完全可以依靠专业化、社会化的工程项目管理单位，为其提供全过程或若干阶段的项目管理服务。当然，在我国工程建设管理体制下，工程监理单位接受工程建设单位委托实施监理，也属于一种专业化的工程项目管理服务。值得指出的是，与一般的工程项目管理咨询服务不同，我国的法律法规赋予工程监理单位、监理工程师更多的社会责任，特别是建设工程质量管理、安全生产管理方面的责任。事实上，业主方项目管理，既包括业主或建设单位自身的项目管理，也包括受其委托的工程监理单位、工程项目管理单位的项目管理。

（二）工程总承包方项目管理

在工程总承包（如设计－建造 D&B、设计－采购－施工 EPC）模式下，工程总承包单位将全面负责建设工程项目的实施过程，直至最终交付使用功能和质量标准符合合同文件规定的工程项目。因此，工程总承包方项目管理是贯穿于项目实施全过程的全面管理，既包括设计阶段，也包括施工安装阶段。工程总承包单位为取得预期经营效益，必须在合同条件的约束下，依靠自身的技术和管理优势或实力，通过优化设计及施工方案，在规定的时间内，按质按量地全面完成建设工程项目，全面履行工程总承包合同。建设工程实施工程总承包，对工程总承包单位的项目管理水平提出了更高要求。

（三）设计方项目管理

工程设计单位承揽到建设工程项目设计任务后，需要根据建设工程设计合同所界定的工作目标及义务，对建设工程设计工作进行自我管理。设计单位通过项目管理，对建设工程项目的实施在技术和经济上进行全面而详尽的安排，引进先进技术和科研成果，形成设计图纸和说明书，并在工程施工过程中配合施工和参与验收。由此可见，设计项目管理不仅仅局限于工程设计阶段，而且延伸到工程施工和竣工验收阶段。

（四）施工方项目管理

工程施工单位通过竞争承揽到建设工程项目施工任务后，需要根据建设工程施工合同所界定的工程范围，依靠企业技术和管理的综合实力，对工程施工全过程进行系统管理。从一般意义上讲，施工项目应该是指施工总承包的完整工程项目，既包括土建工程施工，又包括机电设备安装，最终成功地形成具有独立使用功能的建筑产品。然而，由于分部工程、子单位工程、单位工程、单项工程等是构成建设工程项目的子系统，按子系统定义项目，既有其特定的约束条件和目标要求，而且也是一次性任务。因此，建设工程项目按专业、按部位分解发包时，施工单位仍然可将承包合同界定的局部施工任务作为项目管理对象，这就是广义的施工项目管理。

（五）物资供应方项目管理

从建设工程项目管理的系统角度看，建筑材料、设备供应工作也是建设工程项目实施的一个子系统，有其明确的任务和目标、明确的制约条件以及与项目实施子系统的内在联系。因此，制造商、供应商同样可以将加工生产制造和供应合同所界定的任务，作为项目进行管理，以适应建设工程项目总目标控制的要求。

二、工程管理任务

（一）项目组织协调

1.外部环境协调

与政府部门之间的协调，如规划、城建、市政、消防、人防、环保、城管等部门的协调；资源供应方面的协调，如供水、供电、供热、通信、运输和排水等方面的协调；生产要素方面的协调，如材料、设备、劳动力和资金等方面的协调；社区环境方面的协调。

2.项目参与单位之间的协调

主要有业主、监理单位、设计单位、施工单位、供货单位、加工单位等。

3.项目参与单位内部的协调

即项目参与单位内部各部门、各层次之间及个人之间的协调。

（二）合同管理

包括合同签订和合同管理两项任务。合同签订包括合同准备、谈判、修改和签订等工作；合同管理包括合同文件的执行、合同纠纷的处理和索赔事宜的处理工作。在执行合同管理任务时，要重视合同签订的合法性和合同执行的严肃性，为实现管理目标服务。

（三）进度管理

包括方案的科学决策、计划的优化编制和实施有效控制三个方面的任务。方案的科学决策是实现进度控制的先决条件，包括方案的可行性论证、综合评估和优化决策。只有决策出优化的方案，才能编制出优化的计划。计划的优化编制，包括科学确定项目的工序及其衔接关系、持续时间、优化编制网络计划和实施措施，是实现进度控制的重要基础。实施有效控制包括同步跟踪、信息反馈、动态调整和优化控制，是实现进度控制的根本保证。

（四）投资（费用）控制

投资控制包括编制投资计划、审核投资支出、分析投资变化情况、研究投资减少途径和采取投资控制措施五项任务。前两项属于投资的静态控制，后三项属于投资的动态控制。

（五）质量控制

质量控制包括制定各项工作的质量要求及质量事故预防措施，各方面的质量监督与验收制度，以及各个阶段的质量处理和控制措施三个方面的任务。制定的质量要求要具有科学性，质量事故预防措施要具备有效性。质量监督和验收包括对设计质量、施工质量及材料设备质量的监督和验收，要严格检查制度和加强分析。要对每一个阶段严格管理和控制，采取细致而有效的质量事故预防和处理措施，以确保质量目标的实现。

（六）风险管理

随着工程项目规模的不断大型化和技术复杂化，业主和承包商所面临的风险越来越多。工程建设的客观现实告诉人们，要保证工程项目的投资效益，就必须对项目风险进行定量分析和系统评价，以提出风险防范对策，形成一套有效的项目风险管理程序。

（七）信息管理

信息管理是工程项目管理工作的基础工作，是实现项目目标控制的保证，其主要任务就是及时、准确地向项目管理各级领导、各参加单位及各类人员提供所需的综合程度不同的信息，一边在项目进展的全过程中，动态地进行项目规划，迅速正确地进行各种决策，一边及时检查决策执行情况，反映工程实施中暴露出来的各类问题，为项目总目标控制服务。

（八）安全管理

安全管理要贯穿整个建设工程的始终，在建设工程中要建立“安全第一，预防为主”的理念，一开始就要确定项目的最终安全目标，制订项目的安全保证计划。

三、工程管理模式

（一）常见的工程项目管理模式

1.设计–招标–建造DBB模式

DBB（Design Bid Build）模式，是一种比较通用的传统模式。这种模式最突出的特点是要求工程项目的实施必须按设计–招标–建造的顺序进行，只有一个阶段结束后另一个阶段才能进行。在这种模式中，项目的主要参与方包括建设单位、设计单位和施工承包单位。建设单位分别与设计单位和施工承包单位签订合同，形成正式的合同关系。建设单位首先选择工程咨询单位进行可行性研究等工作，待项目立项后，再选择设计单位进行项目设计，设计完成后通过招标选择施工承包单位，然后与施工承包单位签订施工承包合同。目前我国大部分工程项目均采用这种模式。

这种模式的优点是：参与方即建设单位、设计单位、施工承包单位在各自合同的约束下，各自行使自己的权利和义务。工作界面清晰，特别适用于各个阶段需要严格逐步审批的情况。如政府投资的公共工程项目多采用这种模式。缺点是：管理和协调工作较复杂，建设单位管理费较高，前期投入较高，不易控制工程总投资，特别是在设计过程中对"可施工性"考虑不够时，易产生变更，引起索赔，经常会由于图纸问题产生争端等，工期较长，出现质量事故时，不利于工程事故的责任划分。

由于国外多基于扩大初步设计深度的招标图进行施工招标并由施工承包单位在驻地工程师指导下进行施工图设计，而施工承包单位在安排各专业施工图设计时，可根据计划进度的要求分轻重缓急依次进行，这就在一定程度上缩短了项目建造周期，弱化了该模式的缺陷。

2.代理型管理CM模式

代理型管理CM（Construction Manager）模式是建设单位委托一名CM经理（建设单位聘请的职业经理人）为建设单位提供某一阶段或全过程的工程项目管理服务，包括可行性研究、设计、采购、施工、竣工验收、试运行等工作，建设单位与CM经理是咨询合同关系。采用代理型管理CM模式进行项目管理，关键在于选择CM经理。CM经理负责协调设计单位和施工承包单位，以及不同承包单位之间的关系。

20世纪90年代以来，CM模式在国外，尤其是在美国被广泛运用，采用"边设计、边发包、边施工"的阶段性发包方式，将全部工程按专业分割成若干个子项工程，并对若干个子项工程采取依次发包。

这种模式的最大优点是：发包前就可确定完整的工作范围和项目原则；拥有完善的管理与技术支持；可缩短工期，节省投资等。缺点是：合同方式多为平行发包，管理协调困难，对CM经理的管理协调能力有很高的要求，CM经理不对进度和成本做出保证；索赔与变更的费用可能较高，建设单位风险大。

3.风险型管理CM模式

在风险型管理CM（Construction Manager）模式中，CM经理担任类似施工总承包单位的角色，但又不是总承包单位，而往往将施工任务分包出去。施工承包单位的选择过程需经建设单位确认，建设单位一般不与施工承包单位签订工程施工合同，但对某些专业性很强的工程内容和工程专用材料、设备，建设单位可直接与其专业施工承包单位和材料、设备供应单位签订合同。建设单位与CM经理单位签订的合同既包括CM服务内容，也包括工程施工承包内容。

一般情况下，建设单位要求CM经理提出保证最大工程费用GMP（Guaranteed Maximum Price）以保证建设单位的投资控制。如工程结算超过GMP，由CM经理所在单位赔偿；如果低于GMP，节约的投资归建设单位，但可按合同约定给予CM经理所在单位一定比例的奖励。GMP包括工程的预算总成本和CM经理的酬金。CM经理不直接从事设计和施工，而是主要从事项目管理工作。

该模式的优点是：可提前开工提前竣工，建设单位任务较轻，风险较小。缺点是：由于CM经理介入工程时间较早（一般在设计阶段介入）且不承担设计任务，在工程的预算总成本中包含设计和投标的不确定因素；风险型CM经理不易选择。

4.设计管理DM模式

设计管理DM（Design Management）模式类似于CM模式，但比CM模式更为复杂，也有两种形式。

一种形式是建设单位与设计单位和施工承包单位分别签订合同，由设计单位负责设计并对项目的实施进行管理。另一种形式是建设单位只与设计单位签订合同，由该设计单位分别与各个单独的施工承包单位和材料供应单位签订分包合同。要管理好众多分包单位和材料供应单位，这对设计单位的项目管理能力提出了更高要求。

5.设计–采购–施工EPC模式

设计–采购–施工EPC（Engineering Procurement Construction）模式是建设单位将工程项目的设计、采购、施工等工作全部委托给工程总承包单位负责组织实施，使建设单位获得一个现成的工程项目，由建设单位“转动钥匙”就可以运行。这种模式，在招标与订立合同时以总价合同为基础，即为总价包干合同。

该模式的主要特点是：建设单位把工程项目的设计、采购、施工等工作全部委托给工程总承包单位，建设单位只负责整体性、原则性的目标管理和控制，减少了设计与施工在合同上的工作界面，从而解除了施工承包单位因招标图纸出现错误而进行索赔的权力，同时排除了施工承包单位在进度管理上与建设单位可能产生的纠纷，有利于实现设计、采购、施工的深度交叉，在确保各阶段合理周期的前提下加快进度，缩短建设总工期；能够较好地实现对工程造价的控制，降低全过程建设费用；由于实行总承包，建设单位对工程项目的参与较少，对工程项目的控制能力降低，变更能力较弱；风险主要由工程总承包单位承担。

6.施工总承包管理MC模式

施工总承包管理MC（Managing Contractor）模式是指建设单位委托一个施工承包单位或由多个施工承包单位组成施工联合体或施工合作体作为施工总承包管理单位，

建设单位另委托其他施工承包单位作为分包商进行施工。一般情况下，施工总承包管理单位不参与具体工程项目的施工，但如果想承担部分工程的施工，也可以参加该部分工程的投标，通过竞争取得施工任务。施工总承包管理模式的合同关系有两种可能：一是建设单位与分包商直接签订合同，但必须经过施工总承包管理单位的认可；二是由施工总承包管理单位与分包商签订合同。

7.项目管理服务PM模式

项目管理服务PM（Project Management）模式，是指从事工程项目管理的单位受建设单位委托，按照合同约定，代表建设单位对工程项目的实施进行全过程或若干阶段的管理和服务。PM模式属于咨询型项目管理服务。

8.项目管理承包PMC模式

项目管理承包PMC（Project Management Contract）模式，是由建设单位通过招标方式聘请具有相应资质和专业素质、管理专长的项目管理承包单位，作为建设单位代表或建设单位的延伸，对工程项目建设的全过程或部分阶段进行管理承包。包括进行工程的整体规划、工程招标，选择EPC承包单位，并对设计、采购、施工过程进行全面管理。PMC模式属于代理型项目管理服务。

9.建造-运营-移交BOT模式

建造-运营-移交BOT（Build Operate Transfer）模式是指以投资人为项目发起人，从政府获得某项目基础设施的建设特许权，然后由其独立地联合其他各方组建项目公司，负责项目的融资、设计、建造和经营。其主要特征是：政府将拟订的一些城市基础设施工程交由专业投资人投资建设，并在项目建成后授之若干年的特许经营权，使其通过运营收回工程投资与收益。其基本运作程序是：项目确定、项目招标、项目发起人组织投标、成立公司、签署各种合同和协议、项目建设、项目经营、项目移交。

BOT模式的最大优点是：由于获得政府许可和支持，有时可得到优惠政策，拓宽了融资渠道。BOT模式的缺点是：项目发起人必须具备很强的经济实力，资格预审及招投标程序复杂。

目前在世界上许多国家都在采用BOT方式，各国在BOT方式实践的基础上，又发展了多种引申的方式，如建造-拥有-运营-移交（BOOT）、建造-拥有-运营（BOO）、建造-移交（BT）等十余种。

（二）工程项目管理模式的选择

各种工程项目管理模式是在国内外长期实践中形成并得到普遍认可的，并且还在不断地得到创新和完善。每一种模式都有其优势和局限性，适用于不同种类的工程项目管理。项目建设单位可根据工程项目的特点综合考虑选择合适的工程项目管理模式。

建设单位在选择项目管理模式时，应考虑的主要因素包括：

（1）项目的复杂性和对项目的进度、质量、投资等方面的要求。

（2）投资、融资有关各方对项目的特殊要求。

（3）法律、法规、部门规章以及项目所在地政府的要求。

（4）项目管理者和参与者对该管理模式认知和熟悉的程度。

（5）项目的风险分担，即项目各方承担风险的能力和管理风险的水平。

（6）项目实施所在地建设市场的适应性，在市场上能否找到合格的实施单位（施工承包单位、管理单位等）。

一个项目也可以选择多种项目管理模式。当建设单位的项目管理能力比较强时，也可将一个工程项目划分为几个部分，分别采用不同的项目管理模式。通常，工程项目管理模式由项目建设单位选定，但总承包单位也可选用一些其需要的项目管理模式。

（三）建设单位项目管理模式

1.建设单位自行管理模式

建设单位自行管理是指建设单位主要依靠自身力量进行项目管理，即自行设立项目管理机构，并将项目管理任务交由该机构。在计划经济时期，建设单位通常是组建一个临时的基建办、筹建处或指挥部等，自行管理工程项目建设。项目建成后，项目管理机构就解散，人员从哪来就回哪去，这种管理模式已经不能适应目前的工程项目建设。采用建设单位自行管理模式，前提条件是建设单位要拥有相对稳定的、专业化的项目管理团队和较为丰富的项目管理经验。在建设单位不具备自行招标规定条件时，还需委托招标代理单位承担项目招标采购工作。根据工程项目实行政府主管部门审批、备案或核准的需要，可能还需委托工程咨询单位承担编制项目建议书及可行性研究报告等工作。

采用建设单位自行管理模式，可以充分保障建设单位对工程项目的控制，随时采取措施来保障建设单位利益的最大化；可以减少对外合同关系，有利于工程项目建设各阶段、各环节的衔接和提高管理效率；但也具有组织机构庞大、建设管理费用高等缺点，对于缺少连续性工程项目建设的建设单位而言，不利于管理经验的积累。

2.建设单位委托管理模式

（1）项目管理服务PM模式

PM管理模式属于咨询型项目管理服务，建设单位不设立专业的项目管理机构，只派出管理代表主要负责项目的决策、资金筹措和财务管理、采购和合同管理、监督检查和协调各参与方工作衔接等工作，而将工程项目的实施工作委托给项目管理单位。建设单位是项目建设管理的主导者、重大事项的决策掌握者。项目管理单位按委托合同的约定承担相应的管理责任，并得到相对固定的服务费，在违约情况下以管理费为基数承担相应的经济赔偿责任。项目管理单位不直接与该项目的总承包单位或勘察、设计、供货、施工等单位签订合同，但可以按合同约定，协助建设单位与工程项目的总承包单位或勘察、设计、供货、施工等单位签订合同，并受建设单位委托监督合同的履行。

该模式由项目管理单位代替建设单位进行管理与协调，往往从项目建设一开始就对项目进行管理，可以充分发挥项目管理单位的专业技能、经验和优势，形成统一、连续、系统的管理思路。但增加了建设单位的额外费用，建设单位与各承包单位（设计单位、施工承包单位）之间增加了管理层，不利于沟通，项目管理单位的职责不易明确。因而，主要用于大型项目或复杂项目，特别适用于建设单位管理能力不强的工程项目。

在我国工程项目建设中，一些建设单位根据项目管理单位具备相应的资质和能力，将其他相关咨询工作委托给该项目管理单位一并承担，如工程监理、工程造价咨询等。目前，我国建设主管部门提倡和鼓励建设单位将工程监理业务委托给该项目管理单位，实行项目管理与工程监理一体化模式，但该项目管理单位必须具备相应的工程监理资质和能力。采用一体化模式，可减少工程项目实施过程中的管理层次和工作界面，节约部分管理资源，达到资源最优化配置；可使项目管理与工程监理沟通顺畅，充分融合，高度统一，决策迅速，执行力强，项目管理团队与监理团队分工明确，职责清晰，工程质量容易得到保证。

（2）项目管理承包PMC模式

PMC模式属于代理型项目管理服务。一般情况下，PMC管理承包单位不参与具体工程设计、施工，而是将项目所有的设计、施工任务发包出去，PMC管理承包单位与各承包单位签订承包合同。

PMC模式，建设单位与PMC管理承包单位签订项目管理承包合同，PMC管理承包单位对建设单位负责，与建设单位的目标和利益保持一致。建设单位一般不与设计、施工承包单位和材料、设备供应单位等签订合同，但对某些专业性很强的工程内容和工程专用材料、设备，建设单位可直接与其专业施工承包单位和材料、设备供应单位签订合同。

PMC模式可充分发挥项目管理承包单位在项目管理方面的专业技能，统一协调和管理项目的设计与施工，可减少矛盾；项目管理承包单位负责管理整个项目的实施阶段，有利于减少设计变更；建设单位与项目管理承包单位的合同关系简单，组织协调比较有利，可以提早开工，缩短项目工期。但由于建设单位与施工承包单位没有合同关系，控制施工难度较大；建设单位对工程费用也不能直接控制，存在很大风险。

PMC模式是一种管理承包的方式，项目管理单位不仅承担合同范围的管理工作，而且对合同约定的管理目标进行承包，如不能实现管理目标，该项目管理单位将承担以管理承包费用为基数的经济处罚。在项目实施过程中，由于管理效果显著使项目建设单位节约了工程投资的，可按合同约定给予项目管理单位一定比例的奖励；反之，如果由于管理失误导致工程投资超过委托合同约定的最高目标值，则项目管理单位要承担超出部分的经济赔偿责任。

采用PMC管理承包模式，建设单位通常只需组织一个精干的管理班子，负责工程项目建设重大事项的决策、监督和资金筹措，工程项目建设管理活动均委托给专业化、社会化的项目管理单位承担。

3.一体化项目管理团队IPMT模式

一体化项目管理团队IPMT（Integrated Project Management Team）模式是指建设单位和专业化的项目管理单位分别派出人员组成项目管理团队，合并办公，共同负责工程项目的管理工作。这既能充分运用项目管理单位在工程项目建设方面的经验和技术，又能体现建设单位的决策权。IPMT管理模式是融合咨询型项目管理PM模式和代理型项目管理PMC模式的特点而派生出的一种新型的项目建设管理模式。

目前，在我国工程项目建设过程中，建设单位很难做到将全部工程项目建设管理权委托给项目管理单位。建设单位虽然通常都设有较小的管理机构，但往往不具有承担相应项目管理的经验、能力和规模，建设单位却又无意解散自己的机构。这种情况下，建设单位可聘请一家具有工程项目管理经验和能力的项目管理单位，并与聘请的项目管理单位组成一体化项目管理团队，起到优势互补、人力资源优化配置的作用。

采用一体化管理模式，建设单位既可在工程项目实施过程中不失决策权，又可较充分地利用工程项目管理单位经验丰富的人才优势和管理技术。在进行项目全过程的管理中，建设单位把工程项目建设管理工作交给经验丰富的管理单位，自己则把主要精力放在项目决策、资金筹措上，有利于决策指挥的科学性。由于项目管理单位人员与建设单位管理人员共同工作，可减少中间上报、审批的环节，使项目管理工作效率大幅度提高。

IPMT管理模式中由于建设单位拥有项目建设管理的主动权，对项目建设过程中的质量情况了如指掌，可减少双方工作交接的困难与时间，也有助于解决一些项目后期由建设单位运营管理而项目管理单位对运营不够专业的问题。

IPMT管理模式可避免建设单位因项目建设需要而引进大量建设人才和工程项目建设完成后这些人员需重新安排工作的问题。

但采用这种管理模式的最大问题是，因为两个管理团队可能具有不同的企业文化、工资体系、工作系统，机构的融合存在风险，双方的管理责任也很难划分清楚，同时还存在项目管理单位派出人员中的优秀人才被建设单位高薪聘走的风险。

第三节　建筑工程项目经理

一、项目经理的设置

项目经理是指工程项目的总负责人。项目经理包括建设单位的项目经理、咨询监理单位的项目经理、设计单位的项目经理和施工单位的项目经理。

由于工程项目的承发包方式不同，项目经理的设置方式也不同。如果工程项目是分阶段发包，则建设单位、咨询监理单位、设计单位和施工单位应分别设置项目经理，各方项目经理代表本单位的利益，承担着各自单位的项目管理责任。如果工程项目实行设计、施工、材料设备采购一体化承发包方式，则工程总承包单位应设置统一的项目经理，对工程项目建设实施全过程总负责。随着工程项目管理的集成化发展趋势，应提倡设置全过程负责的项目经理。

（一）建设单位的项目经理

建设单位的项目经理是由建设单位（或项目法人）委派的领导和组织一个完整工程项目建设的总负责人。对于一些小型工程项目，项目经理可由一人担任。而对于一些规模大、工期长、技术复杂的工程项目，建设单位也可委派分阶段项目经理，如准备阶段项目经理、设计阶段项目经理和施工阶段项目经理等。

（二）咨询、监理单位的项目经理

当工程项目比较复杂而建设单位又没有足够的人员组建一个能够胜任项目管理任务的项目管理机构时，就需要委托咨询单位为其提供项目管理服务。咨询单位需要委派项目经理并组建项目管理机构按项目管理合同履行其义务。对于实施监理的工程项目，工程监理单位也需要委派项目经理总监理工程师并组建项目监理机构履行监理义务。当然，如果咨询、监理单位为建设单位提供工程监理与项目管理一体化服务，则只需设置一个项目经理，对工程监理与项目管理服务总负责。

对建设单位而言，即使委托咨询监理单位，仍需要建立一个以自己的项目经理为首的项目管理机构。因为在工程项目建设过程中，有许多重大问题仍需由建设单位进行决策，咨询监理机构不能完全代替建设单位行使其职权。

（三）设计单位的项目经理

设计单位的项目经理是指设计单位领导和组织一个工程项目设计的总负责人，其职责是负责一个工程项目设计工作的全部计划、监督和联系工作。设计单位的项目经理从设计角度控制工程项目总目标。

（四）施工单位的项目经理

施工单位的项目经理是指施工单位领导和组织一个工程项目施工的总负责人，是施工单位在施工现场的最高责任者和组织者。施工单位的项目经理在工程项目施工阶段控制质量、成本、进度目标，并负责安全生产管理和环境保护。

二、项目经理的任务与责任

（一）项目经理的任务

1.施工方项目经理的职责

项目经理在承担工程项目施工管理过程中，履行下列职责：（1）贯彻执行国家和工程所在地政府的有关法律、法规和政策，执行企业的各项管理制度；（2）严格财务制度，加强财经管理，正确处理国家、企业与个人的利益关系；（3）执行项目承包合同中有项目经理负责履行的各项条款；（4）对工程项目施工进行有效控制，执行有关技术规范和标准，积极推广应用新技术，确保工程质量和工期，实现安全、文明生产，努力提高经济效益。

2.施工项目经理应具有的权限

项目经理在承担工程项目施工的管理过程中，应当按照建筑施工企业与建设单位签订的工程承包合同，与本企业法定代表人签订"项目管理目标责任书"并在企业法定代表人授权范围内，负责工程项目施工的组织管理。施工项目经理应具有下列权限：（1）参与企业进行的施工项目投标和签订施工合同。（2）经授权组建项目经理部，确定项目经理部的组织结构，选择、聘任管理人员，确定管理人员的职责，并定期进行考核、评价和奖惩。（3）在企业财务制度规定的范围内，根据企业法定代表人授权和施工项目管理的需要，决定资金的投入和使用，决定项目经理部的计酬办法。（4）在授权范围内，按物资采购程序性文件的规定行使采购权。（5）根据企业法定代表人授权或按照企业的规定选择、使用作业队伍。（6）主持项目经理部工作，组织制定施工项目的各项管理制度。（7）根据企业法定代表人授权，协调和处理与施工项目管理有关的内部与外部事项。

3.施工项目经理的任务

施工项目经理的任务包括项目的行政管理和项目管理两个方面，其在项目管理方面的主要任务：施工安全管理、施工成本控制、施工进度控制、施工质量控制、工程合同管理、工程信息管理和与工程施工有关的组织与协调等。

（二）项目经理的责任

施工企业项目经理的责任应在"项目管理目标责任书"中加以体现。经考核和审定，对未完成"项目管理目标责任书"确定的项目管理责任目标或造成亏损的，应按其中的有关条款承担责任，并接受经济或行政处罚。"项目管理目标责任书"应包括下列内容。

（1）企业各业务部门与项目经理部之间的关系；

（2）项目经理部使用作业队伍的方式，项目所需材料供应方式和机械设备供应方式；

（3）应达到的项目进度目标、项目质量目标、项目安全目标和项目成本目标；

（4）在企业制度规定以外的、由法定代表人向项目经理委托的事项；

（5）企业对项目经理部人员进行奖惩的依据、标准、办法及应承担的风险；

（6）项目经理解职和项目经理部解体的条件及方法。

在国际上，由于项目经理是施工企业内的一个工作岗位，项目经理的责任则由企业领导根据企业管理的体制和机制，以及根据项目的具体情况而定。企业针对每个项目有十分明确的管理职能分工表，该表明确项目经理对哪些任务承担策划、决策、执行、检查等职能，其将承担的则是相应责任。

项目经理对施工项目管理应承担的责任。工程项目施工应建立以项目经理为首的生产经营管理系统，实行项目经理负责制。项目经理在工程项目施工中处于中心地位，对工程项目施工负有全面管理的责任。

项目经理对施工安全和质量应承担的责任。要加强对建筑业企业项目经理市场行为的监督管理，对发生重大工程质量安全事故或市场违法违规行为的项目经理，必须依法予以严肃处理。

项目经理对施工项目应承担的法律责任。项目经理由于主观原因或由于工作失误，有可能承担法律责任和经济责任。政府主管部门将追究的主要是其法律责任，企业将追究的主要是其经济责任，但是，如果由于项目经理的违法行为而导致企业的损失，企业也有可能追究其法律责任。

三、项目经理的素质与能力

（一）项目经理应具备的素质

1.品格素质

项目经理的品格素质是指项目经理从行为作风中表现出来的思想、认识、品行等方面的特征，如遵纪守法、爱岗敬业、高尚的职业道德、团队的协作精神、诚信尽责等。

项目经理是在一定时期和范围内掌握一定权力的职业，这种权力的行使将会对工程项目的成败产生关键性影响。工程项目所涉及的资金少则几十万元，多则几亿元，甚至几十亿元。因此，要求项目经理必须正直、诚实，敢于负责，心胸坦荡，言而有信，言行一致，有较强的敬业精神。

2.知识素质

项目经理应具有项目管理所需要的专业技术、管理、经济、法律法规知识，并懂得在实践中不断深化和完善自己的知识结构。同时，项目经理还应具有一定的实践经验，即具有项目管理经验和业绩，这样才能得心应手地处理各种可能遇到的实际问题。

3.性格素质

在项目经理的工作中，做人的工作占相当大的部分。所以要求项目经理在性格上要豁达、开朗，易于与各种各样的人相处；既要自信有主见，又不能刚愎自用；要坚强，能经得住失败和挫折。

4.学习的素质

项目经理不可能对工程项目所涉及的所有知识都有比较好的储备，相当一部分知识需要在工程项目管理工作中学习掌握。因此，项目经理必须善于学习，包括从书本中学习，更要向团队成员学习。

5.身体素质

身体健康，精力充沛。

（二）项目经理应具备的能力

1.创新能力

由于科学技术的迅速发展，新技术、新工艺、新材料、新设备等的不断涌现，人们对建筑产品不断提出新的要求。同时，建筑市场改革的深入发展，大量新的问题需要探讨和解决。面临新形势、新任务，项目经理只有解放思想，以创新的精神、创新的思维方法和工作方法来开展工作，才能实现工程项目总目标。因此，创新能力是项目经理业务能力的核心，关系到项目管理的成败和项目投资效益的好坏。

创新能力是项目经理在项目管理活动中，善于敏锐地察觉旧事物的缺陷，准确地捕捉新事物的萌芽，提出大胆、新颖的推测和设想，继而进行科学周密的论证，提出可行解决方案的能力。

2.决策能力

项目经理是项目管理组织的当家人，统一指挥、全权负责项目管理工作，要求项目经理必须具备较强的决策能力。同时，项目经理的决策能力是保证项目管理组织生命机制旺盛的重要因素，也是检验项目经理领导水平的一个重要标志，因此，决策能力是项目经理必要能力的关键。

决策能力是指项目经理根据外部经营条件和内部经营实力，从多种方案中确定工程项目建设方向、目标和战略的能力。

3.组织能力

项目经理的组织能力关系到项目管理工作的效率，因此，有人将项目经理的组织能力比喻为效率的设计师。

组织能力是指项目经理为了有效地实现项目目标，运用组织理论，将工程项目建设活动的各个要素、各个环节，从纵横交错的相互关系上，从时间和空间的相互关系上，有效、合理地组织起来的能力。如果项目经理有高度的组织能力，并能充分发挥，就能使整个工程项目的建设活动形成一个有机整体，保证其高效率地运转。

组织能力主要包括：组织分析能力、组织设计能力和组织变革能力。

（1）组织分析能力

组织分析能力是指项目经理依据组织理论和原则，对工程项目建设的现有组织进行系统分析的能力。主要是分析现有组织的效能，对利弊进行正确评价，并找出存在的主要问题。

（2）组织设计能力

组织设计能力是指项目经理从项目管理的实际出发，以提高组织管理效能为目标，对工程项目管理组织机构进行基本框架的设计，提出建立哪些系统，分几个层次，明确各主要部门的上下左右关系等。

（3）组织变革能力

组织变革能力是指项目经理执行组织变革方案的能力和评价组织变革方案实施成效的能力。执行组织变革方案的能力，就是在贯彻组织变革设计方案时，引导有关人员自觉行动的能力。评价组织变革方案实施成效的能力，是指项目经理对组织变革方案实施后的利弊，具有做出正确评价的能力，以利于组织日趋完善，使组织的效能不断提高。

4.指挥能力

项目经理是工程项目建设活动的最高指挥者，担负着有效地指挥工程项目建设活动的职责，因此，项目经理必须具有高度的指挥能力。

项目经理的指挥能力，表现在正确下达命令的能力和正确指导下级的能力两个方面。项目经理正确下达命令的能力，是强调其指挥能力中的单一性作用；而项目经理正确指导下级的能力，则是强调其指挥能力中的多样性作用。项目经理面对的是不同类型的下级，他们的年龄不同，学历不同，修养不同，性格、习惯也不同，有各自的特点，因此，必须采取因人而异的方式和方法，从而使每一个下级对同一命令有统一的认识和行动。

坚持命令单一性和指导多样性的统一，是项目经理指挥能力的基本内容。而要使项目经理的指挥能力有效地发挥，还必须制定一系列有关的规章制度，做到赏罚分明，令行禁止。

5.控制能力

工程项目的建设如果缺乏有效控制，其管理效果一定不佳。而对工程项目实行全面而有效的控制，则决定于项目经理的控制能力。

控制能力是指项目经理运用各种手段（包括经济、行政、法律、教育等手段），来保证工程项目实施的正常进行、实现项目总目标的能力。

项目经理的控制能力，体现在自我控制能力、差异发现能力和目标设定能力等方面。自我控制能力是指本人通过检查自己的工作，进行自我调整的能力。差异发现能力是对执行结果与预期目标之间产生的差异，能及时测定和评议的能力。如果没有差异发现能力，就无法控制局面。目标设定能力是指项目经理应善于规定以数量表示出来的接近客观实际的明确的工作目标。这样才便于与实际结果进行比较，找出差异，以利于采取措施进行控制。由于工程项目风险管理的日趋重要，项目经理基于风险管理的目标设定能力和差异发现能力也越来越成为关键能力。

6.协调能力

项目经理对协调能力掌握和运用得当，就可以对外赢得良好的项目管理环境，对内充分调动职工的积极性、主动性和创造性，取得良好的工作效果，以致超过设定的工作目标。

协调能力是指项目经理处理人际关系，解决各方面矛盾，使各单位、各部门乃至全体职工为实现工程项目目标密切配合、统一行动的能力。

现代大型工程项目，牵涉到很多单位、部门和众多劳动者。要使各单位、各部门、各环节、各类人员的活动能在时间、数量、质量上达到和谐统一，除了依靠科学的管理方法、严密的管理制度之外，在很大程度上要靠项目经理的协调能力。协调主要是协调人与人之间的关系。

协调能力具体表现在以下几个方面。

（1）善于解决矛盾的能力

由于人与人之间在职责分工、工作衔接、收益分配差异和认识水平等方面的不同，不可避免地会出现各种矛盾。如果处理不当，还会激化。项目经理应善于分析产生矛盾的根源，掌握矛盾的主要方面，妥善解决矛盾。

（2）善于沟通情况的能力

在项目管理中出现不协调的现象，往往是由于信息闭塞，情况没有沟通，为此，项目经理应具有及时沟通情况、善于交流思想的能力。

（3）善于鼓动和说服的能力

项目经理应有谈话技巧，既要在理论上和实践上讲清道理，又要以真挚的激情打动人心，给人以激励和鼓舞，催人向上。

四、项目经理的选择与培养

（一）项目经理的选择

1.要有一定类似项目的经验

项目经理的职责是要将计划中的项目变成现实。所以，对项目经理的选择，有无类似项目的工作经验是第一位。那种只能动口不能动手的“口头先生”是无法胜任项目经理工作的。选择项目经理时，判断其是否具有相应的能力可以通过了解其以往的工作经历和结合一些测试来进行。

2.有较扎实的基础知识

在项目实施过程中，由于各种原因，有些项目经理的基础知识比较弱，难以应付遇到的各种问题。这样的项目经理所负责的项目工作质量与工作效率不可能很好，所以选择项目经理时要注意其是否有较扎实的基础知识。对基础知识掌握程度的分析可以通过对其所受教育程度和相关知识的测试来进行。

3.要把握重点，不可求全责备

对项目经理的要求的确比较宽泛，但并不意味着非全才不可。事实上对不同项目的项目经理有不同的要求，且侧重点不同。我们不应该、也不可能要求所有项目经理都有一模一样的能力与水平。

同时也正是由于不同的项目经理能力的差异，才可能使其适应不同项目的要求，保证不同的项目在不同的环境中顺利开展。因此，对项目经理的要求要把握重点，不可求全责备。

（二）项目经理的培养

1.在项目实践中培养

项目经理的工作是要通过其所负责团队的努力，把计划中的项目变成现实。项目经理的能力与水平将在实践中接受检验。所以，在培养项目经理时，首先要注重的就是在实践中培养与锻炼。在实践中培养出的项目经理将能很快适应项目经理工作的要求。

2.放手与帮带结合

项目经理的成长不是一朝一夕的事，而是在实践中逐步成长起来的，更是伴着成功与失败成长起来的，但项目本身容不得失败。

因此，要让项目经理尽快成长起来，就必须在放手锻炼的同时，注意帮带结合。

3.知识更新

项目经理要随着科技进步及项目的具体情况，不断进行知识更新。项目经理的单位领导要注意为项目经理的知识更新创造条件。同时，项目经理自己也要注意平时的知识更新与积累。

第二章　建筑工程集成管理

第一节　建筑工程项目集成管理理论分析

一、建筑工程项目集成管理相关理论分析

（一）集成管理理论

集成管理学，是一门以集成行为为研究对象，研究其活动特征、机制、原理、方式和发展变化规律的一般管理科学。

1.集成的定义

集成的定义，是我们认识集成的出发点，是研究集成问题、探索集成规律、实施集成管理的基础。然而，对于什么是集成，迄今为止理论界并未形成统一的认识，也未形成公认的结论。下面是不同学者根据自己对集成的认识提出的集成定义。

戴汝为教授认为，集成就是把一个非常复杂的事物的各个方面综合起来，集其大成。集成的含义在这里主要用来表述将事物中各个好的方面、精华部分集中起来组合在一起，从而达到整体最优的效果。

龚建桥教授认为，集成是指将独立的若干部分加在一起或者结合在一起成为一个整体。刘晓强教授也认为，集成是一些事物集中在一起构成一个整体。

李宝山教授等认为："要素仅仅是一般性地结合在一起并不能称之为集成，只有当要素经过主动的优化，选择搭配，相互之间以最合理的结构形式结合在一起，形成一个由适宜要素组成的、相互优势互补、匹配的有机体，这样的过程才称为集成。"

海峰教授等认为："集成从一般意义上可以理解为两个或两个以上的要素（单

元、子系统）集合成为一个有机整体，这种集成不是要素之间的简单相加，而是要素之间的有机组合，即按照某一（些）集成规则进行的组合和构造，其目的在于提高有机整体（系统）的整体功能。”

吴秋明教授认为：“所谓集成，是具有某种公共属性要素的集合。”《辞源》中，“集”有聚集、积累、成书的著作等之意，“成”为古代奏乐的一篇，故“成”可理解为“部分”，而“集成”就是部分的集合。《现代汉语词典》中，“集”有集合、聚集、集子等之意，“成”为十分之一，也包含“集成”为部分的集合之意。从“集成”一词的中英文解释来看，吴秋明教授对集成的定义具有一般性意义，可以普遍适用于各种集成现象的解释。因此，集成的含义就是具有某种公共属性要素的集合。

2.集成管理的定义

集成是具有某种公共属性要素的集合，就其过程而言，仍属于系统构建过程的子过程，属于要素集合活动的范畴。因此，要使这一过程有效，使集成要素相互间以较合理的结构形式结合在一起，形成一个由适宜要素组成的、相互优势互补、匹配的有机体，就必须进行有效的管理。“管理是通过计划工作、组织工作、领导工作和控制工作的诸过程来协调所有的资源，以便达到既定的目标”。集成，无论是作为一种现象、一种过程、一种活动，或是一种结果，在我们的讨论中，都只是作为管理的特定对象。而对集成的认识、集成规律的探索等，其目的在于实施有效的集成管理。因此，所谓集成管理，是指对特定要素的集成活动以及集成体的形成、维持及发展变化，进行能动的计划、组织、指挥、协调、控制，以达到整合增效目的的过程。在此需要说明的是，集成管理的对象是要素的集成活动。它既包括对具有公共属性要素集合过程的管理，又包括对要素经过集合后所形成的整体或系统的维持，以及对这个整体或系统在内外环境作用下，变化、发展规律的研究、探索、演变跟踪。简言之，集成管理是对要素集成活动全过程的管理。

3.集成管理的特征

集成管理具有以下几个方面的主要特征。

（1）主体行为性

集成管理的主体行为性特征表现为，集成是集成主体。人有意识、有选择的行为过程，是为实现集成主体某一具体目的而进行的有意识的活动。因此，集成管理突出强调集成主体的主体行为性。

（2）功能倍增性

集成管理的功能倍增性特征表现为，集成管理是一种以功能倍增或涌现出新的功能为结果的，因此，它不是集成要素各功能的简单加和，而是一种非线性功能变化或功能涌现。如集成电路，不仅大大提高了分立元件所组成电路的功效，而且在抗干扰性、稳定性等方面增加了新的功能。

（3）整体优化性

集成管理的整体优化性特征表现为，集成管理是集成行为主体有意识、有选择的过程，这种有意识、有选择的过程本身就包含着优化的思想方法，而且经过有目的、有意识的比较选择，以一种能充分发挥各集成要素的优势，并且最终能实现整体优势、整体优化目标。

（4）相容性

集成管理的相容性特征表现为，各集成元素（单元）之间有着内在的相互关系或联系，这种相互关系和联系，是各集成元素（单元）能否集成为一个整体的必要条件，当然这种相互关系和联系又是以具体的集成目标为前提的。

因此，从本质上讲，集成管理强调人的主体行为性和集成体形成后的功能倍增性，其目的在于更大限度地提高集成体的整体功能，适应环境的要求，以更加有效地实现集成体（系统）的目标。这无疑是构造系统的一种理念，也是解决复杂系统问题和提高系统整体功能的方法。

（二）系统理论

系统理论是研究集成管理的基础理论。系统论的渊源是辩证法，它强调从事物的普遍联系和发展变化中研究事物。系统论不仅从哲学角度提出了有关系统的基本思想，并且通过科学、精确的数学方法，定量地描述系统之间的差异及其相互作用、发展变化的过程。

1.系统的概念

系统的概念来源于人类的长期社会实践。20世纪40年代，著名生物学家贝塔朗菲创立了一般系统理论，他将系统定义为：系统是处在一定相互联系中与环境发生关系的各组成部分的整体。该定义强调的是要素之间的相互作用以及系统对要素的整（综）合作用。我国著名科学家钱学森给出的系统的定义是：系统是由相互制约的各部分组成的具有一定功能的整体。这个定义强调的是系统的功能。概括起来理解，系统就是由相互联系、相互作用的若干要素结合而成的、具有特定功能的有机整体，它不断地同外界进行物质和能量的交换而维持一种稳定、有序的状态。

任何事物都是系统与要素的对立统一体，系统与要素的对立统一是客观事物的本质属性和存在方式，它们相互依存、互为条件，在事物的运动和变化中，系统和要素总是相互伴随而产生，相互作用而变化，它们的相互作用有如下三个方面。

（1）系统通过整体作用支配和控制要素

当系统处于平衡稳定条件时，系统通过其整体作用来控制和决定各个要素在系统中的地位、排列顺序、作用的性质和范围的大小，统率着各个要素的特性和功能，协调着各个要素之间的数量比例关系，等等。在系统整体中，每个要素以及要素之间的相互关系都由系统决定。系统整体稳定，要素也稳定；当系统整体的特征和功能发生变化，要素以及要素之间的关系也随之发生变化。

（2）要素通过相互作用决定系统的特征和功能

一般来说，要素对系统的作用有两种可能趋势。一种是如果要素的组成成分和数量具有一种协调、适应的比例关系，就能够维持系统的动态平衡和稳定，并促使系统走向组织化、有序化；另一种是如果两者的比例发生变化，使要素相互之间出现不协调、不适应的比例关系，就会破坏系统的平衡和稳定，甚至使系统衰退、崩溃和消亡。

（3）系统和要素的概念是相对的

由于事物生成和发展的无限性，系统和要素的区别是相对的。由要素组成的系统，又是较高一级系统的组成部分，在这个更大系统中是一个要素，它又是较低一级组成要素的系统。

系统论给人们提供了一种科学的思维方法，即系统思维方法。系统思维，就是把研究对象作为一个系统整体进行思考、研究。它是一种整体的、多维的思维方式，同传统的思维方法有很大区别。

2.系统与集成管理的关系

系统是元素集成的结果。要建立一个系统，包括复杂的系统，就必须有一个元素集成的过程。没有元素的集成过程，系统将永远停留在设计阶段，系统将无法形成。不但如此，集成还是系统重构的必要手段和过程。因为，任何一个系统都有诞生、发展、成熟和衰亡的生命周期过程，为了适应环境变化，延长系统生命周期，系统就必须根据环境要求，对系统要素进行适时重组，这个过程就是集成。

系统理论对集成具有指导作用。集成作为构建系统的一项基本活动，必须以系统理论为指导，换句话说，系统理论对集成过程具有指导意义。从这个意义上说，系统的目标即为集成的最终目标，系统的结构、功能、关系将制约着集成的行为过程，系统的功能表现将是评价集成管理的重要准则之一。

二、建筑工程项目集成管理的概念

目前，对于建筑工程项目集成管理，尚无统一的定义。同济大学丁士昭教授认为，所谓建设项目全生命期集成化管理，是为建设一个满足功能需求和经济上可行的项目，对其从项目前期策划，直至项目拆除的项目全寿命过程进行策划、协调和控制，以使该项目在预定的建设期限内、在计划的投资范围内顺利完成建设任务，并达到所要求的工程质量标准，满足投资商、项目的经营者以及最终用户的需求；在项目运营期进行物业的财务管理、空间管理、用户管理和运营维护管理，以使该项目创造尽可能大的有形和无形的效益。

南开大学的戚安邦教授认为，项目集成管理的目标是保障一个项目各方面工作能够有机地协调与配合，它的内容包括为达到甚至超过项目相关利益者的期望去协调各方面的目标和要求、计划安排最佳（或满意）的项目行动方案，以及集成控制项目的变更和协调工作等内容。项目集成管理从本质上说就是从全局观点出发，以项目整体利益最大化为目标，以项目时间、成本、质量、范围、采购等各种项目专项管理的协调与整合为主要内容而开展的一种综合性管理活动。

丁士昭教授的定义侧重于项目的全生命期，以运营目标为导向，寻求建设期目标与运营期目标的平衡。戚安邦教授则更多从项目管理的内容出发，协调项目管理要素之间的关系，从而实现项目的集成管理。

虽然尚无统一定义，但从上述描述中可以看出，建筑工程项目集成管理是把集成管理、系统论及项目管理理论的某些思想、方法等，根据建筑工程项目的特点，有机地联系起来，通过各种管理技术，使局部和整体之间的关系协调配合，以实现项目整体利益的最大化。

建筑工程项目集成管理定义为：建筑工程项目集成管理是对建筑工程项目全过程中的各种集成行为进行能动的计划、组织、指挥、协调、控制，以使该项目在预定的建设期限内、在计划的投资范围内顺利完成建设任务，达到所要求的工程质量标准，并尽可能地满足项目利益相关者的需求，创造出更大的有形和无形效益的过程。具体包含以下几层含义。

建筑工程项目集成管理的对象是建筑工程项目中的各种集成行为，即对建筑工程项目中具有公共属性要素集成的管理。建筑工程项目中的集成行为主要包括全寿命期集成、项目利益相关者集成、管理要素集成、技术集成等。

全寿命期集成：建筑工程项目全寿命期是指从项目构思开始到项目废除或拆迁的全过程，在全寿命期中，建筑工程项目经历前期决策阶段、实施阶段（包括设计阶段和施工阶段）和运营阶段。

项目利益相关者集成：建筑工程项目的利益相关者是指在建筑工程项目的全过程中，能够影响项目的实现或受项目影响的团体或个人，通常包括业主、咨询专家、设计单位、监理单位、承包商、分包商、设备供货商、原材料供应商、政府机构、社区公众等。建筑工程项目与这些利益相关者群体结成了关系网络，各相关方在其中相互作用、相互影响。

管理要素（目标）集成：建筑工程项目具有工期、质量、成本、范围、人力资源、风险、沟通等多个相互影响和制约的管理要素。在一个项目的实现过程中，项目中任何一个要素的变更都会对项目其他方面造成影响。例如，一个项目的范围如果发生变更，通常会直接造成一个项目的费用、工期和质量等要素发生变化。这种项目各要素之间的相互影响和关联就要求在一个项目的管理中必须充分、有效地开展项目的集成管理。通过工程项目管理要素的集成管理，在项目实施过程中对这些目标和要素进行通盘的规划和考虑，以达到对项目的全局优化。

技术集成：建筑工程项目的技术集成是在工程项目实施过程的各个阶段，充分利用信息技术和知识集成技术，建立以知识和信息为基础的技术知识集成平台，将所有可能使用的技术知识集成一个系统。因此，工程项目要想取得成功，必须对项目利益相关者进行集成管理。项目利益相关者的集成管理是一个各方相互沟通协调、确定各自权利义务、界定项目目标的过程，以达到降低成本、加快进度、保证质量、控制风险、多方共赢的目的。

建筑工程项目集成管理既包含对各种集成行为的管理，又包括对要素经过集成后所形成的整体或系统的维持，以及对这个整体或系统在内外环境作用下，变化、发展规律的研究、探索、演变跟踪。

建筑工程项目集成管理的目的是通过整合求得增效。在此，“增效”不仅仅是指增加项目的经济效益，还是项目综合效益（包括经济效益、社会效益等）的提高。它强调的是，通过要素的整合达到1+1>2的功能或效益倍增的效果。

建筑工程项目集成管理的基本过程是计划、组织、指挥、协调、控制。这与任何一项管理活动无异，一般管理学的基本原理和精神，同样适合于这一过程。

第二节　建筑工程项目各阶段的集成管理

一、建筑工程项目决策阶段集成管理

（一）建筑工程项目决策阶段的工作内容

建筑工程项目决策是指决策人按照一定的程序、方法和标准，对建筑工程项目规模、投资与收益、工期与质量、技术与运行条件、项目的环境影响等方面所做的调查、研究、分析、判断及抉择过程。它是项目的利益主体为了实现自己组织的目标，运用相关的决策原理与方法对项目是否实施以及按照哪种项目方案实施的抉择过程。

建筑工程项目决策程序体系可概括为三个核心阶段，即项目建议书阶段、可行性研究阶段、项目评估及抉择阶段。这三个阶段中的任何一个阶段如果研究的结果为不可行，那么就不再进行下一阶段的工作。反之，就要继续深入，直至全部通过评审，使项目最终顺利地立项实施。

1.建筑工程项目建议书阶段

建筑工程项目建议书是根据国民经济和社会发展长期规划、行业规划、地区规划，经过调查研究、市场预测及技术经济的分析，对拟建项目的总体轮廓提出设想的建议文件。它主要是从客观上对项目立项的必要性做出分析衡量，并初步分析项目建设的可能性，向项目决策者推荐项目。项目建议书经批准后，即可开展可行性研究。

2.建筑工程项目可行性研究阶段

项目可行性研究的目标是从市场、实施条件、技术、财务、国民经济、社会、风险等方面证实项目的可行性和合理性，为项目投资决策提供可靠、科学的依据，从而选择最优方案，获得最佳的资金使用效果。

3.建筑工程项目评估与抉择阶段

建筑工程项目评估与抉择是在可行性研究的基础上进行的，其主要任务是对拟建项目的可行性研究报告进行审核，提出评价意见，以最终决定项目是否可行、合理，并选择最佳投资方案。

（二）建筑工程项目决策阶段集成管理

建筑工程项目决策阶段的主要工作就是对具体的建筑工程项目和建设方案进行选择，为了实现预期的投资目标，采用科学的理论、方法和手段，对若干可行的投资方案进行研究论证，从中选出最为满意的投资方案。而在当前的决策过程中，可行性研究主要考虑的是项目建设期的费用，即强调一次性建造费用，而对未来的运营和维护成本不予考虑或考虑很少。但是运营及维护费用在全寿命期费用中占有很大的比重。由于建设项目类型不同、运营及维护费用定义范围不同、寿命期及贴现率取值不同等多种原因，一次性建造费用和运营及维护费用比例差别较大，但是不难看出，运营及维护费用在全寿命期费用中占有相当大的比重。因此，在建筑工程项目决策过程中强调一次性建造费用，而轻视运营及维护费用的现状必须得到改变。

此外，在工程项目全寿命期不同阶段，对全寿命期费用的影响可能性区别很大。项目决策阶段对项目全寿命期费用的影响最大。建筑工程项目的前期决策既是项目投资的首要环节，也是工程项目能否达到预期目标的重要方面。若要节约建设投资，使有限的资金发挥最大效益，就必须重视对建设项目决策行为的研究。

基于此，在决策阶段，建筑工程项目集成管理的重点就是要从项目全寿命期的角度出发，在决策过程中综合考虑项目建设前期、建设期、使用期和拆除期等阶段的情况，尤其是要考虑工程项目的建设阶段和运营及维护阶段，达到两者之间的最佳平衡，使建筑工程项目满足使用要求，全寿命期总费用最低。为此，决策阶段建筑工程项目集成管理要实现项目全寿命期的集成，基于全寿命期费用和全寿命周期质量两个方面的分析，做出科学的决策。

二、建筑工程项目计划/设计阶段集成管理

（一）建筑工程项目计划/设计阶段的工作内容

项目的可行性研究报告获得批准后，建筑工程项目即进入计划/设计阶段。该阶段的主要工作是将建筑工程项目的设想变成可实施的蓝图，其中，关键工作有如下几个方面。

1.选定勘察单位，完成建筑工程项目的勘察工作

建设单位（业主）通过招标等方式选定勘察单位。勘察单位根据国家相关规定和建筑工程项目的性质、规模、复杂程度及建设地点的具体情况，完成相应的勘察项

目，主要包括：自然条件观测、资源探测、地震安全性评价、环境评价和环境基底观测、工程地质勘察、水文地质勘察、工程测量等。工程勘察为工程项目的设计、施工提供可靠的依据。

2.编制设计任务书

设计任务书是确定建筑工程项目及其建设方案（包括建设规模、建设依据、建设布局和建设进度）的重要文件，是编制设计文件的主要依据。设计任务书是对可行性研究报告中最佳方案做进一步的实施性研究，并在此基础上形成的制约建筑工程项目全过程的指导性文件。建设单位可以委托专业设计单位、工程咨询单位来承担设计任务书的编制组织工作。但目前在实践中设计任务书未能引起足够的重视，没有设计任务书或任务书不够详细可照样做设计，这是造成大量图纸返工、修改，委托方对设计成果不满意的非常重要的原因之一。

3.选定设计单位，完成建筑工程项目的设计任务

建设单位在获得可行性研究报告批准文件、建设用地规划许可证和建设用地红线图、规划设计条件通知书后，可以通过招标投标择优选择设计单位，开展建筑工程项目的设计工作。建筑工程项目的设计工作主要包括方案设计、扩初设计和施工图设计三个阶段。方案设计是概念性的，其作用是确定设计的总体框架；思想方法上应该以功能分析为主，以满足最终用户的需求为导向；内容往往以建筑和规划专业为主，要体现建筑的艺术风格。方案设计的创造性很强，对后续设计起指导作用。扩初设计的特点是技术计算，为了实现建筑师的构想，结构、给排水、暖通、强弱电等各专业工种都要进行技术计算，并做出较详细的设计，其难点之一是各专业工种要进行技术协调，解决建筑与结构、建筑与设备、结构与设备等之间的矛盾，这一阶段成果标志应该是各专业技术路线得到确定，并实现系统内外的统一。扩初设计应该是设计的关键阶段，应重视业主的要求，不能等到后续施工图设计出来后再有较大变更。施工图设计的特点是操作性，是细部详图和节点大样图，注重可实施性和可施工性。施工图设计的重点往往是要处理设计与施工的协调，设计要有足够的深度，要配合施工全过程，能及时解决现场问题。

（二）建筑工程项目计划/设计阶段集成管理

建筑工程项目计划/设计阶段的主要工作是把对建筑物的要求用图纸的形式表达出来。在此，明确项目利益相关方对建筑物的要求至关重要。对于业主来说，只有明确了最终用户的需求，才能对其投资的项目有的放矢，让项目发挥最大的经济效益，同

时也会尽早收回投资，获得最大的收益。对于设计单位来说，只有明确了业主以及项目最终用户的需求，才能设计出令各方满意的设计方案，同时，还应注重设计的可实施性和可施工性。在建筑工程项目计划/设计阶段，设计方应该考虑项目利益相关者的需求，而非仅仅是业主的需求，当然，这其中业主的需求所占权重应该是最大的。在设计过程中，设计方要满足业主方不断变化的需求；设计出图计划要与施工计划、采购计划相协调；设计还要配合施工、修改细化，直到满足施工要求为止。

三、建筑工程项目施工阶段集成管理

（一）建筑工程项目施工阶段的工作内容

建筑工程项目施工阶段的主要任务是将建设蓝图变成工程实体，实现项目业主的投资决策意图，一般可分为建设准备和施工建造两个阶段。

在获得设计文件和工程规划许可证后，业主便可以为项目开工建设做好各项准备工作。建设准备的主要工作包括：征地、拆迁和场地平整；完成施工用水、电路等工程；组织施工招标，择优选择施工单位；组织设备、材料订货；办理工程开工等相关手续；委托监理单位等。在接到批准的开工报告及领到施工许可证后，施工单位便可以进行项目的施工建设。为了保证施工顺利，施工单位必须编制项目施工组织设计，优化配置施工项目生产力诸要素，并在项目开工后，按施工工艺要求开展施工作业，同时要加强施工项目实施过程中的进度、费用、质量的控制和管理，并做好工程记录和文档管理，如实反映施工项目质量、成本的形成过程和实际进度以及施工过程中出现的各种影响项目进度、费用、质量变化的干扰因素等以保证项目目标的实现。工程项目建成后，施工单位便可编写工程验收报告，项目进入结束阶段。在施工阶段，业主方、施工方、监理方等相关参与方的工作主要是围绕着项目三大管理目标——进度、质量和费用而展开的。

（二）建筑工程项目施工阶段集成管理

建筑工程项目施工阶段管理的重点是围绕着费用、质量、进度逐步展开的，这三者彼此密切相关，其中任何一个要素的变动都可能引起其他要素的耦合波动，并将直接或间接地对项目目标产生影响。因此，在整个项目实施过程中，三大目标之间的综合协调异常关键。而由于目前项目管理中三大目标的管理分离，造成了信息不畅或信息扭曲，使得三者不能形成整合力，难以对项目总体目标进行综合协调。因此，建筑工程项目施工阶段的集成管理是从全局观点出发，以项目整体利益最大化作为总目标，以项目进度、费用、质量三大目标管理的协调与整合为主要内容而开展的一种综合性管理活动。在此，集成的核心是突出一体化的整合思想，它追求的不是项目单个目标的最优，而是要在项目三大目标同时优化的基础上，寻求管理目标之间的协调和平衡。

四、建筑工程项目技术集成管理

（一）技术

“技术”从不同的视角去考察，其概念会有不同的陈述。在本质上，可以认为它是人在求生存和发展中与客体（自然界、社会和人类自身）之间的关系；从社会学的观点，可以认为它是一种特殊的社会现象；从实践活动来看，可以认为它是经验的科学概括、可操作的知识。在普遍意义上，技术是在一定的自然和社会环境中，用于实现输入集和目标集之间有向转换的可操作程序。其中，程序是指按时间先后的一系列有序工作指令；可操作是指每一指令都是确定的和可实现的，并经有限指令后转换完成。实际上，技术是关于输入、转换、输出的知识。

（二）技术集成

对于“技术集成”的研究始于20世纪90年代，代表人物为美国哈佛商学院的Marco Lansiti教授。对于“技术集成”的概念，国内外学者从不同角度对其进行了界定。

Lansiti认为：技术集成是由知识构建活动的集合构成，通过这些知识构建活动，提出新技术并对其进行评价和优化，从而为产品的开发提供基础。

Lansiti和West认为：技术集成是企业在新产品开发、制造流程或服务过程中用以选择和提炼所使用技术的方法，是技术开发过程中居于研究阶段和开发阶段之间一个独立的阶段。

傅家骥等认为：面向批量化生产的技术整合是将多门类知识及多门类技术等有关商业理念有效地整合在一起，进而形成有效的“产品制造方案、制造流程、管理方案、商业模式”，最终可以进行批量化产销的系统过程。

余志良等认为：技术集成是通过系统集成方法评估、选择适宜新技术，并将其与现有技术有机融合，推出新产品和新工艺的创新方法。

魏江等认为：技术集成是基于特定的外部市场环境，为实现企业的产品和工艺创新，对来自企业内外部的各类技术资源进行甄选、转移、重构的一个动态循环过程。

技术集成概念随时间而不断演进，但后来众多学者提出的各种“技术集成”概念均是按Lansiti的思路而发展的，技术集成被认为是技术创新活动的一种形式，是企业解决创新问题的一种有效途径。

（三）建筑工程项目技术集成管理

建筑工程项目技术集成管理是根据项目的要求和自身的技术基础以及其他资源条件，通过系统集成的方法评估，选择适宜的新技术，将新技术与现有技术有机地融合应用于工程项目实施过程中，并将项目实施过程中积累的技术资源进行整理与规范化，使其得以继承和重用的过程。

建筑工程项目技术集成管理的目的在于把不同领域的知识，属于不同背景的人的经验、智慧和才能以及属于不同组织的资源、信息有机地结合起来，优势互补，综合集成，打破空间和层次界限，开放式地解决工程项目实施过程中出现的各种问题。通过建筑工程项目技术集成管理，可以将先进技术融入建筑工程项目的建设中，从而不断提高项目参与各方的工程技术水平和项目管理水平。

五、建筑工程项目全过程集成管理特点

前面对建筑工程项目四个阶段的集成管理分别进行了分析，而从项目的全过程来看，这四个阶段是逐次递进且紧密相关的，它们之间有着不可分割的联系。业主，作为项目全过程的参与者和管理者，需要对项目进行全局性的目标管理与综合协调。因此，建筑工程项目全过程集成管理就是业主方（或代理机构）根据集成管理的思想对建筑工程项目全过程进行计划、组织、协调、控制，以实现建筑工程项目全过程的动态管理和项目目标的综合协调与优化的过程。建筑工程项目全过程集成管理具有以下几个方面的特点。

（一）阶段性

一个建筑工程项目从最初概念的形成到工程实体的建成，要经过决策、计划与设计、施工、结束四个阶段。建筑工程项目是在决策阶段策划并决定，在计划与设计阶段形成，在施工阶段实现，在结束阶段交付使用的。因此，业主方对建筑工程项目全过程的集成管理既要对这四个阶段进行有效的动态管理，即在项目的全过程中，不断

进行资源的配置和协调，不断地做出科学决策，又要对项目的阶段性目标与全过程目标、各阶段参与方的利益与自身利益做好综合协调工作，使项目实施的全过程处于最佳的运行状态，产生最佳的效果。

（二）递推性

建筑工程项目的全过程一般是由决策、计划与设计、施工、结束四个阶段组成，每个阶段又可分为若干个子阶段，并且前后阶段是互相接续的，一般情况下，项目前一阶段未完成以前不能够开展项目后续阶段的工作。因为项目的后续阶段是要以前一阶段的产出物和工作作为基础、前提的，任何跨越不同阶段的各种问题和失误都会直接转入下一个阶段，从而造成项目失误或问题的扩散，造成项目管理的混乱和项目损失的无谓扩大。

项目建议书是对拟建项目的轮廓设想，在获得批准后，方可进行可行性研究；可行性研究是根据项目建议书中的设想对拟建项目在技术、经济上是否可行进行科学分析和论证，并通过多方案比较，优选最佳方案；设计任务书又是根据批准的可行性研究报告而编制的；工程设计是根据设计任务书开展的；而设计文件是工程施工建设的指导性文件。

（三）递阶性

具有上、下层次关系的结构称为递阶，在建筑工程项目中，业主与各阶段的参与方之间具有递阶性。建筑工程项目除业主方以外，在决策、设计、施工和竣工验收过程中有众多的参与者或利益相关者，尽管他们为了自身的利益都希望项目成功，但并非所有参与者或利益相关者都对项目成功的具体含义有着一致的认识和预期。例如，项目业主通常希望工程质量好、工期短，并且尽可能少花费投资，而设计方往往会根据业主方支付设计费用的情况来决定自己在该项目设计中的投入，施工方则比较重视合同条件的公正性并且希望工程施工能优质优价等。因此，工程项目要想取得成功，必须对业主方和各参与方的目标进行整合，并且这种整合要有一个前提，那就是参与项目的各方都应当首先关注业主的利益，因为说到底毕竟是业主投资并掌握项目大局，如果业主利益得不到保障或不能实现投资目标，项目就不可能成立并加以实施。因此，业主可以视为上层决策者，负责建筑工程项目整体计划、协调、调度和控制，并协调与各参与方的利益关系，而各阶段参与方作为下层决策者，具有相对自主权，在业主给定的限制条件下，做出对自身最有利的决策。当然，业主方的利益应是项目整体的利益，其中也应包含设计方、施工方等项目参与方的利益。项目不可能在危害参与方利益的情况下取得成功或圆满成功。

第三节 建筑工程项目信息化集成管理技术

一、信息化理论

（一）信息化的含义

信息化这一概念最初起源于日本，随后被一些学者引入西方，并得以发展和推广。我国有关信息化的研究起步相对较晚，对于这一概念的表述一直众说纷纭，并未得出一个统一的说法。许多学者对此进行研究，认为信息化归根结底就是通信以及网络技术现代化的一种实现。而另一部分学者则持这样的观念，认为信息化是社会生产关系转变的必然结果，信息产业取代物质产业所占的主导地位。也有相当一部分人认为，所谓信息化，就是信息概念在工业社会渗透立足，并逐步推动它向着信息社会演变的一个发展过程。从大的方面来讲，实现信息化就要构筑和完善六个要素（开发利用信息资源、建设国家信息网络、推进信息技术应用、发展信息技术和产业、培育信息化人才、制定和完善信息化政策）的国家信息化体系。具体到企业或项目，要真正落实和实现信息化，需要解决的主要问题就是建立合适的有针对性的信息化系统，最大限度地利用和开发信息资源，推进信息技术的应用。

（二）信息化与建筑工程项目管理

建筑业由于自身独有的特性，其发展速度与其他行业相比一直处于明显的劣势。究其原因，很大程度上取决于建筑业信息技术的应用水平太低，缺乏有效的沟通。这时候，建筑工程项目管理信息化的适时出现，为建筑业跨越差距提供了前所未有的机遇。

将计算机技术、网络技术、信息化技术和建筑施工项目管理相结合，为项目管理集成化方法的应用提供了有效推进的渠道。同时，只有实现工程技术与管理的信息化，才能使项目管理的集成方法在大型复杂项目中得到准确高效的应用。不仅如此，我国对建筑企业信息化十分重视，颁布了相应企业信息化标准。这在促进了建筑企业信息化工作的同时，也说明了应用信息技术，实现施工项目工期、质量、成本、安全的集成化信息管理，实现企业与施工项目管理的信息化和标准化，已在世界范围内成为广大建筑企业提升工程管理水平、预防和抵御工程风险、促进科技创新和提高企业市场竞争力的重要手段。

（三）建筑工程信息管理的主要内容

项目建设过程中项目组织者因进行沟通而产生大量的信息。项目中的信息种类很多，有项目基本状况的信息、现场实际工程信息、各种指令和决策方面的信息，还有外部进入项目的环境信息等。建筑工程项目中主要有两个信息交换过程。

1.项目与外界的信息交换

项目本身就是一个开放系统，与外界系统会产生大量的信息交换，包括由外界输入的信息，如条件的改变、环境影响、干扰的产生等。

2.项目内部的信息交换

项目内部各管理因素之间亦存在信息的交换。

工程项目在上述两种信息交换实施的过程中会不断地产生大量信息。项目管理者确定项目目标、做施工决策、编制施工计划、组织资源供应，协调各项目参加者的工作，控制项目的实施过程都靠信息来实施。一旦这些信息交换、沟通不畅，就会严重影响项目的顺利实施。由此可以看出，建筑工程项目的管理过程不仅仅是物质的管理过程，还包括一项必不可缺的过程，即项目信息管理。

建筑工程信息管理贯穿项目的整个建设过程，其主要内容包括：

（1）信息的收集

工程项目在整个建设过程中产生了大量信息，对这些工程信息进行管理的第一步就是信息的收集。

（2）信息的加工和处理

信息的加工和处理就是将对与建设项目相关的信息进行选择、核对、归类、鉴别、汇总等，并在此基础上生成不同形式的信息数据。

（3）信息的存储

信息的存储是将获得的或加工后的工程项目信息数据保存起来，以备项目实施过程中的后期使用。信息的存储亦非常关键，它不是一个孤立的环节，而是始终贯穿于信息处理工作的全过程。

（4）信息的维护和使用

工程项目的复杂性、开放性导致项目信息的多样化和不确定性。信息的维护和完善始终伴随着建筑工程项目的推进而存在，也是必不可少的。

（四）工程项目信息化集成管理概念的产生

由于工程项目本身所独有的特性和规律，加上项目管理又贯穿于建筑施工的整个寿命周期，良好的项目管理系统模式对施工项目的目标实现和任务完成起着至关重要的作用。项目管理的内容广泛，各管理部分又相对零散独立。因此，传统的项目管理模式缺乏系统性，不能充分考虑项目整个生命周期的各种需要和限制，容易造成因为工作链中某个因素的变更，使得项目目标系统缺乏可行性。同时单一管理不仅耗时、缺乏效率，而且一旦各部门之间衔接不畅，就会影响整个项目目标的实现。

通过集成化理论和信息化理论的研究可以看出，面对建筑施工项目越来越大型化、灵活化、复杂化的发展现状，将集成思想及系统论等管理理论和高速发展的信息技术结合，对传统的项目管理模式进行革新是医治工程项目管理种种弊病的良方。将采用科学合理的信息化技术把集成思想和信息化理论完美地应用于现代化工程项目管理的实践中，实现一种综合、全面、灵活性更强的项目管理形式。这样的管理模式也可以换一种说法，就是利用信息化手段，采用流程管理的方式实现项目管理的集成化。

二、建筑工程项目信息化集成管理技术

（一）建筑工程项目信息化集成管理的目标

工程项目信息化集成管理是一种全新的管理思想，其核心理念是从项目的全局角度考虑，以信息化手段和集成管理思想，使得工程项目的管理过程更加智能化和高效快捷。工程项目管理信息化集成模式的研究出发点及目标体现在以下几个方面。

提出工程项目管理信息化解决方案，实现工程技术、施工经验、资源和工程文件等的信息化处理；结合计算机网络技术减少决策失误、预见风险和控制风险因素；全面快速地分析和科学调控各种资源，同时实现进度、成本、质量多目标、多要素集成管理；通过信息化知识组织和平台，快速选择和确定施工方案、进度计划、各种资源计划，进行施工工艺决策；以工序为基本组织节点进行集成控制，同时实现工程信息

资源的实时监控与动态管理。

（二）构建信息化集成管理系统的基本思路

要完成信息化集成管理的目标，首要任务是采用科学的信息化手段和合理的集成方案构建信息化集成管理系统。实现信息化集成管理的基本思路。总结如下。

利用工作分解结构，按照一定的规则将整个项目分解成可管理的工作包，以施工作业和管理作业为项目管理的基础对象，并通过综合进度计划将项目管理的各项内容有机地串联在一起；采用合适的信息分类体系，确保工程信息的标准化和规范化；选择合适的数据库技术，建立分布式数据库系统，将信息资源集成不同类别的知识库，以服务于工程项目的各项管理工作；将集成化理论作为集成管理的指导思想，研究信息化集成管理模式，以期实现工程项目管理的横向和纵向多方面、多维度集成；采用先进的工作流程驱动模型与监控引擎，对集成管理执行内容进行定义、创建、调用、管理和动态监控，将项目管理人、信息和计算机应用工具结合在一起；以工程实例为依托，利用发达的网络技术和计算机编程技术，开发面向用户的信息集成系统支撑平台。

（三）工程项目管理信息化技术路线与实现手段

1.工程项目的结构分解WBS

工程项目结构分解是将整个项目分解成可控制的活动，以保证项目管理过程顺利。因此它是项目管理的基础工作，无论是以何种形式进行项目管理，WBS都是最重要的内容之一。WBS的分解方式一般有三种：按产品的物理结构分解；按产品或项目的功能分解；按照实施过程分解。

对于一个建筑工程项WBS分解，建设项目管理工作的流程设计主要考虑以下三个设计思路：按照项目管理的基本过程划分为项目启动、计划与决策、实施与控制、项目结束等流程；按照管理职能可以划分为进度管理、成本管理、质量管理、安全管理、合同管理、档案管理等流程；按照项目的实施过程可划分为项目前期、施工阶段、施工准备阶段、项目实施阶段、竣工维修阶段等流程。

在进行项目结构分解时，确保同一个项目中做到WBS编码统一、规范和使用方法明确，是项目管理系统集成的前提条件。并且结构分解是进行目标分解、建立项目组织和实施进度、成本、质量控制的基础。

通过目标分解使得项目形象透明、集成管理的内容和目标明确，是实施进度、成本、质量、安全控制的基础。结构分解的核心路线是以施工作业和管理作业为项目管理的基础对象，通过综合进度计划将项目管理的各项内容有机地串联在一起。

2.信息化项目编码

工程项目在实施的过程中通过前文讲到的两种交换过程不断地产生大量信息，这些信息一般分为两大类：建设项目管理活动中产生的信息和其他信息。外部信息包括外部环境信息或者条件改变信息。项目管理活动中产生的信息种类繁多，如项目基本状况信息、材料设备信息、工期信息、成本信息、质量信息；表现形式也多样化，如设计文件、合同、进度计划、各种报告和报表等。

实现工程项目管理的信息化是一个综合的过程，除了要有计算机、网络等软硬件设施之外，另一个关键是对信息的收集、加工处理、存储和综合应用的过程。而实现信息化最基础的环节就是对上述繁杂的工程信息进行系统化、标准化和规范化，使之成为能为计算机识别和操作，并可供多项目、多参与方、多要素之间进行信息交流的一致语言。在信息化实践过程中，编码起着桥梁与纽带的作用，常用的编码形式有四种：顺序码、分类码、结构码、组合码。

3.标准化信息分类体系

标准化信息分类体系是对要进行集成管理的作业和任务进行标准化分类组织，并进行规范化编码后形成的体系。工程项目管理信息化的实质就是信息技术的利用，而信息技术的充分发挥依赖于人对信息的组织。计算机不能直接对离散的、杂乱的信息进行处理，因此必须建立合适的、有针对性的信息分类体系。所建立的信息分类体系，一般分类原则为：母项的外延等于划分出来的各个子项之和；各子项的外延互相排斥；整个划分过程遵循同一标准；划分完成的对象在分类体系中仅有一个位置。

4.数据库技术

数据库（Data Base，简称为DB）是各种来源不同的数据集合的统称。数据库技术是研究数据库的存储、结构、设计、管理和使用的一门软件学科，是在操作系统的文件系统基础上发展起来的。数据库系统（Data Base System，简称为DBS）是采用了数据库技术的计算机系统。数据库系统在充分地使用计算机技术和网络技术的基础上，实现系统地、有组织地、动态地存储大量关联数据，方便了多用户对计算机软件、硬件和数据资源进行访问。数据库管理系统（Data Base Management System，简称为DBMS）是位于用户与操作系统之间的一层数据管理软件。数据库管理系统主要功能包括DB的建立、查询、更新及各种数据控制。

集成信息化的最终实现形式就是利用数据库是统一管理的相关数据的集合这一本

质，建立强大的信息化数据库系统，完成集成管理。这种数据库系统在充分使用的计算机技术和网络技术的基础上，可以实现系统的、有组织的、动态的存储大量工程项目的关联数据。除了数据库管理系统基本的存储功能外，还要求能够接收新的数据信息，并且自动进行重组和处理，形成用户需要的实时信息数据资源。同时，为了满足不同用户的不同需要，该数据库系统还需要将不同信息资源进行分类管理。不同管理层可以按照不同的标准和权限获取自己工作的数据信息，并对所在领域的数据库进行维护。

基于信息化、规范化和标准化信息体系而建立起来的数据库管理系统，主要设计理念是：以流程驱动引擎、结构化知识库、优化决策算法库为核心，由流程驱动引擎依照项目计划中的时间要求驱动相关资源等信息的传递查询与显示。以施工工作内容为事件，将工艺、工法等分解为工序。由不同的工序可以组合构造出不同的施工工艺片段，通过配置相应的资源费用等参数，即可将工艺片段直接插入计划，参与整个计划的计算和分析。其中，数据库系统的优化算法库提供费用、工期、资源均衡等方面的优化支持。同时，系统提供网络化协同工作支持，多个用户可以在同一个系统中工作，保证了效率和数据信息的一致性。基于数据库技术集成管理，可用于施工工艺决策和管理施工方案的选择。

（四）建筑工程施工项目信息化流程管理与系统集成模式研究

1.建筑工程项目集成管理的实现途径

集成追求的是优势互补，就是要求各集成单项能实现优化组合，形成和谐有序的运行结构，从而使得集成总效益大于集成前分效益之算术和。这就是所谓的集成效应。建筑工程项目管理的“最优化”效应最终体现在管理活动的经济效果上。

建筑工程项目从产生开始经历了项目的决策、设计、施工和运营多个阶段。各个阶段之间的管理过程并不是截然不同的活动，比如，前一阶段的信息输出结果会成为后一阶段的信息输入。要完成一个阶段之间信息的输入和输出连续性以及管理活动的连贯性，过程集成管理是关键。与此同时，从另一个管理层面来讲，建筑工程项目是多目标管理活动。

外部集成体现在多组织参与完成，内部集成体现在多目标要素的协调统一。到这里我们可以将项目管理的集成化维度归纳为三个方向，过程集成、参与方集成、多要素集成。但是，这还不够。建筑工程项目的过程是一个知识汇集的过程，在这个过程中，人们不断地获取和创造知识，然后进行运用，从而实现知识循环。为实现项目管理过程中知识的获取、传递和使用、交流和创新，集成管理就必须引进知识集成理念。知识集成贯穿在整个工程项目管理集成化实现过程中。

2.建筑工程项目信息化集成管理模式的提出

研究建筑工程项目集成管理的根本意义在于通过项目组织机构对信息进行控制，保证项目信息流的正确性；通过多维度的集成系统对项目组织结构中的各子项进行协调，保证项目的实施效率和最终效益。这里的建筑工程项目信息化集成管理模式是一种基于信息技术和信息化手段，以集成原理为主要思想路线，全面考虑工程建设从决策阶段到投入使用的全过程。各阶段中与项目有关的各种要素包括各参与方之间的动态关系和要求综合而成的一种管理模式。

建筑施工项目集成管理信息系统的运作结构，从整体看主要包括四个基本要点。即信息化技术和手段采用、参与方集成管理、过程集成管理、要素集成管理。整体结构体现了项目管理的内容和实质，参与方集成管理为管理主体，多要素集成管理为管理要素，过程集成管理为管理过程，信息集成为管理平台。对项目信息化集成管理模式的含义分析如下。

信息化平台是集成管理的技术支撑，管理集成及信息化的核心技术是利用信息化手段，采用流程管理和事件的方式实现项目管理的集成化。信息化是手段，集成是目的。

充分利用信息化手段以知识集成为理念，通过施工工作链将管理主体、管理过程、管理要素联系起来，实现项目管理的集成化设计。

过程集成管理将项目的整个生命周期，即项目前期规划与决策、项目设计、工程施工、竣工保修、物业运营、项目后评价各阶段，通过经过信息化处理建立起来的虚拟化组织模式和集成化的项目管理系统串联成一个整体。

要素集成管理旨在解决以项目管理目标为线索的施工项目技术、成本、质量、安全等多要素集成化管理。其中包括因条件限制或环境改变引起的动态管理。

参与方集成管理以项目各参与方的协调和统一，避免出现局部优化的现象为目标，通过集成信息系统增大相互沟通和交流，最终实现“合作共赢”。

3.建筑工程项目管理知识集成

建筑工程项目环境下知识集成的实质是，在分析管理流程的基础上研究知识的流动，提炼知识，然后进行运用，最后实现知识循环。项目管理中的知识集成目标是：在管理过程中最大限度地获取、积累、传递和使用、交流和共享利用知识，使得项目管理人员可以用知识传递和使用互相交换优质知识信息，从而高效地完成项目管理任务。

建筑工程项目管理知识集成主要过程包括知识的获取、知识的积累、知识的交流和共享、知识的传递和使用。对知识的获取和积累又包含显性知识的采集，如与项目相关的文件、电子文档等；隐性资料，如工程技术、经验等。对这些知识进行采集、分析和提炼，最后以知识库的形式进行存储，可以实现高效和准确的知识交流和共享以及知识传递和使用。

4.建筑工程项目过程集成管理

过程集成的方法论是综合集成方法，过程集成管理将管理手段与计算机网络技术、数学算法、系统科学等多种理论和相关成果结合起来。综合集成的实质就是尽量考虑各种因素，综合各种经验和知识，来研究复杂系统。而过程集成的实质是从过程的角度，综合考虑上下游各个阶段的工作，以达到整个过程的最优或满意。

建设过程集成即工程项目生命期各阶段的集成，指项目前期规划与决策、项目设计、工程施工、竣工保修、物业运营、项目后评价各阶段。在项目的具体实施过程中，又伴随着项目计划、组织、协调和控制等一系列项目管理过程。过程集成管理将项目的整个生命周期，即项目前期规划与决策、项目设计、工程施工、竣工保修、物业运营、项目后评价各阶段，通过经过信息化处理建立起来的虚拟化组织环境和集成化的项目管理系统串联成一个整体。

5.建筑工程项目参与方集成管理

工程项目管理中的参与方主要包括业主方、设计方、施工方、设备材料供应商、其他外部单位等。项目各参与方之间要想做到协调统一，同时达到降低成本、加快进度、保证质量、控制风险、多方共赢的项目目标，合适的沟通渠道必不可少。现代信息技术的飞速发展和建筑施工项目的大型复杂化越发展现出了传统的参与方管理模式的诸多弊端。参与方集成管理将极大地减少项目交流过程中的障碍和信息交叉重复。同时，在很大程度上避免了信息交换过程中出现的遗漏和衔接不畅。

参与方集成管理的虚拟环境以计算机和网络技术为技术支撑，以集成思想指导理论，对项目的全过程中各个参与方产生的信息和知识进行集成而形成的组织系统环境。在参与方集成管理提供的综合虚拟环境下，项目的各参与者可以灵活对与之对应的管理活动信息进行处理，通过建立平台的权限设置，完成各自权限范围内的集成管理过程。参与方集成管理在项目的各参与方之间建立了信息共享、交换和协同工作的纽带。通过信息化集成管理平台，减少项目实施过程中各参与方之间交流过程中的障碍和信息的交叉重复，避免因信息交换过于烦琐而出现信息遗漏或衔接不畅。

6.建筑工程项目多要素集成管理

从某种程度来说，要素集成和过程集成是一体化的，只不过过程集成管理是从时间的角度考虑，而多要素集成管理是从管理目标的角度考虑。建筑施工项目过程控制的作用在于收集、处理和传递与投资、进度以及质量等有关的信息，监督项目计划的执行为决策者提供有价值的参考资料。项目要素的集成是由一个个小的控制过程组成的。工程项目管理同时具有功能（质量）、工期（进度）、成本（投资）、合同管理、风险管理等多个相互影响、制约的管理目标。管理信息集成是在项目全生命周期中对这些目标和管理职能进行整体全面的规划和考虑，以达到对项目全局优化的目的。

项目的多要素集成管理是整个集成管理模式中最为重要的一项综合性和全局性的管理工作。在一个项目的实施过程中，各个要素的进程情况或变更都直接或间接地影响到其他几个要素，同时每一个单个的要素都与项目的成功与否紧密关联。这种多要素相互关联和影响的特性，决定了项目管理多要素集成管理实施的必要性。项目的多要素集成管理的实质是对项目管理的所有目标进行全方位的协调统一，对影响目标实现的管理要素进行管理和控制。

基本项目管理过程一般包括五个。即启动过程、计划过程、执行过程、控制过程和结束过程。多要素集成管理将这五大管理要点有机地结合成一个整体。通过信息化管理平台，建立了以全盘最优为目标思想的项目管理模式。

项目多要素的集成中较为关键的三个过程是计划、执行、控制，其基本程序分别为：

计划：确定项目要素的计划值，投入资源；经过集成化理论建立的管理平台，充分利用信息化技术，建立全面的、标准化的数据库和资源库，使得项目计划实施起来更为简便快捷。

执行：比较项目要素实际值和计划值，确定是否偏离；收集工程执行成果并分类、归纳，形成与计划目标相对应的目标值，进行比较；然后比较结果进行分析，确定是否偏离；如果偏差在允许的计划范围内，则按计划继续实施；假设发生不可忽视的严重偏差，可以通过集成化管理平台进行动态调整。

控制：分析原因，采取控制措施。找出发生偏差的影响因素，利用控制体系改变相应的进度计划、费用计划、资源计划等，最终拿出切实可行的方案。

第三章 建筑工程项目进度与资源管理

第一节 建筑工程项目进度管理

一、建筑工程项目进度管理概述

一个项目能否在预定的时间内完成，是项目最为重要的问题之一，也是进行项目管理所追求的目标之一。工程项目进度管理就是采用科学的方法确定进度目标，编制经济合理的进度计划，并据以检查工程项目进度计划的执行情况，若发现实际执行情况与计划进度不一致时，及时分析原因，并采取必要的措施对原工程进度计划进行调整或修正的过程，工程项目进度管理的目的就是实现最优工期。

项目进度管理是一个动态、循环、复杂的过程。进度计划控制的一个循环过程包括计划、实施、检查、调整四个过程。计划是指根据施工项目的具体情况，合理编制符合工期要求的最优计划；实施是指进度计划的落实与执行；检查是指在进度计划与执行过程中，跟踪检查实际进度，并与计划进度对比分析，确定两者之间的关系；调整是指根据检查对比的结果，分析实际进度与计划进度之间的偏差对工期的影响，采取切合实际的调整措施，使计划进度符合新的实际情况，在新的起点上进行下一轮控制循环，如此循环下去，直至完成任务。

（一）工程项目进度管理的原理

1.动态控制原理

工程项目进度管理是一个不断进行的动态控制，也是一个循环进行的过程。在进度计划执行中，由于各种干扰因素的影响，实际进度与计划进度可能会产生偏差。分析偏差产生的原因，采取相应的措施，调整原来的计划，继续按新计划进行施工活动，并且尽量发挥组织管理的作用，使实际工作按计划进行。但是在新的干扰因素作用下，又会产生新的偏差，施工进度计划控制就是采用这种循环的动态控制方法。

2.系统控制原理

该原理认为，工程项目施工进度管理本身是一个系统工程，施工项目计划系统包括项目施工进度计划系统和项目施工进度实施组织系统两部分内容。

（1）项目施工进度计划系统

为了对施工项目实行进度计划控制，首先必须编制施工项目的各种进度计划。其中有施工项目总进度计划、单位工程进度计划、分部分项工程进度计划、季度和月（旬）作业计划，这些计划组成一个施工项目进度计划系统。计划的编制对象由大到小，计划的内容从粗到细。编制时从总体计划到局部计划，逐层进行控制目标分解，以保证计划控制目标落实。执行计划时，从月（旬）作业计划开始实施，逐级按目标控制，从而达到对施工项目整体进度目标的控制。

（2）项目施工进度实施组织系统

施工组织各级负责人，从项目经理、施工队长、班组长及所属全体成员组成了施工项目实施的完整组织系统，都按照施工进度规定的要求进行严格管理、落实和完成各自的任务。为了保证施工项目按进度实施，自公司经理、项目经理，一直到作业班组都设有专门职能部门或人员负责汇报，统计整理实际施工进度的资料，并与计划进度比较分析和进行调整，形成一个纵横连接的施工项目控制组织系统。

（3）信息反馈原理

信息反馈是施工项目进度管理的主要环节。工程项目进度管理的过程实质上就是对有关施工活动和进度的信息不断收集、加工、汇总、反馈的过程。施工项目信息管理中心要对收集的施工进度和相关影响因素的资料进行加工分析，由领导做出决策后，向下发出指令，指导施工或对原计划做出新的调整、部署；基层作业组织根据计划和指令安排施工活动，并将实际进度和遇到的问题随时上报。每天都有大量的内外部信息、纵横向信息流进流出，若不应用信息反馈原理，不断地进行信息反馈，则无法进行进度管理。

（4）弹性原理

施工项目进度计划工期长、影响进度的原因多，其中有的已被人们掌握，根据统计经验估计出影响的程度和出现的可能性，并在确定进度目标时，进行实现目标的风险分析。在计划编制者具备这些知识和实践经验之后，编制施工项目进度计划时就会留有余地，也就是使施工进度计划具有弹性。在进行施工项目进度控制时，便可以利用这些弹性。如检查之前拖延了工期，通过缩短剩余计划工期的方法，或者改变它们之间的逻辑关系，仍然达到预期的计划目标，这就是施工项目进度控制中对弹性原理的应用。

（5）闭循环原理

项目进度计划管理的全过程是计划、实施、检查、比较分析、确定调整措施、再计划。从编制项目施工进度计划开始，经过实施过程中的跟踪检查，收集有关实际进度的信息，比较和分析实际进度与施工计划进度之间的偏差，找出产生的原因和解决的办法，确定调整措施，再修改原进度计划，从而形成一个封闭的循环系统。

（二）项目进度管理程序

工程项目部应按照以下程序进行进度管理：根据施工合同的要求确定施工进度目标，明确计划开工日期、计划总工期和计划竣工日期，确定项目分期分批的开竣工日期。编制施工进度计划，具体安排实现计划目标的工艺关系、组织关系、搭接关系、起止时间、劳动力计划、材料计划、机械计划及其他保证性计划。进行计划交底，落实责任，并向监理工程师提出开工申请报告，按监理工程师开工令确定的日期开工，实施施工进度计划。项目经理应通过施工部署、组织协调、生产调度和指挥、改善施工程序和方法的决策等，应用技术、经济和管理手段实现有效的进度管理。项目经理部要建立进度实施、控制的科学组织系统和严密的工作制度，然后依据工程项目进度目标体系，对施工的全过程进行系统控制。正常情况下，进度实施系统应发挥监测、分析职能并循环运行，随着施工活动的进行，信息管理系统会不断地将施工实际进度信息，按信息流动程序反馈给进度管理者，并经过统计整理，比较分析后，确认进度无偏差，则系统继续运行；一旦发现实际进度与计划进度有偏差，系统将发挥调控职能，分析偏差产生的原因，及对后续施工和总工期的影响。必要时，可对原计划进度做出相应的调整，提出纠正偏差方案和实施技术、经济、合同保证措施，以及取得相关单位支持与配合的协调措施，确认切实可行后，将调整后的新进度计划输入进度实施系统，施工活动继续在新的控制下运行。当新的偏差出现后，再重复上述过程，直到施工项目全部完成。任务全部完成后，进行进度管理总结并编写进度管理报告。

（三）项目进度管理目标体系

保证工程项目按期建成交付使用，是工程项目进度控制的最终目的：为了有效地控制施工进度，首先要将施工进度总目标从不同角度进行层层分解，形成施工进度控制目标体系，从而作为实施进度控制的依据。

项目进度目标是从总的方面对项目建设提出的工期要求，但在施工活动中，是通过对最基础的分部分项工程的施工进度管理来保证各单项（位）工程或阶段工程进度管理目标的完成，进而实现工程项目进度管理总目标的。因而需要将总进度目标进行一系列从总体到细部、从高层次到基础层次的层层分解，一直分解到在施工现场可以直接控制的分部分项工程或作业过程的施工为止。在分解中，每一层次的进度管理目标都限定了下一级层次的进度管理目标，而较低层次的进度管理目标又是较高一级层次进度管理目标得以实现的保证，于是就形成了一个有计划、有步骤协调施工、长期目标对短期目标自上而下逐级控制与短期目标对长期目标自下而上逐级保证、逐步趋近进度总目标的局面，最终达到工程项目按期竣工交付使用的目的。

1.按项目组成分解，确定各单位工程开工及交工动用日期

在施工阶段应进一步明确各单位工程的开工和交工动用日期，以确保施工总进度目标的实现。

2.按承包单位分解，明确分工和承包责任

在一个单位工程中有多个承包单位参加施工时，应按承包单位将单位工程的进度目标分解，确定出各分包单位的进度目标，列入分包合同，以便落实分包责任，并根据各专业工程交叉施工方案和前后衔接条件，明确不同承包单位工作面交接的条件和时间。

3.按施工阶段分解，划定进度控制分界点

根据工程项目的特点，应将其施工分解成几个阶段，如土建工程可分为基础、结构和内外装修阶段。每一阶段的起止时间都要有明确的标志。特别是不同单位承包的不同施工段之间，更要明确划定时间分界点，以此作为形象进度的控制标志，从而使单位工程动用目标具体化。

4.按计划期分解，组织综合施工

将工程项目的施工进度控制目标按年度、季度、月进行分解，并用实物工程、货币工作量及形象进度表示，将更有利于对施工进度的控制。

（四）施工项目进度管理目标的确定

在确定施工项目进度管理目标时，必须全面细致地分析与建设工程有关的各种有利因素和不利因素，只有这样，才能制定出一个科学、合理的进度管理目标。确定施

工进度管理目标的主要依据有：建设工程总进度目标对施工工期的要求、工期定额、类似工程项目的实际进度、工程难易程度和工程条件的落实情况等。

在确定施工项目进度分解目标时，还要考虑以下各个方面。

（1）对于大型建设工程项目，应根据尽早提供可动用单元的原则，集中力量分项分批建设，以便尽早投入使用，尽快发挥投资效益。

（2）结合本工程的特点，参考同类建设工程的经验来确定施工进度目标。避免只按主观愿望盲目确定进度目标，从而在实施过程中造成进度失控。

（3）合理安排土建与设备的综合施工。要按照它们各自的特点，合理安排土建施工与设备基础、设备安装的先后顺序及搭接、交叉或平行作业，明确设备工程对土建工程的要求和土建工程为设备工程提供施工条件的内容及时间。

（4）做好资金供应能力、施工力量配备、物资供应能力与施工进度的平衡工作，确保工程进度目标的要求而不使其落空。

（5）考虑外部协作条件的配合情况。包括施工过程中及项目竣工动用所需的水、电、气、通信、道路及其他社会服务项目的满足程序和满足时间。

（6）考虑工程项目所在地区地形、地质、水文、气象等方面的限制条件。

二、施工项目进度计划的编制与实施

施工项目进度计划是规定各项工程的施工顺序和开竣工时间及相互衔接关系的计划，是在确定工程施工项目目标工期基础上，根据相应完成的工程量，对各项施工过程的施工顺序、起止时间和相互衔接关系所进行的统筹安排。

（一）施工项目进度计划的类型

1.按计划时间划分

有总进度计划和阶段性计划。总进度计划是控制项目施工全过程的，阶段性计划包括项目年、季、月（旬）施工进度计划等。月（旬）计划是根据年、季施工计划，结合现场施工条件编制的具体执行计划。

2.按计划表达形式划分

有文字说明计划与图表形式计划。文字说明计划是用文字说明各阶段的施工任务，以及要达到的形象进度要求；图表形式计划是用图表形式表达施工的进度安排，可用横道图或网络图表示进度计划。

3.按计划对象划分

有施工总进度计划、单位工程施工进度计划和分项工程进度计划。施工总进度计划是以整个建设项目为对象编制的，它确定各单项工程施工顺序和开竣工时间以及相互衔接关系，是全局性的施工战略部署；单位工程施工进度计划是对单位工程中的各分部、分项工程的计划安排；分项进度计划是针对项目中某一部分（子项目）或某一专业工种的计划安排。

4.按计划作用划分

施工项目进度计划一般可分为控制性进度计划和指导性进度计划两类。控制性进度计划按分部工程划分施工过程，控制各分部工程的施工时间及其相互搭接配合关系。它主要适用于工程结构较复杂、规模较大、工期较长而需跨年度施工的工程，还适用于虽然工程规模不大或结构不复杂但各种资源（劳动力、机械、材料等）不落实的情况，以及建筑结构设计等可能变化的情况。指导性进度计划按分项工程或施工工序划分施工过程，具体确定各施工过程的施工时间及其相互搭接、配合关系。它适用于任务具体而明确、施工条件基本落实、各项资源供应正常及施工工期不太长的工程。

（二）施工项目进度计划编制依据

为了使施工进度计划能更好地、密切地结合工程的实际情况，更好地发挥其在施工中的指导作用，在编制施工进度计划时，按其编制对象的要求，依据下列资料编制。

1.施工总进度计划的编制依据

工程项目承包合同及招投标书。主要包括招投标文件及签订的工程承包合同，工程材料和设备的订货、供货合同等。工程项目全部设计施工图纸及变更洽商。建设项目的扩大初步设计、技术设计、施工图设计、设计说明书、建筑总平面图、建筑竖向设计及变更洽商等。工程项目所在地区位置的自然条件和技术经济条件。主要包括：气象、地形地貌、水文地质情况、地区施工能力、交通、水电条件等，建筑施工企业的人力、设备、技术和管理水平等。工程项目设计概算和预算资料、劳动定额及机械台班定额等。工程项目拟采用的主要施工方案及措施、施工顺序、流水段划分等。工程项目需要的主要资源包括：劳动力状况、机具设备能力、物资供应来源条件等。建设方及上级主管部门对施工的要求。现行规范、规程和有关技术规定。国家现行的施工及验收规范、操作规程、技术规定和技术经济指标。

2.单位工程进度计划的编制依据

主管部门的批示文件及建设单位的要求。施工图纸及设计单位对施工的要求。其中包括：单位工程的全部施工图纸、会审记录和标准图、变更洽商等有关部门设计资料，对较复杂的建筑工程还要有设备图纸和设备安装对土建施工的要求，及设计单位对新结构、新材料、新技术和新工艺的要求。施工企业年度计划对该工程的有关指标，如进度、其他项目穿插施工的要求等。施工组织总设计或大纲对该工程的有关部门规定和安排。资源配备情况。如施工中需要的劳动力、施工机械和设备、材料、预制构件和加工品的供应能力及来源情况。建设单位可能提供的条件和水电供应情况。如建设单位可能提供的临时房屋数量，水电供应量，水压、电压能否满足施工需要等。施工现场条件和勘察。如施工现场的地形、地貌、地上与地下的障碍物、工程地质和水文地质、气象资料、交通运输通路及场地面积等。预算文件和国家及地方规范等资料。工程的预算文件等提供的工程量和预算成本，国家和地方的施工验收规范、质量验收标准、操作规程和有关定额是确定编制施工进度计划的主要依据。

（三）施工总进度计划的编制

施工总进度计划一般是建设工程项目的施工进度计划。它是用来确定建设工程项目中所包含的各单位工程的施工顺序、施工时间及相互衔接关系的计划。施工总进度计划的编制步骤和方法如下。

1.计算工程量

根据批准的工程项目一览表，按单位工程分别计算其主要实物工程量。工程量的计算可按初步设计（或扩大初步设计）图纸和有关定额手册或资料进行。常用的定额、资料有：每万元或每10万元投资工程量、劳动量及材料消耗扩大指标；概算指标和扩大结构定额；已建成的类似建筑物、构筑物的资料。

2.确定各单位工程的施工期限

各单位工程的施工期限应根据合同工期确定，同时要考虑建筑类型、结构特征、施工方法、施工管理水平、施工机械化程度及施工现场条件等因素。如果在编制施工总进度计划时没有合同工期，则应保证计划工期不超过工期定额。

3.确定各单位工程的开竣工时间和相互搭接关系

确定各单位工程的开竣工时间和相互搭接关系主要应考虑以下几点：同一时期施工的项目不宜过多，以避免人力、物力过于分散。尽量做到均衡施工，以使劳动力、施工机械和主要材料的供应在整个工期范围内达到均衡。尽量提前建设可供工程施工使用的永久性工程，以节省临时工程费用。急需和关键的工程先施工，以保证工程项目如期交工。对于某些技术复杂、施工周期较长、施工困难较多的工程，亦应安排提前施工，以利于整个工程项目按期交付使用。施工顺序必须与主要生产系统投入生产的先后次序相吻合。同时要安排好配套工程的施工时间，以保证建成的工程能迅速投入生产或交付使用。应注意季节对施工顺序的影响，使施工季节不导致工期拖延，不影响工程质量。安排一部分附属工程或零星项目作为后备项目，用以调整主要项目的施工进度。注意主要工种和主要施工机械能连续施工。

4.编制初步施工总进度计划

施工总进度计划应安排全工地性的流水作业。全工地性的流水作业安排应以工程量大、工期长的单位工程为主导，组织若干条流水线，并以此带动其他工程。施工总进度计划既可以用横道图表示，也可以用网络图表示。

5.编制正式施工总进度计划

初步施工总进度计划编制完成后，要对其进行检查。主要是检查总工期是否符合要求，资源使用是否均衡且其供应是否能得到保证。

（四）单位工程施工进度计划的编制

单位工程施工进度计划是在既定施工方案的基础上，根据规定的工期和各种资源供应条件，对单位工程中的各分部分项工程的施工顺序、施工起止时间及衔接关系进行合理安排。单位工程施工进度计划的编制步骤及方法如下。

1.划分施工过程

施工过程是施工进度计划的基本组成单元。编制单位工程施工进度计划时，应按照图纸和施工顺序将拟建工程的各个施工过程列出，并结合施工方法、施工条件、劳动组织等因素，加以适当调整。施工过程划分应考虑以下因素。

（1）施工进度计划的性质和作用

一般来说，对长期计划及建筑群体、规模大、工程复杂、工期长的建筑工程，编制控制性施工进度计划，施工过程划分可粗些，综合性可大些，一般可按分部工程划分施工过程。如开工前准备、打桩工程、基础工程、主体结构工程等。对中小型建筑工程及工期不长的工程，编制实施性计划，其施工过程划分可细些、具体些，要求每个分部工程所包括的主要分项工程均一一列出，从而起到指导施工的作用。

（2）施工方案及工程结构

如厂房基础采用敞开式施工方案时，柱基础和设备基础可合并为一个施工过程；

而采用封闭式施工方案时，则必须列出柱基础、设备基础两个施工过程。又如结构吊装工程，采用分件吊装方法时，应列出柱吊装、梁吊装、屋架扶直就位、屋盖吊装等施工过程；而采用综合吊装法时，只要列出结构吊装即可。

砌体结构、大墙板结构、装配式框架与现浇钢筋混凝土框架等不同的结构体系，其施工过程划分及其内容也各不相同。

（3）结构性质及劳动组织

现浇钢筋混凝土施工，一般可分为支模、绑扎钢筋、浇筑混凝土等施工过程。一般对于现浇钢筋混凝土框架结构的施工应分别列项，而且可分得细一些，如绑扎柱钢筋、支柱模板、浇捣柱混凝土、支梁、板模板、绑扎梁、板钢筋、浇捣梁、板混凝土、养护、拆模等施工过程。砌体结构工程中，现浇工程量不大的钢筋混凝土工程一般不再细分，可合并为一项，由施工班组的各工种互相配合施工。

施工过程的划分还与施工班组的组织形式有关。如玻璃与油漆的施工，如果是单一工种组成的施工班组，可以划分为玻璃、油漆两个施工过程；同时为了组织流水施工的方便或需要，也可合并成一个施工过程，这时施工班组是由多工种混合的混合班组。

（4）对施工过程进行适当合并，达到简明清晰

施工过程划分太细，则过程越多，施工进度图表就会显得繁杂，重点不突出，反而失去指导施工的意义，并且增加编制施工进度计划的难度。因此，可考虑将一些次要的、穿插性施工过程合并到主要施工过程中，如基础防潮层可合并到基础施工过程，门窗框安装可并入砌筑工程；有些虽然重要但工程量不大的施工过程也可与相邻的施工过程合并，如挖土可与垫层施工合并为一项，组织混合班组施工；同一时期由同一工种施工的施工项目也可合并在一起，如墙体砌筑不分内墙、外墙、隔墙等，而合并为墙体砌筑一项；有些关系比较密切，不容易分出先后的施工过程也可合并，如散水、勒脚和明沟可合并为一项。

（5）设备安装应单独列项

民用建筑的水、暖、煤、卫、电等房屋设备安装是建筑工程的重要组成部分，应单独列项；工业厂房的各种机电等设备安装也要单独列项。土建施工进度计划中列出设备安装的施工过程，只是表明其与土建施工的配合关系，一般不必细分，可由专业队或设备安装单位单独编制其施工进度计划。

（6）明确施工过程对施工进度的影响程度

有些施工过程直接在拟建工程上进行作业、占用时间、资源，对工程的完成与否

起着决定性的作用，它在条件允许的情况下，可以缩短或延长工期。这些施工过程必须列入施工进度计划，如砌筑、安装、混凝土的养护等。另外有些施工过程未占用拟建工程的工作面，虽需要一定的时间和消耗一定的资源，但不占用工期，故不列入施工进度计划，如构件制作和运输等。

2.计算工程量

当确定施工过程之后，应计算每个施工过程的工程量。工程量应根据施工图纸、工程量计算规则及相应的施工方法进行计算。计算时应注意工程量的计量单位与采用的施工定额的计量单位相一致。

如果编制单位工程施工进度计划时，已编制出预算文件（施工图预算或施工预算），则工程量可从预算文件中抄出并汇总。但是，施工进度计划中某些施工过程与预算文件的内容不同或有出入时（如计量单位、计算规则、采用的定额等），则应根据施工实际情况加以修改、调整或重新计算。

3.套用施工定额

确定了施工过程及其工程量之后，即可套用施工定额（当地实际采用的劳动定额及机械台班定额），以确定劳动量和机械台班量。

在套用国家或当地颁布的定额时，必须注意结合本单位工人的技术等级、实际操作水平、施工机械情况和施工现场条件等因素，确定完成定额的实际水平，使计算出来的劳动量、机械台班量符合实际需要。

有些采用新技术、新材料、新工艺或特殊施工方法的施工过程，定额中尚未编入，这时可参考类似施工过程的定额、经验资料，按实际情况确定。

4.初排施工进度计划

（1）根据施工经验直接安排的方法

这种方法是根据经验资料及有关计算，直接在进度表上画出进度线。其一般步骤是：先安排主导施工过程的施工进度，然后安排其余施工过程，它们应尽可能配合主导施工过程并最大限度地搭接，形成施工进度计划的初步方案。

（2）按工艺组合组织流水的施工方法

这种方法是将某些在工艺上有关系的施工过程归并为一个工艺组合，组织各工艺组合内部的流水施工，然后将各工艺组合最大限度地搭接起来。

施工进度计划由两部分组成，一部分反映拟建工程所划分施工过程的工程量、劳动量或台班量、施工人数或机械数、工作班次及工作延续时间等计算内容；另一部分则用图表形式表示各施工过程的起止时间、延续时间及其搭接关系。

5.检查与调整施工进度计划

（1）施工顺序的检查与调整

施工顺序应符合建筑施工的客观规律，应从技术上、工艺上、组织上检查各个施工过程的安排是否正确合理。

（2）施工工期的检查与调整

施工进度计划安排的计划工期首先应满足上级规定或施工合同的要求，其次应具有较好的经济效益，即安排工期要合理，但并不是越短越好。当工期不符合要求时，应进行必要的调整。检查时主要看各施工过程的持续时间、起止时间是否合理，特别应注意对工期起控制作用的施工过程，即首先要缩短这些施工过程的持续时间，并注意施工人数、机械台数的重新确定。

（3）资源消耗均衡性的检查与调整

施工进度计划的劳动力、材料、机械等供应与使用，应避免过分集中，尽量做到均衡。

应当指出，施工进度计划并不是一成不变的，在执行过程中，往往由于人力、物资供应等情况的变化，打破了原来的计划。因此，在执行中应随时掌握施工动态，并经常不断地检查和调整施工进度计划。

（五）施工进度计划的实施

施工进度计划的实施就是用施工进度计划指导施工活动、落实和完成进度计划。施工进度计划逐步实施的过程就是施工项目建造逐步完成的过程。为了保证施工进度计划的实施，保证各进度目标的实现，应做好如下工作。

1.施工进度计划的审核

项目经理应进行施工项目进度计划的审核，其主要内容包括：进度安排是否符合施工合同中确定的建设项目总目标和分目标，是否符合开、竣工日期的规定。施工进度计划中的项目是否有遗漏，分期施工是否满足分批交工的需要和配套交工的要求。总进度计划中施工顺序的安排是否合理。资源供应计划是否能保证施工进度的实现，供应是否均衡，分包人供应的资源是否能满足进度的要求。总分包之间的进度计划是否相协调，专业分工与计划的衔接是否明确、合理。对实施进度计划的风险是否分析清楚，是否有相应的对策。各项保证进度计划实现的措施是否周到、可行、有效。

2.施工项目进度计划的贯彻

（1）检查各层次的计划，形成严密的计划保证系统

施工项目的所有施工进度计划包括施工总进度计划、单位工程施工进度计划、分部分项工程施工进度计划，都是围绕一个总任务而编制的，它们之间的关系是高层次计划为低层次计划的依据，低层次计划是高层次计划的具体化。在其贯彻执行时应当首先检查是否协调一致，计划目标是否层层分解、互相衔接，组成一个计划实施的保证体系，以施工任务书的方式下达施工队以保证实施。

（2）层层明确责任或下达施工任务书

施工项目经理、施工队和作业班组之间分别签订承包合同，按计划目标明确规定合同工期、相互承担的经济责任、权限和利益，或者采用下达施工任务书，将作业下达到施工班组，明确具体施工任务、技术措施、质量要求等内容，使施工班组必须保证按作业计划时间完成规定的任务。

（3）进行计划的交底，促进计划的全面、彻底实施

施工进度计划的实施需要全体员工的共同行动，要使有关人员都明确各项计划的目标、任务、实施方案和措施，使管理层和作业层协调一致，将计划变成全体员工的自觉行动。在计划实施前要根据计划的范围进行计划交底工作，使计划得到全面、彻底的实施。

3.施工进度计划的实施

（1）编制施工作业计划

由于施工活动的复杂性，在编制施工进度计划时，不可能考虑到施工过程中的一切变化情况，因而不可能一次安排好未来施工活动中的全部细节，所以施工进度计划很难作为直接下达施工任务的依据。因此，还必须有更为符合当时情况、更为细致具体的、短时间的计划，这就是施工作业计划。

施工作业计划一般可分为月作业计划和旬作业计划。月（旬）作业计划应保证年度、季度计划指标的完成。

（2）签发施工任务书

编制好月（旬）作业计划以后，将每项具体任务通过签发施工任务书的方式使其进一步落实。施工任务书是向班组下达任务实行责任承包、全面管理和原始记录的综合性文件。施工班组必须保证指令任务的完成，是计划和实施的纽带。

施工任务书应由工长编制并下达。它包括施工任务单、限额领料单和考勤表。施工任务单包括：分项工程施工任务、工程量、劳动量、开工日期、完工日期、工艺、

质量、安全要求。限额领料单是根据施工任务书编制的控制班组领用材料的依据，应具体规定材料名称、规格、型号、单位、数量和领用记录、退料记录等。考勤表可附在施工任务书背面，按班组人名排列，供考勤时填写。

（3）做好施工进度记录，填好施工进度统计表

在计划任务完成的过程中，各级施工进度计划的执行者都要跟踪做好施工记录，记载计划中的每项工作开始日期、工作进度和完成日期，为施工项目进度检查分析提供信息，并填好有关图表。

（4）做好施工中的调度工作

施工中的调度是组织施工中各阶段、环节、专业和工种的互相配合、进度协调的指挥核心。调度工作是使施工进度计划实施顺利进行的重要手段。其主要任务是掌握计划实施情况，协调各方面关系，采取措施，排除各种矛盾，加强各薄弱环节，实现动态平衡，保证完成作业计划和实现进度目标。

调度工作内容主要有：监督作业计划的实施、调整协调各方面的进度关系；监督检查施工准备工作；督促资源供应单位按计划供应劳动力、施工机具、运输车辆、材料构配件等，并对临时出现的问题采取调配措施；由于工程变更引起资源需求的数量变更和品种变化时，应及时调整供应计划；按施工平面图管理施工现场，结合实际情况进行必要调整，保证文明施工；了解气候、水、电、气的情况，采取相应的防范和保证措施；及时发现和处理施工中各种事故和意外事件；定期、及时召开现场调度会议，贯彻施工项目主管人员的决策，发布调度令。

（六）施工项目进度计划的检查

在施工项目的实施进程中，为了进行进度控制，进度控制人员应经常、定期地跟踪检查施工实际进度情况。主要检查工作量的完成情况、工作时间的执行情况、资源使用及与进度的互相配合情况等。进行进度统计整理和对比分析，确定实际进度与计划进度之间的关系，其主要工作包括：

1.跟踪检查施工实际进度

跟踪检查施工实际进度是项目施工进度控制的关键措施。其目的是收集实际施工进度的有关数据。跟踪检查的时间和收集数据的质量，直接影响控制工作的质量和效果，一般检查的时间间隔与施工项目的类型、规模、施工条件和对进度执行要求程度有关。通常可以确定为每月、每半月、每旬或每周进行一次。若在施工中遇到天气、资源供应等不利因素的严重影响，检查的时间间隔可临时缩短，次数应频繁，甚至可

以每日进行检查，或派人员驻现场督阵。检查和收集资料的方式一般采用进度报表方式或定期召开进度工作汇报会。为了保证汇报资料的准确性，进度控制的工作人员要经常到现场察看施工项目的实际进度情况，从而保证经常、定期地准确掌握施工项目的实际进度。

根据不同需要，进行日检查或定期检查的内容包括：检查期内实际完成和累计完成工程量；实际参加施工的人数、机械数量和生产效率；窝工人数、窝工机械台班数及其原因分析；进度偏差的情况；进度管理情况；影响进度的特殊原因及分析；整理统计检查数据。

2.整理统计检查数据

收集到的施工项目实际进度数据，要进行必要的整理，按计划控制的工作项目进行统计，形成与计划进度具有可比性的数据、相同的量纲和形象进度。一般可以按实物工程量、工作量和劳动消耗量以及累计百分比整理和统计实际检查的数据，以便与相应的计划完成量相对比。

3.对比实际进度与计划进度

将收集的资料整理和统计成具有与计划进度可比性的数据后，用施工项目实际进度与计划进度的比较方法进行比较。通常用的比较方法有横道图比较法、S形曲线比较法、香蕉曲线比较法、前锋线比较法等。

4.施工项目进度检查结果的处理

施工项目进度检查的结果，按照检查报告制度的规定，形成进度控制报告并向有关主管人员和部门汇报。

进度控制报告是把检查比较的结果、有关施工进度现状和发展趋势，提供给项目经理及各级业务职能负责人最简单的书面形式报告。

进度控制报告根据报告的对象不同，确定不同的编制范围和内容而分别编写。一般分为：项目概要级进度控制报告，是报给项目经理、企业经理或业务部门以及建设单位或业主的，它是以整个施工项目为对象说明进度计划执行情况的报告；项目管理级进度控制报告，是报给项目经理及企业的业务部门的，它是以单位工程或项目分区为对象说明进度计划执行情况的报告；业务管理级进度控制报告，是就某个重点部位或重点问题为对象编写的报告，供项目管理者及各业务部门为其采取应急措施而使用的。

进度控制报告的内容主要包括项目实施概况、管理概况、进度概要的总说明；项目施工进度、形象进度及简要说明；施工图纸提供进度；材料、物资、构配件供应进度；劳务记录及预测；日历计划；对建设单位、业主和施工者的变更指令等；进度偏差的状况和导致偏差的原因分析；解决的措施；计划调整意见等。

（七）施工项目进度计划的调整

在计划执行过程中，由于组织、管理、经济、技术、资源、环境和自然条件等因素的影响，往往会造成实际进度与计划进度产生偏差，如果偏差不能及时纠正，必将影响进度目标的实现。因此，在计划执行过程中采取相应措施来进行管理，对保证计划目标的顺利实现具有重要意义。

第二节　建筑工程项目资源管理

一、建筑工程项目资源管理概述

（一）建筑工程项目资源管理的概念

1.资源

资源，也称为生产要素，是指创造出产品所需要的各种因素，即形成生产力的各种要素。建筑工程项目的资源通常是指投入施工项目的人力资源、材料、机械设备、技术和资金等各要素，是完成施工任务的重要手段，也是建筑工程项目得以实现的重要保证。

（1）人力资源

人力资源是指在一定时间空间条件下，劳动力数量和质量的总和。劳动力泛指能够从事生产活动的体力和脑力劳动者，是施工活动的主体，是构成生产力的主要因素，也是最活跃的因素，具有主观能动性。

人力资源掌握生产技术，运用劳动手段，作用于劳动对象，从而形成生产力。

（2）材料

材料是指在生产过程中将劳动加于其上的物质资料，包括原材料、设备和周转材料。通过对其进行“改造”形成各种产品。

（3）机械设备

机械设备是指在生产过程中用以改变或影响劳动对象的一切物质的因素，包括机械、设备工具和仪器等。

（4）技术

技术指人类在改造自然、改造社会的生产和科学实践中积累的知识、技能、经验及体现它们的劳动资料。包括操作技能、劳动手段、劳动者素质、生产工艺、试验检验、管理程序和方法等。

科学技术是构成生产力的第一要素。科学技术的水平，决定和反映了生产力的水平。科学技术被劳动者所掌握，并且融入劳动对象和劳动手段中，便能形成相当于科学技术水平的生产力水平。

（5）资金

在商品生产条件下，进行生产活动，发挥生产力的作用，进行劳动对象的改造，还必须有资金，资金是一定货币和物资的价值总和，是一种流通手段。投入生产的劳动对象、劳动手段和劳动力，只有支付一定的资金才能得到；也只有得到一定的资金，生产者才能将产品销售给用户，并以此维持再生产活动或扩大再生产活动。

2.建筑工程项目资源管理

建筑工程项目资源管理，是按照建筑工程项目一次性特点和自身规律，对项目实施过程中所需要的各种资源进行优化配置，实施动态控制，有效利用，以降低资源消耗的系统管理方法。

（二）建筑工程项目资源管理的内容

1.人力资源管理

人力资源管理是指为了实现建筑工程项目的既定目标，采用计划、组织、指挥、监督、协调、控制等有效措施和手段，充分开发和利用项目中人力资源所进行的一系列活动的总称。

目前，我国企业或项目经理部在人员管理上引入了竞争机制，具有多种用工形式，包括固定工、临时工、劳务分包公司所属合同工等。项目经理部进行人力资源管理的关键在于加强对劳务人员的教育培训，提高他们的综合素质，加强思想政治工作，明确责任制，调动职工的积极性，加强对劳务人员的作业检查，以提高劳动效率，保证作业质量。

2.材料管理

材料管理是指项目经理部为顺利完成工程项目施工任务进行的材料计划、订货采购、运输、库存保管、供应加工、使用、回收等一系列组织和管理工作。

材料管理的重点在现场，项目经理部应建立完善的规章制度，厉行节约和减少损耗，力求降低工程成本。

3.机械设备管理

机械设备管理是指项目经理部根据所承担的具体工作任务，优化选择和配备施工机械，并且合理使用、保养和维修等各项管理工作。机械设备管理包括选择、使用、保养、维修、改造、更新等诸多环节。

机械设备管理的关键是提高机械设备的使用效率和完好率，实行责任制，严格按照操作规程加强机械设备的使用、保养和维修。

4.技术管理

技术管理是指项目经理部运用系统的观点、理论和方法，对项目的技术要素与技术活动过程进行计划、组织、监督、控制、协调的全过程管理。

技术要素包括技术人才、技术装备、技术规程、技术资料等；技术活动过程指技术计划、技术运用、技术评价等。技术作用的发挥，除决定于技术本身的水平外，很大程度上还依赖于技术管理水平。

建筑工程项目技术管理的主要任务是科学地组织各项技术工作，充分发挥技术的作用，确保工程质量；努力提高技术工作的经济效果，使技术与经济有机地结合起来。

5.资金管理

资金，从流动过程来讲，首先是投入，即筹集到的资金投入工程项目上；其次是使用，也就是支出。资金管理，也就是财务管理，指项目经理部根据工程项目施工过程中资金流动的规律，编制资金计划，筹集资金，投入资金，资金使用，资金核算与分析等管理工作。项目资金管理的目的是保证收入、节约支出、防范风险和提高经济效益。

（三）建筑工程项目资源管理的意义

建筑工程项目资源管理的最根本意义是通过市场调研，对资源进行合理配置，并在项目管理过程中加强管理，力求以较小的投入，取得较好的经济效益。具体体现在以下几点。

（1）进行资源优化配置，即适时、适量、比例适当、位置适宜地配备或投入资源，以满足工程需要。

（2）进行资源的优化组合，使投入工程项目的各种资源搭配适当，在项目中发挥协调作用，有效地形成生产力，适时、合格地生产出产品（工程）。

（3）进行资源的动态管理，即按照项目的内在规律，有效地计划、组织、协调、控制各资源，使之在项目中合理流动，在动态中寻求平衡。动态管理是优化配置和组合的手段与保证，其目的和前提是优化配置和组合。

（4）在建筑工程项目运行中，合理、节约地使用资源，以降低工程项目成本。

（四）建筑工程项目资源管理的主要环节

1.编制资源配置计划

编制资源配置计划的目的，是根据业主需要和合同要求，对各种资源投入量、投入时间、投入步骤做出合理安排，以满足施工项目实施的需要。计划是优化配置和组合的手段。

2.资源供应

为保证资源的供应，应根据资源配置计划，安排专人负责组织资源的来源，进行优化选择，并投入施工项目，使计划得以实现，保证项目的需要。

3.节约使用资源

根据各种资源的特性，科学配置和组合，协调投入，合理使用，不断纠正偏差，达到节约资源、降低成本的目的。

4.对资源使用情况进行核算

通过对资源的投入、使用与产出的情况进行核算，了解资源的投入、使用是否恰当，最终实现节约使用的目的。

5.进行资源使用效果的分析

一方面对管理效果进行总结，找出经验和问题，评价管理活动；另一方面又为管理提供储备和反馈信息，以指导以后（或下一循环）的管理工作。

二、建筑工程项目人力资源管理

建筑企业或项目经理部进行人力资源管理，根据工程项目施工现场客观规律的要求，合理配备和使用人力资源，并按工程进度的需要不断调整，在保证现场生产计划顺利完成的前提下，提高劳动生产率，达到以最小的劳动消耗，取得最大的社会效益和经济效益的目的。

（一）人力资源优化配置

人力资源优化配置的目的是保证施工项目进度计划的实现，提高劳动力使用效率，降低工程成本。项目管理部应根据项目进度计划和作业特点优化配置人力资源，制订人力需求计划，报企业人力资源管理部门批准。企业人力资源管理部门与劳务分包公司签订劳务分包合同。远离企业本部的项目经理部，可在企业法定代表人授权下与劳务分包公司签订劳务分包合同。

1.人力资源配置的要求

（1）数量合适

根据工程量的多少和合理的劳动定额，结合施工工艺和工作面的情况确定劳动者的数量，使劳动者在工作时间内满负荷工作。

（2）结构合理

劳动力在组织中的知识结构、技能结构、年龄结构、体能结构、工种结构等方面，应与所承担的生产任务相适应，满足施工和管理的需要。

（3）素质匹配

素质匹配是指劳动者的素质结构与物质形态的技术结构相匹配；劳动者的技能素质与所操作的设备、工艺技术的要求相适应；劳动者的文化程度、业务知识、劳动技能、熟练程度和身体素质等与所担负的生产和管理工作相适应。

2.人力资源配置的方法

人力资源的高效率使用，关键在于制订合理的人力资源使用计划。企业管理部门应审核项目经理部的进度计划和人力资源需求计划，并做好下列工作。

（1）在人力资源需求计划的基础上编制工种需求计划，防止漏配。必要时根据实际情况对人力资源计划进行调整。

（2）人力资源配置应贯彻节约原则，尽量使用自有资源；若现在劳动力不能满足要求，项目经理部应向企业申请加配，或在企业授权范围内进行招募，或把任务转包出去；如现有人员或新招收人员在专业技术或素质上不能满足要求，应提前进行培训，再上岗作业。

（3）人力资源配置应有弹性，让班组有超额完成指标的可能，激发工人的劳动积极性。

（4）尽量使项目使用的人力在组织上保持稳定，防止频繁变动。

（5）为保证作业需要，工种组合、能力搭配应适当。

（6）应使人力资源均衡配置以便于管理，达到节约的目的。

3.劳动力的组织形式

企业内部的劳务承包队，是按作业分工组成的，根据签订的劳务合同可以承包项目经理部所辖的一部分或全部工程的劳务作业任务。其职责是接受企业管理层的派遣，承包工程，进行内部核算，并负责职工培训、思想工作、生活服务、支付工人劳动报酬等。

项目经理部根据人力需求计划、劳务合同的要求，接收劳务分包公司提供的作业人员，根据工程需要，保持原建制不变，或重新组合。组合的形式有以下三种。

（1）专业班组

即按施工工艺由同一工种（专业）的工人组成的班组。专业班组只完成其专业范围内的施工过程。这种组织形式有利于提高专业施工水平，提高劳动熟练程度和劳动效率，但各工种之间协作配合难度较大。

（2）混合班组

即按产品专业化的要求由相互联系的多工种工人组成的综合性班组。工人在一个集体中可以打破工种界限，混合作业，有利于协作配合，但不利于专业技能及操作水平的提高。

（3）大包队

大包队实际上是扩大了的专业班组或混合班组，适用于一个单位工程或分部工程的综合作业承包，队内还可以划分专业班组。优点是可以进行综合承包，独立施工能力强，有利于协作配合，简化了项目经理部的管理工作。

（二）劳务分包合同

项目所使用的人力资源无论是来自企业内部，还是企业外部，均应通过劳务分包合同进行管理。

劳务分包合同是委托和承接劳动任务的法律依据，是签约双方履行义务、享受权利及解决争议的依据，也是工程顺利实施的保障。劳务分包合同的内容应包括工程名称，工作内容及范围，提供劳务人员的数量、合同工期，合同价款及确定原则，合同价款的结算和支付，安全施工，重大伤亡及其他安全事故处理，工程质量、验收与保修，工期延误，文明施工，材料机具供应，文物保护，发包人、承包人的权利和义务，违约责任等。

劳务合同通常有两种形式，一是按施工预算中的清工承包；二是按施工预算或投标价承包。一般根据工程任务的特点与性质来选择合同形式。

（三）人力资源动态管理

人力资源的动态管理是指根据项目生产任务和施工条件的变化对人力需求和使用进行跟踪平衡、协调，以解决劳务失衡、劳务与生产脱节的动态过程。其目的是实现人力动态的优化组合。

1.人力资源动态管理的原则

以建筑工程项目的进度计划和劳务合同为依据。

始终以劳动力市场为依托，允许人力在市场内充分合理地流动。

以企业内部劳务的动态平衡和日常调度为手段。

以达到人力资源的优化组合和充分调动作业人员的积极性为目的。

2.项目经理部在人力资源动态管理中的责任

为了提高劳动生产率，充分有效地发挥和利用人力资源，项目经理部应做好以下工作。

（1）项目经理部应根据工程项目人力需求计划向企业劳务管理部门申请派遣劳务人员，并签订劳务合同。

（2）为了保证作业班组有计划地进行作业，项目经理部应按规定及时向班组下达施工任务单或承包任务书。

（3）在项目施工过程中不断进行劳动力平衡、调整，解决施工要求与劳动力数量、工种、技术能力、相互配合间存在的矛盾。项目经理部可根据需要及时进行人力的补充或减员。

（4）按合同支付劳务报酬。解除劳务合同后，将人员遣归劳务市场。

3.企业劳务管理部门在人力资源动态管理中的职责

企业劳务管理部门对劳动力进行集中管理，在动态管理中起着主导作用，它应做好以下工作。

（1）根据施工任务的需要和变化，从社会劳务市场中招募和遣返劳动力。

（2）根据项目经理部提出的劳动力需要量计划与项目经理部签订劳务合同，按合同向作业队下达任务，派遣队伍。

（3）对劳动力进行企业范围内的平衡、调度和统一管理。某一施工项目中的承包任务完成后，收回作业人员，重新进行平衡、派遣。

（4）负责企业劳务人员的工资、奖金管理，实行按劳分配，兑现奖罚。

（四）人力资源的教育培训

作为建筑工程项目管理活动中至关重要的环节，人力资源培训与考核起到了及时为项目输送合适的人才，在项目管理过程中不断提高员工素质和适应力，全力推动项目进展等作用。在组织竞争与发展中，努力使人力资源增值，从长远来说是一项战略任务，而培训开发是人力资源增值的重要途径。

建筑业属于劳动密集型产业，人员素质层次不同，劳动用工中合同工和临时工比重大，人员素质较低，劳动熟练程度参差不齐，专业跨度大，室外作业及高空作业多，使得人力资源管理具有很大的复杂性。只有加强人力资源的教育培训，对拟用的人力资源进行岗前教育和业务培训，不断提高员工素质，才能提高劳动生产率，充分有效地发挥和利用人力资源，减少事故的发生率，降低成本，提高经济效益。

1.合理的培训制度

（1）计划合理

根据以往培训的经验，初步拟定各类培训的时间周期。认真细致地分析培训需求，初步安排出不同层次员工的培训时间、培训内容和培训方式。

（2）注重实施

在培训过程中，做好各个环节的记录，实现培训全过程的动态管理。与参加培训的员工保持良好的沟通，根据培训意见反馈情况，对出现的问题和建议，与培训师进行沟通，及时纠偏。

（3）跟踪培训效果

培训结束后，对培训质量、培训费用、培训效果进行科学的评价。其中，培训效果是评价的重点，主要应包括是否公平分配了企业员工的受训机会、通过培训是否提高了员工满意度、是否节约了时间和成本、受训员工是否对培训项目满意等。

2.层次分明的培训

建筑工程项目人员一般有三个层次，即高层管理者、中层协调者和基层执行者。其职责和工作任务各不相同，其素质的要求自然也不同。因此，在培训过程中，对于以上三个层次人员的培训内容、方式均要有所侧重。如对进场劳务人员首先要进行入场教育和安全教育，使其具备必要的安全生产知识，熟悉有关安全生产规章制度和操作规程，掌握本岗位的安全操作技能；然后不断进行技术培训，以提高其施工操作熟练程度。

3.合适的培训时机

培训的时机是有讲究的。在建筑工程项目管理中，鉴于施工季节性强的特点，不能强制要求现场技术人员在施工的最佳时机离开现场进行培训，否则，不仅会影响生产，培训的效果也会大打折扣。因此，合适的培训时机，会带来更好的培训效果。

（五）人力资源的绩效评价与激励

人力资源的绩效评价既要考虑人力的工作业绩，还要考虑其工作过程、行为方式和客观环境条件，并且与激励机制相结合。

1.绩效评价的含义

绩效评价指按一定标准，应用具体的评价方法，检查和评定人力个体或群体的工作过程、工作行为、工作结果，以反映其工作成绩，并将评价结果反馈给个体或群体的过程。

绩效评价一般分为三个层次：组织整体的、项目团队或项目小组的、员工个体的绩效评价。其中，个体的绩效评价是项目人力资源管理的基本内容。

2.绩效评价的作用

现代项目人力资源管理是系统性管理，即从人力资源的获得、选择与招聘，到使用中的培训与提高、激励与报酬、考核与评价等全方位、专门的管理体系，其中绩效评价尤其重要。为了充分发挥绩效评价的作用，在绩效评价方法、评价过程、评价影响等方面，必须遵循公开公平、客观公正、多渠道、多方位、多层次的评价原则。

3.员工激励

员工激励是做好项目管理工作的重要手段，管理者必须深入了解员工个体或群体的各种需要，正确选择激励手段，制定合理的奖惩制度，恰当地采取奖惩和激励措施。激励能够提高员工的工作效率，有助于项目整体目标的实现，同时有助于提高员工的素质。

激励方式有多种多样，如物质激励与荣誉激励、参与激励与制度激励、目标激励与环境激励、榜样激励与情感激励等。

三、建筑工程项目材料管理

（一）建筑工程项目材料的分类

一般建筑工程项目中，用到的材料品种繁多，材料费用占工程造价的比重较大，加强材料管理是提高经济效益的最主要途径。材料管理应抓住重点，分清主次，分别管理控制。

材料分类的方法很多。可按材料在生产中的作用、材料的自然属性和管理方法的不同进行分类。

1.按材料的作用分类

按材料在建筑工程中所起的作用可分为主要材料、辅助材料和其他材料。这种分类方法便于制定材料的消耗定额，从而进行成本控制。

2.按材料的自然属性分类

按材料的自然属性可分为金属材料和非金属材料。这种分类方法便于根据材料的物理、化学性能进行采购、运输和保管。

3.按材料的管理方法分类

ABC分类法是按材料价值在工程中所占比重来划分的，这种分类方法便于找出材料管理的重点对象，针对不同对象采取不同的管理措施，以便取得良好的经济效益。

ABC分类法是把成本占材料总成本75%～80%，而数量占材料总数量10%～15%的材料列为A类材料；成本占材料总成本10%～15%，而数量占材料总数量20%～25%的材料列为B类材料；成本占材料总成本5%～10%，而数量占材料总数量65%～70%的材料列为C类材料。A类材料为重点管理对象，如钢材、水泥、木材、砂子、石子等，由于其占用资金较多，要严格控制订货量，尽量减小库存，把这类材料控制好，能对节约资金起到重要的作用；B类材料为次要管理对象，对B类材料也不能忽视，应认真管理，定期检查，控制其库存，按经济批量订购，按储备定额储备；C类材料为一般管理对象，可采取简化方法管理，稍加控制即可。

（二）建筑工程项目材料管理的任务

1.保证供应

材料管理的首要任务是根据施工生产的要求，按时、按质、按量供应生产所需的各种材料。经常保持供需平衡，既不短缺导致停工待料，也不超储积压造成浪费和资金周转失灵。

2.降低消耗

合理地、节约地使用各种材料，提高它们的利用率。为此，要制定合理的材料消耗定额，严格地按定额计划平衡材料、供应材料、考核材料消耗情况，在保证供应时监督材料的合理使用、节约使用。

3.加速周转

缩短材料的流通时间，加速材料周转，这也意味着加快资金的周转。为此，要统筹安排供应计划，搞好供需衔接；要合理选择运输方式和运输工具，尽量就近组织供应，力争直达直拨供应，减少二次搬运；要合理设库和科学地确定库存储备量，保证及时供应，加快周转。

4.节约费用

全面地实行经济核算，不断降低材料管理费用，以最少的资金占用、最低的材料成本，完成最多的生产任务。为此，在材料供应管理工作中，必须明确经济责任，加强经济核算，提高经济效益。

（三）建筑工程项目材料的供应

1.企业管理层的材料采购供应

建筑工程项目材料管理的目的是贯彻节约原则，降低工程成本。材料管理的关键环节在于材料的采购供应。工程项目所需要的主要材料和大宗材料，应由企业管理层负责采购，并按计划供应给项目经理部，企业管理层的采购与供应直接影响着项目经理部工程项目目标的实现。

企业物流管理部门对工程项目所需的主要材料、大宗材料实行统一计划、统一采购、统一供应、统一调度和统一核算，并对使用效果进行评估，实现工程项目的材料管理目标。

2.项目经理部的材料采购

供应为了满足施工项目的特殊需要，调动项目管理层的积极性，企业应授权项目经理部必要的材料采购权，负责采购授权范围内所需的材料，以利于弥补相互间的不足，保证供应。随着市场经济的不断完善，建筑材料市场必将不断扩大，项目经理部的材料采购权也会越来越大。此外，对于企业管理层的采购供应，项目管理层也可拥有一定的建议权。

3.企业应建立内部材料市场

为了提高经济效益，促进节约，培养节约意识，降低成本，提高竞争力，企业应在专业分工的基础上，把商品市场的契约关系、交换方式、价格调节、竞争机制等引入企业，建立企业内部材料市场，满足施工项目的材料需求。

在内部材料市场中，企业材料部门是卖方，项目管理层是买方，各方的权限和利益由双方签订买卖合同予以明确。主要材料和大宗材料、周转材料、大型工具、小型及随手工具均应采取付费或租赁方式在内部材料市场解决。

（四）建筑工程项目材料的现场管理

1.材料的管理责任

项目经理是现场材料管理的全面领导者和责任者；项目经理部材料员是现场材料管理的直接责任人；班组料具员在主管材料员业务指导下，协助班组长并监督本班组合理领料、用料、退料。

2.材料的进场验收

（1）进场验收要求

材料进场验收必须做到认真、及时、准确、公正、合理；严格检查进场材料的有害物质含量检测报告，按规范应复验的必须复验，无检测报告或复验不合格的应予以退货；严禁使用有害物质含量不符合国家规定的建筑材料。

（2）进场验收

材料进场前应根据施工现场平面图进行存料场地及设施的准备，保持进场道路畅通，以便运输车辆进出。验收的内容包括单据验收、数量验收和质量验收。

（3）验收结果处理

进场材料验收后，验收人员应按规定填写各类材料的进场检测记录。材料经验收合格后，应及时办理入库手续，由负责采购供应的材料人员填写《验收单》，经验收人员签字后办理入库，并及时登账、立卡、标识。经验收不合格，应将不合格的物资单独码放于不合格区，并进行标识，尽快退场，以免用于工程。同时做好不合格品记录和处理情况记录。已进场（入库）材料，发现质量问题或技术资料不齐时，收料员应及时填报《材料质量验收报告单》报上一级主管部门，以便及时处理，暂不发料，不使用，原封妥善保管。

3.材料的储存与保管

材料的储存应根据材料的性能和仓库条件，按照材料保管规程，采用科学的方法进行保管和保养，以减少材料保管损耗，保持材料原有使用价值。进场的材料应建立台账，要日清、月结、定期盘点、账实相符。

4.材料的发放和领用

材料领发标志着料具从生产储备转入生产消耗，必须严格执行领发手续，明确领发责任。控制材料的领发、监督材料的耗用，是实现工程节约，防止超耗的重要保证。

凡有定额的工程用料，都应凭定额领料单实行限额领料。限额领料是指在施工阶段对施工人员所使用物资的消耗量控制在一定的消耗范围内，是企业内开展定额供应，提高材料的使用效果和企业经济效益，降低材料成本的基础和手段。超限额的用料，在用料前应办理手续，填写超限额领料单，注明超耗原因，经项目经理部材料管理人员审批后实施。

材料的领发应建立领发料台账，记录领发状况和节超状况，分析、查找用料节超原因，总结经验，吸取教训，不断提高管理水平。

5.材料的使用监督

对材料的使用进行监督是为了保证材料在使用过程中能合理地消耗，充分发挥其最大效用。监督的内容包括是否认真执行领发手续，是否严格执行配合比，是否按材料计划合理用料，是否做到随领随用、工完料净、工完料退、场退地清，谁用谁清，是否按规定进行用料交底和工序交接，是否做到按平面图堆料，是否按要求保护材料等。检查是监督的手段，检查要做好记录，对存在的问题应及时分析处理。

四、建筑工程项目机械设备管理

（一）机械设备管理的内容

机械设备管理的具体工作内容包括：机械设备的选择及配套、维修和保养、检查和修理、制定管理制度、提高操作人员技术水平、有计划地做好机械设备的改造和更新。

（二）建筑工程项目机械设备的来源

建筑工程项目所需用的机械设备通常由以下方式获得。

1.企业自有

建筑企业根据本身的性质、任务类型、施工工艺特点和技术发展趋势购置部分企业常年大量使用的机械设备，达到较高的机械利用率和经济效果。项目经理部可调配或租赁企业自有的机械设备。

2.租赁方式

某些大型、专用的特殊机械设备，建筑企业不适宜自行装备时，可以租赁方式获得使用。租用施工机械设备时，必须注意核实以下内容：出租企业的营业执照、租赁资质、机械设备安装资质、安全使用许可证、设备安全技术定期检定证明、机械操作人员作业证等。

3.机械施工承包

某些操作复杂、工程量较大或要求人与机械密切配合的工程，如大型土方、大型网架安装、高层钢结构吊装等，可由专业机械化施工公司承包。

4.企业新购

根据施工情况需要自行购买的施工机械设备、大型机械及特殊设备，应充分调研，制定可行性研究报告，上报企业管理层和专业管理部门审批。

施工中所需的机械设备具体采用哪种方式获得，应通过技术经济分析确定。

（三）建筑工程项目机械设备的合理使用

要使施工机械正常运转，在使用过程中经常保持完好的技术状况，就要尽量避免机件的过早磨损及消除可能产生的事故，延长机械的使用寿命，提高机械的生产效率。合理使用机械设备必须做好以下工作。

1.人机固定

实行机械使用、保养责任制，指定专人使用、保养，实行专人专机，以便操作人员更好地熟悉机械性能和运转情况，更好地操作设备。非本机人员严禁上机操作。

2.实行操作证制度

对所有机械操作人员及修理人员都要进行上岗培训，建立培训档案，让他们既掌握实际操作技术又懂得基本的机械理论知识和机械构造，经考核合格后持证上岗。

3.遵守合理使用规定

严格遵守合理的使用规定，防止机件早期磨损，延长机械使用寿命和修理周期。

4.实行单机或机组核算

将机械设备的维护、机械成本与机车利润挂钩进行考核，根据考核成绩实行奖惩，这是提高机械设备管理水平的重要举措。

5.合理组织机械设备施工

加强维修管理，提高单机效率和机械设备的完好率，合理组织机械调配，搞好施工计划工作。

6.做好机械设备的综合利用

施工现场使用的机械设备尽量做到一机多用，充分利用台班时间，提高机械设备利用率。如垂直运输机械，也可在回转范围内进行水平运输、装卸等。

7.机械设备安全作业

在机械作业前项目经理部应向操作人员进行安全操作交底，使操作人员清楚地了解施工要求、场地环境、气候等安全生产要素。项目经理部应按机械设备的安全操作规程安排工作和进行指挥，不得要求操作人员违章作业，也不得强令机械设备带病操作，更不得指挥和允许操作人员野蛮施工。

8.为机械设备的施工创造良好条件

现场环境、施工平面布置应满足机械设备作业要求，道路交通应畅通、无障碍，夜间施工要安排好照明。

（四）建筑工程项目机械设备的保养与维修

1.机械设备的保养

机械设备的保养坚持推广以“清洁、润滑、调整、紧固、防腐”为主要内容的“十字”作业法，实行例行保养和定期保养制，严格按使用说明书规定的周期及检查保养项目进行。

（1）例行（日常）保养

例行保养属于正常使用管理工作，不占用机械设备的运转时间，例行保养是在机械运行的前后及过程中进行的清洁和检查，主要检查要害、易损零部件（如机械安全装置）的情况、冷却液、润滑剂、燃油量、仪表指示等。例行保养由操作人员自行完成，并认真填写机械例行保养记录。

（2）强制保养

所谓强制保养，是按一定的周期和内容分级进行，需占用机械设备运转时间而停工进行的保养。机械设备运转到了规定的时限，不管其技术状态好坏，任务轻重，都必须按照规定作业范围和要求进行检查和维护保养，不得借故拖延。

企业要开展现代化管理教育，使各级领导和广大设备使用工作者认识到：机械设备的完好率和使用寿命很大程度上取决于保养工作的好坏。如忽视机械技术保养，只顾眼前的需要和方便，直到机械设备不能运转时才停用，则必然会导致设备的早期磨损、寿命缩短，以及各种材料消耗增加，甚至危及安全生产。

2.机械设备的维修

（1）大修理

大修理是对机械设备进行全面的解体检查修理，保证各零部件质量和配合要求，使其达到良好的技术状态，恢复可靠性和精度等工作性能，以延长机械的使用寿命。

（2）中修理

中修理是更换与修复设备的主要零部件和数量较多的其他磨损件，并校正机械设备的基准，恢复设备的精度、性能和效率，以延长机械设备的大修间隔。

（3）小修理

小修理一般指临时安排的修理，目的是消除操作人员无力排除的突然故障、个别零件损坏或一般事故性损坏等问题，一般都和保养相结合，不列入修理计划。而大修、中修需列入修理计划，并按计划的预检修制度执行。

五、建筑工程项目技术管理

（一）建筑工程项目技术管理工作的内容

1.技术管理基础工作

技术管理基础工作包括实行技术责任制、执行技术标准与规程、制定技术管理制度、开展科学研究、开展科学实验、交流技术情报和管理技术文件等。

2.施工过程技术管理工作

施工过程技术管理工作包括施工工艺管理、材料试验与检验、计量工具与设备的技术核定、质量检查与验收和技术处理等。

3.技术开发管理工作

技术开发管理工作包括技术培训、技术革新、技术改造、合理化建议和技术攻关等。

（二）建筑工程项目技术管理基本制度

1.图纸自审与会审制度

建立图纸会审制度，明确会审工作流程，了解设计意图，明确质量要求，将图纸上存在的问题和错误、专业之间的矛盾等，尽可能地在工程开工之前解决。

施工单位在收到施工图及有关技术文件后，应立即组织有关人员学习研究施工图纸。在学习、熟悉图纸的基础上进行图纸自审。

图纸会审是指在开工前，由建设单位或其委托的监理单位组织、设计单位和施工单位参加，对全套施工图纸共同进行的检查与核对。

图纸会审是施工单位领会设计意图，熟悉设计图纸的内容，明确技术要求，及早发现并消除图纸中的技术错误和不当之处的重要手段，是施工单位在学习和审查图纸的基础上，进行质量控制的一种重要而有效的方法。

2.建筑工程项目管理实施规划与季节性施工方案管理制度

建筑工程项目管理实施规划是整个工程施工管理的执行计划，必须由项目经理组织项目经理部在开工前编制完成，旨在指导施工项目实施阶段的管理和施工。

由于工程项目生产周期长，一般项目都要跨季施工，又因施工为露天作业，所以跨季连续施工的工程项目必须编制季节性施工方案，遵守相关规范，采取一定措施保证工程质量。如工程所在地室外平均气温连续5天稳定低于5℃时，应按冬期施工方案施工。

3.技术交底制度

制定技术交底制度，明确技术交底的详细内容和施工过程中需要跟踪检查的内容，以保证技术责任制的落实、技术管理体系正常运转以及技术工作按标准和要求运行。

技术交底是在正式施工前，对参与施工的有关管理人员、技术人员及施工班组的工人交代工程情况和技术要求，避免发生指导和操作错误，以便科学地组织施工，并按合理的工序、工艺流程进行作业。技术交底包括整个工程、各分部分项工程、特殊和隐蔽工程，应重点强调易发生质量事故和安全事故的工程部位或工序，防止发生事故。技术交底必须满足施工规范、规程、工艺标准、质量验收标准和施工合同条款。

（1）技术交底形式

书面交底。把交底的内容和技术要求以书面形式向施工的负责人和全体有关人员交底，交底人与接收人在交底完成后，分别在交底书上签字。

会议交底。通过组织相关人员参加会议，向到会者进行交底。

样板交底。组织技术水平较高的工人做出样板，经质量检查合格后，对照样板向施工班组交底。交底的重点是操作要领、质量标准和检验方法。

挂牌交底。将交底的主要内容、质量要求写在标牌上，挂在操作场所。

口头交底。适用于人员较少、操作时间比较短、工作内容比较简单的项目。

模型交底。对于比较复杂的设备基础或建筑构件，可做模型进行交底，使操作者加深认识。

（2）设计交底

由设计单位的设计人员向施工单位交底，一般和图纸会审一起进行。内容包括：设计文件的依据，建设项目所处规划位置、地形、地貌、气象、水文地质、工程地质、地震烈度，施工图设计依据，设计意图以及施工时的注意事项等。

（3）施工单位技术负责人向下级技术负责人交底

施工单位技术负责人向下级技术负责人交底的内容包括：工程概况一般性交底，工程特点及设计意图，施工方案，施工准备要求，施工注意事项，包括地基处理、主体施工、装饰工程的注意事项及工期、质量、安全等。

（4）技术负责人对工长、班组长进行技术交底

施工项目技术负责人应按分部分项工程对工长、班组长进行技术交底，内容包括：设计图纸具体要求，施工方案实施的具体技术措施及施工方法，土建与其他专业交叉作业的协作关系及注意事项，各工种之间协作与工序交接质量检查，设计要求，规范、规程、工艺标准，施工质量标准及检验方法，隐蔽工程记录、验收时间及标准，成品保护项目、办法与制度以及施工安全技术措施等。

（5）工长对班组长、工人交底

工长主要利用下达施工任务书的时间对班组长、工人进行分项工程操作交底。

4.隐蔽、预验工作管理制度

隐蔽、预检工作实行统一领导，分专业管理。各专业应明确责任人，管理制度要明确隐蔽、预检的项目和工作程序，参加的人员制订分栋号、分层、分段的检查计划，对遗留问题的处理要有专人负责。确保及时、真实、准确、系统、资料完整，具有可追溯性。

隐蔽工程是指完工后将被下一道工序掩盖，其质量无法再次进行复查的工程部位。隐蔽工程项目在隐蔽前应进行严密检查，做好记录，签署意见，办理验收手续，不得后补。如有问题需复验，必须办理复验手续，并由复验人做出结论，填写复验日期。

施工预检是工程项目或分项工程在施工前所进行的预先检查。预检是保证工程质量、防止发生质量事故的重要措施。除施工单位自身进行预检外，监理单位还应对预检工作进行监督并予以审核认证。预检时要做好记录。

5.材料、设备检验和施工试验制度

由项目技术负责人明确责任人和分专业负责人，明确材料、成品、半成品的检验和施工试验的项目，制订试验计划和操作规程，对结果进行评价。确保项目所用材料、构件、零配件和设备的质量，进而保证工程质量。

6.工程洽商、设计变更管理制度

由项目技术负责人指定专人组织制定管理制度，经批准后实施。明确工程洽商内容、技术洽商的责任人及授权规定等。涉及影响规划及公用、消防部门已审定的项

目，如改变使用功能，增减建筑高度、面积，改变建筑外廓形态及色彩等项目时，应明确其变更需具备的条件及审批的部门。

7.技术信息和技术资料管理制度

技术信息和技术资料的形成，须建立责任制度，统一领导，分专业管理。做到及时、准确、完整，符合法规要求，无遗留问题。

技术信息和技术资料由通用信息、资料（法规和部门规章、材料价格表等）和本工程专项信息资料两大部分组成。前者是指导性、参考性资料，后者是工程归档资料，是为工程项目交工后，给用户在使用维护、改建、扩建及给本企业再有类似的工程施工时作参考。工程归档资料是在生产过程中直接产生和自然形成的，内容有：图纸会审记录、设计变更，技术核定单，原材料、成品、半成品的合格证明及检验记录，隐蔽工程验收记录等；还有工程项目施工管理实施规划、研究与开发资料、大型临时设施档案、施工日志和技术管理经验总结等。

8.技术措施管理制度

技术措施是为了克服生产中的薄弱环节，挖掘生产潜力，保证完成生产任务，获得良好经济效果，在提高技术水平方面采取的各种手段或办法。技术措施不同于技术革新，技术革新强调一个“新”字，而技术措施则是综合已有的先进经验或措施。要做好技术措施工作，必须编制并执行技术措施计划。

（1）技术措施计划的主要内容

加快施工进度方面的技术措施。保证和提高工程质量的技术措施。节约劳动力、原材料、动力、燃料和利用“三废”等方面的技术措施。推广新技术、新工艺、新结构、新材料的技术措施。提高机械化水平，改进机械设备的管理以提高完好率和利用率的措施。改进施工工艺和施工技术以提高劳动生产率的措施。保证安全施工的措施。

（2）技术措施计划的执行

技术措施计划应在下达施工计划的同时，下达到工长及有关班组。

对技术组织措施计划的执行情况应认真检查、督促执行，发现问题及时处理。如无法执行，应查明原因，进行分析。

每月月底，施工项目技术负责人应汇总当月的技术措施计划执行情况，填写报表上报，进行总结并公布成果。

9.计量、测量工作管理制度

制定计量、测量工作管理制度，明确需计量和测量的项目及其所使用的仪器、工具，规定计量和测量操作规程，对其成果、工具和仪器设备进行管理。

10.其他技术管理制度

除以上几项主要技术管理制度外，施工项目经理部还应根据实际需要，制定其他技术管理制度，保证相关技术工作正常运行。如土建与水电专业施工协作技术规定、技术革新与合理化建议管理制度和技术发明奖励制度等。

六、建筑工程项目资金管理

建筑工程项目的资金，是项目资源的重要组成内容，是项目经理部在项目实施阶段占用和支配其他资源的货币表现，是保证其他资源市场流通的手段，是进行生产经营活动的必要条件和基础。资金管理直接关系到施工项目的顺利实施和经济效益的获得。

（一）建筑工程项目资金管理的目的

建筑工程项目资金管理的目的是保证收入、节约支出、防范风险和提高经济效益。

1.保证收入

目前我国工程造价多采用暂定量或合同价款加增减账结算，因此抓好工程预算结算工作，尽快确定工程价款，以保证工程款的收入。开工后，必须随工程施工进度抓好已完工工程量的确认及变更、索赔等工作，及时同建设单位办理工程进度款的结算。在施工过程中，保证工程质量，消除质量隐患和缺陷，以保证工程款足额拨付。同时要注意做好工程的回访和保修，以利于工程尾款（质量保证金）在保修期满后及时回收。

2.节约支出

工程项目施工中各种费用支出须精心计划、节约使用，保证项目经理部有足够的资金支付能力。必须加强资金支出的计划控制，工、料、机的投入采用定额管理，管理费用要有开支标准。

3.防范风险

项目经理部要合理预测项目资金的收入和支出情况，对各种影响因素进行正确评估，最大限度地避免资金的收入和支出风险（如工程款拖欠、施工方垫付工程款等）。

注意发包方资金到位情况，签好施工合同，明确工程款支付办法和发包方供料范围。关注发包方资金动态，在已经发生垫资的情况下，要适当控制施工进度，以利于资金的回收。如垫资超出计划，应调整施工方案，压缩规模，甚至暂缓或停止施工，同时积极与发包主协商，保住工程项目以利于收回垫资。

4.提高经济效益

项目经济效益的好坏，在很大程度上取决于能否管好、用好资金。节约资金可降低财务费用，减少银行贷款利息支出。在支付工、料、机生产费用时，应考虑资金的时间因素，签好相关付款协议，货比三家，尽量做到所购物物美价廉。承揽施工任务，既要保证质量，按期交工，又要加强施工管理，做好预决算，按期回收工程价款，提高经济效益和企业竞争力。

（二）建筑工程项目资金收支的预测与分析

1.资金收入预测

施工项目的资金收入一般指预测收入。在施工项目实施过程中，应从按合同规定收取工程预付款开始，每月按工程进度收取工程进度款，直到最终竣工结算。所以应根据施工进度计划及合同规定按时测算出价款数额，做出项目收入预测表，绘出项目资金按月收入图及项目资金按月累加收入图。

施工项目资金收入主要来源有：按合同规定收取的工程预付款。每月按工程进度收取的工程进度款。各分部分项单位工程竣工验收合格和工程最终验收合格后的竣工结算款。自有资金的投入或为弥补资金缺口而获得的有偿资金。

2.资金支出预测

施工项目资金的支出主要用于其他资源的购买或租赁、劳动者工资的支付、施工现场的管理费用等。资金的支出预测依据主要有：施工项目的责任成本控制计划、施工管理规划及材料和物资的储备计划。

施工项目资金预测支出包括：消耗人力资源的支付，消耗材料及相关费用的支付，消耗机械设备、工器具等的支付，其他直接费用和间接费用的支付，自有资金投入后利息的损失或投入有偿资金后利息的支付。

3.资金预测结果分析

将施工项目资金收入预测累计结果和支出预测累计结果绘制在同一坐标图上进行分析。

（三）建筑工程项目资金的使用管理

项目实施过程中所需资金的使用由项目经理部负责管理，资金运作全过程要接受企业内部银行的管理。

1.企业内部银行

内部银行即企业内部各核算单位的结算中心，按照商业银行运行机制，为各核算单位开立专用账号，核算各单位货币资金的收支情况。内部银行对存款单位负责，“谁账户的资金谁使用”，不许透支、存款有息、贷款付息，违规罚款，实行金融市场化管理。

内部银行同时行使企业财务管理职能，进行项目资金的收支预测，统一对外收支与结算，统一对外办理贷款筹集资金和内部单位的资金借款，并负责组织企业内部各单位利税和费用上缴等工作，发挥企业内部的资金调控管理职能。

项目经理部在施工项目所需资金的运作上具有相当的自主性，项目经理部以独立身份在企业内部银行设项目专用账号，包括存款账号和贷款账号。

2.项目资金的使用管理

项目资金的管理实际上反映了项目施工管理的水平，从施工方案的选择、进度安排，到工程的建造，都要用先进的施工技术、科学的管理方法提高生产效率、保证工程质量、降低各种消耗，努力做到以较少的投入，创造较大的经济效益。

建立健全项目资金管理责任制，明确项目资金的使用管理由项目经理负责，明确财务管理人员负责组织日常管理工作，明确项目预算员、计划员、统计员、材料员、劳动定额员等管理人员的资金管理职责和权限，做到统一管理，归口负责。

明确了职责和权限，还需要有具体的落实。管理方式讲求经济手段，针对资金使用过程中的重点环节，在项目经理部管理层与操作层之间可运用市场和经济的手段，其中在管理层内部主要运用经济手段。总之，一切有市场规则性的、物质的、经济的、带有激励和惩罚性的手段，均可供项目经理部在管理工作中选择并合法而有效地加以利用。

第四章　建筑工程项目质量、环境与安全管理

第一节　建筑工程项目质量管理

一、质量管理基本概念

（一）质量管理的研究对象与范围

20世纪80年代，质量管理的主要研究对象是产品质量，包括工农业产品质量、工程建设质量、交通运输质量以及邮电、旅游、商店、饭店、宾馆的服务质量等。

20世纪90年代后，质量管理的研究对象却是实体质量，范围扩大到一切可以单独描述和研究的事物，不仅包括产品质量，而且还研究某个组织的质量、体系的质量、人的质量以及它们的任何组合系统的质量。

质量管理，是确定质量方针、目标和责任，并通过质量体系中的质量策划、质量控制、质量保证和质量改进，来实现其所有管理职能的全部活动。因此，现代质量管理虽然仍重视产品工程和服务质量，但更强调体系或系统的质量、人的质量，并以人的质量、体系质量去确保产品、工程或服务质量。现在，这种管理活动，不仅仅只是在工业生产领域，而且已扩大到农业生产、工程建设、交通运输、教育卫生、商业服务等领域。无论是行业质量管理，还是企业、事业单位的质量管理，客观上都存在一个系统对象——质量体系。

无论哪个质量体系都具有一个系统所应具备的四个特征。

1.集合性

质量体系是由若干个可以相互区别的要素（或子系统）组成的一个不可分割的

整体系统。质量体系的要素主要是人、机（设备）、料（原材料）、法（法规和方法）、环（环境）等，具体包括市场调研、设计、采购、工艺准备、物资、设备、检验、记录、人员培训、质量成本、质量体系审核与复审、质量职责和责任以及统计方法的应用，等等。

2.相关性

质量体系各要素之间也是相互联系和相互作用的，它们之间某一要素发生变化，其他要素也要进行相应的改变和调整。如更新了设备，操作人员就要更新知识，操作方法、工艺等也要相应调整。因此，我们不能静止地、孤立地看待质量体系中的任何一个要素，而要依据相关性，协调好它们之间的关系，从而发挥系统整体效能。

3.目的性

质量体系的目的就是追求稳定的高质量，使产品或服务满足规定的要求或潜在的需要，使广大用户、消费者和顾客满意。同时，也使本企业获得良好的经济效益。为此，企业必须建立质量体系，对影响产品或服务的技术、管理和人等质量体系要素进行控制。

4.环境适应性

质量体系是人工系统，而不是自然系统；是开环系统，而不是闭环系统；是动态系统，而不是静态系统。从宏观上看，它又是社会技术监督系统的重要组成部分，是“质量兴国”“振兴中华”的根本和关键。从微观上看，即就一个企业、一个公司、一个项目、一个工地等而言，质量管理仅仅是这个企（事）业单位生产经营管理系统的一个组成部分，是企业（事业）技术监督系统的主要系统。它与这个企（事）业单位的计量管理系统、标准化管理系统等共同组成了技术监督系统，为生产经营提供了基础保证和实行技术监督，使之优质、低耗、高效地生产经营。因此，我们在质量管理过程中应该自觉地运用系统工程科学方法，把质量的主要对象放在质量体系的设计、建立和完善上。

（二）质量管理研究的主要内容

1.质量管理基本概念

任何一门学科都有一套专门的、特定的概念，组成一个合乎逻辑的理论概述。质量管理也不例外，如质量、质量方针、质量控制、质量保证、质量审核、质量成本、质量体系等，是质量管理中常用的重要概念，应确定其统一、正确的术语及其准确的含义。

2.质量管理的基础工作

质量管理的基础工作是标准化、计量、质量信息与质量教育工作，此外还有以质量否决权为核心的质量责任制。离开这些基础，质量管理是无法推行或行之无效的。

3.质量体系的设计（策划）

质量管理的首要工作就是设计或策划科学有效的质量体系，无论是国家、行业、企业还是某个组织、单位的质量体系设计，都要从其实际情况和客观需要出发，合理选择质量体系要素，编制质量体系文件，规划质量体系运行步骤和方法，并制定考核办法。

4.质量管理的组织体制和法规

要从我国国情出发，研究建立适合于我国经济体制、政治体制的质量管理组织体制和质量管理法规。当然，也要研究各国质量管理体制、法规，以博采众长，取长补短，融合提炼成具有中国社会主义特色的质量管理体制和法规体系，如质量管理组织体系、质量监督组织体系、质量认证体系，以及质量管理方面的法律、法规和规章等。

5.质量管理的工具和方法

质量管理的基本思想方法是P（计划）D（实施）C（检查）A（总结）；基本数学方法是概率论和数理统计法。由此而总结出各种常用工具，如排列图、因果分析图、直方图、控制图，等等。近年来，人们又根据运筹学、控制论等系统工程科学方法研制了关联图法、系统图法、矩阵图法等七种工具。此外，还有实验设计、方差与回归分析及控制图表等。

6.质量抽样检验方法和控制方法

质量指标是具体、定量的，如何抽样检查或检验，怎样实行有效的控制，都要在质量管理过程中正确地运用数理统计方法，研究和制定各种有效的控制系统。质量的统计抽样工具——抽样方法标准，就成为质量管理工程中一项十分重要的内容。

7.质量成本和质量管理经济效益的评价、计算

质量成本是从经济性角度评定质量体系有效性的重要方面。科学、有效的质量管理，对企事业单位和国家都有显著的经济效益。如何核算质量成本，怎样定量考核质量管理水平的效果，已成为现代质量管理必须研究的一项重要课题。

8.质量管理人才的培训、教育

质量管理，以人为本。没有高质量的质量管理人才是不可能开展质量管理事业的。为此，要研究质量管理的学历教育（包括博士、硕士和学士等），职业或继续教

育的课程内容，教材、教学方法；质量管理专业技术职称评审、职称聘任的条件和方法等。

此外，可信性管理、质量管理经济效果的评定和计算以及质量文化建设等也是质量管理研究的重要内容。

（三）质量管理的常用方法

1.全面质量管理

为了能够在最经济的水平上充分考虑到满足顾客要求的条件下进行市场研究、设计、制造和售后服务，把企业内各部门的研制质量、维持质量和提高质量的活动构成一体的管理模式称为全面质量管理。它的意义在于提高产品质量，降低经营成本，增强质量意识，提高市场占有率，改进售后服务，降低企业风险，减少责任事故的发生。其要旨在于：为了取得真正的经济效益，管理必须以顾客的质量要求为出发点，以顾客对产品最终是否满意为落脚点。这种质量管理过程的全面性，决定了全面质量管理的内容应当包括设计过程、制造过程、辅助过程、使用过程四个过程的质量，从而实现人、设备、信息三位一体的协调活动。具体环节如下：通过市场调查，确定高标准产品质量目标和设计方案—投入生产以数理统计原理为基础进行工序质量控制—做好原材料入厂质量把关和各项后勤工作，为生产提供良好的物质技术条件和配套服务—开展产品售后服务，根据市场反馈的产品使用效果和用户要求，调整目标。

2.六西格玛管理法

六西格玛管理法总结了质量管理的成功经验，吸纳了顾客满意理论、变革管理、供应链管理、经济性管理等现代理论和方法，使质量成为企业追求卓越的根本途径，形成企业质量竞争力的核心内容。六西格玛管理法可以作为企业战略方法和相应的工具，通过严谨的、系统化的以及以数据为依据的方法，消除包括从生产到销售、从产品到服务所有过程中的缺陷，从而提高企业的竞争实力。

六西格玛管理法步骤如下：第一步，定义问题。即发现问题，找到症结所在，并规划流程。六西格玛不像其他管理方法仅仅简单地关注于结果，六西格玛关注创造产品、提供服务的流程，以便能很容易地识别各个步骤之间的联系。第二步，测量某个流程或操作的缺陷机会的多少，并计算出“缺陷率”。第三步，分析问题出现的原因，将工作重点放在对质量有重大影响的事情上，找出影响数据的变量和影响问题的关键因素。第四步，提高关键环节质量的改进，从而改进整个流程。第五步，严格控制新的流程。

简言之，六西格玛管理法就是：定义问题→测量你所处的状态→分析问题的影响因素→改进状况→控制新的流程。

3.文件化的质量管理体系

建立行之有效的质量管理体系，并使之有序地运行是质量管理的主要任务。文件化的质量管理体系能避免经验管理中的盲目性和不确定性，是实现预定质量目标的保证。在确立了质量方针和质量目标后，为了实现质量方针，达到质量目标，把所有应做到的事情涉及的每个部门乃至每个人，应该做什么、怎么做、什么时候做、要求是什么、用什么设备材料、如何控制等内容全部用文字的形式写下来。建立数个程序文件，把涉及质量的有关部门、人、资源都纳入质量管理体系中，也就是说把影响质量的所有工作人员的职责、权限、相互关系，以及各种岗位各种工作项目不同的实施方式都进行阐述，并用文件的形式固定下来，这种管理模式即文件化的质量管理体系。它的本质在于通过建立具有很强的约束力的文件化管理制度，使各项工作及影响工作结果的全部因素都处于严格的受控状态，并通过不间断的管理体系审核及评审，力求不断改进和提高管理水平，确保预期目标得以实现。

4.QC（质量控制）小组活动

QC小组活动是指在生产或工作岗位上从事各种劳动的职工，围绕企业的经营战略、方针目标和现场存在的问题，以改进质量、降低消耗、提高人的素质和经济效益为目的组织起来的小组，运用质量管理的理论和方法开展质量管理的一种管理模式。QC小组是企业中群众性质量管理活动的一种有效组织形式，是职工参加企业民主管理的经验同现代科学管理方法相结合的产物，是小组活动的主体。它的显著特点在于广泛的群众性、高度的民主性、严密的科学性。

5.零缺陷管理

零缺陷管理即无缺点，其管理的思想本质在于企业发挥个人的主观能动性来进行经营管理，生产者要努力使自己的产品无缺点，并向着高质量标准目标而奋斗。它要求生产从一开始就本着严肃认真的态度把工作做得准确无误，在生产中从产品的质量、成本与消耗等方面的要求合理安排，不是依靠事后的检验来纠正。而供应、销售及售后服务等其他环节也和产品生产环节一样，从物资、资本、成本、财务、科技开发、员工等方面，全方位的管理无缺陷，便构筑起了完美的“零缺陷管理”体系。零缺陷强调预防系统控制和过程控制，第一次就把事情做对并符合对顾客承诺的要求。开展零缺陷管理可以提高全员对产品质量和业务质量的责任感，从而保证产品质量和工作质量。

6.顾客满意度调查

顾客满意度调查是将“顾客至上”思想具体化的管理方法，是一种先进的管理测评手段。

它通过分析影响顾客满意状态的各种因素，从所获得的信息中吸取经验和分析不足并逐渐建立顾客满意指标体系，对管理过程和经营方法进行测评，并有针对性地提出解决方案，将其应用在企业具体经营、管理中，提高企业市场竞争能力和经营管理水平。在企业保证顾客满意度的过程中，企业会越来越了解顾客，常常会准确地预测到顾客的需求和愿望。这样，企业就不用花更多的时间和精力去做市场研究，促使新产品的研制和生产少走弯路，在很大程度上减少了企业的浪费，节约了成本，可以利用有限的资源最大限度地提高企业的经济效益。

（四）建设工程项目质量控制的含义

质量控制包括采取的作业技术和管理活动。作业技术是直接产生产品或服务质量的条件；但并不具备相关作业技术能力都能产生合格的质量，在社会化大生产条件下，还必须通过科学的管理，来组织和协调作业技术活动的过程，以充分发挥其质量形成能力，实现预期的质量目标。

建设工程项目从本质上说是一项拟建的建筑产品，和一般产品具有同样的质量内涵。即满足明确和隐含需要的特性之总和。其中明确的需要是指法律法规技术标准和合同等所规定的要求；隐含的需要是指法律法规或技术标准尚未做出明确规定，然而随着经济发展、科学进步及人们消费观念的变化，客观上已存在的某些需求。因此，建筑产品的质量也就需要通过市场和营销活动加以识别，以不断进行质量的持续改进。其社会需求是否得到满足或满足的程度如何，必须用一系列定量或定性的特性指标来描述和评价，这就是通常意义上的产品适用性、可靠性、安全性、经济性以及环境的适宜性等。

由于建设工程项目是由业主（或投资者、项目法人）提出明确的需求，然后通过一次性承发包生产，即在特定的地点建造特定的项目，因此工程项目的质量总目标，是业主建设意图通过项目策划，包括项目的定义及建设规模、系统构成、使用功能和价值、规格档次标准等的定位策划和目标决策来提出的。工程项目质量控制，包括勘察设计、招标投标、施工安装、竣工验收各阶段，均应围绕着致力于满足业主要求的质量总目标而展开。

（五）建设工程项目质量形成的影响因素

人的质量意识和质量能力是质量活动的主体，对建设工程项目而言，人是泛指与工程有关的单位、组织及个人，包括建设单位，勘察设计单位，施工承包单位，监理及咨询服务单位，政府主管及工程质量监督、监测单位，策划者、设计者、作业者、管理者，等等。建筑业实行企业经营资质管理、市场准入制度、执业资格注册制度、持证上岗制度以及质量责任制度等，规定按资质等级承包工程任务，不得越级，不得挂靠，不得转包，严禁无证设计、无证施工。

建设项目的决策因素没有经过资源论证、市场需求预测，盲目建设，重复建设，建成后不能投入生产或使用，所形成的合格而无用途的建筑产品，从根本上是对社会资源的极大浪费，不具备质量的适用性特征。同样，盲目追求高标准，缺乏质量经济性考虑的决策，也将对工程质量的形成产生不利的影响。

建设工程项目勘察因素。包括建设项目技术经济条件勘察和工程岩土地质条件勘察，前者直接影响项目决策，后者直接关系到工程设计的依据和基础资料。

建设工程项目的总体规划和设计因素。总体规划关系到土地的合理利用、功能组织和平面布局、竖向设计、总体运输及交通组织的合理性；工程设计具体确定建筑产品或工程目的物的质量目标值，直接将建设意图变成工程蓝图，将适用、经济、美观融为一体，为建设施工提供质量标准和依据。建筑构造与结构的设计合理性、可靠性以及可施工性都直接影响工程质量。

建筑材料、构配件及相关工程用品的质量因素是建筑生产的劳动对象。建筑质量的水平在很大程度上取决于材料工业的发展，原材料及建筑装饰装潢材料及其制品的开发，导致人们对建筑消费需求日新月异的变化，因此正确合理地选择材料，控制材料、构配件及工程用品的质量规格、性能特性是否符合设计规定标准，直接关系到工程项目的质量。

工程项目的施工方案包括施工技术方案和施工组织方案。前者指施工的技术、工艺、方法和机械、设备、模具等施工手段的配置，显然，如果施工技术落后、方法不当、机具有缺陷，都将对工程质量的形成产生影响。后者是指施工程序、工艺顺序、施工流向、劳动组织方面的决定和安排。通常的施工程序是先准备后施工，先场外后场内，先地下后地上，先深后浅，先主体后装修，先土建后安装等，都应在施工方案中明确，并编制相应的施工组织设计。这些都是影响工程项目的重要因素。

工程项目的施工环境包括地质水文气候等自然环境及施工现场的通风、照明、安全卫生防护设施等劳动作业环境，以及由工程承发包合同结构所派生的多单位多专业共同施工的管理关系，组织协调方式及现场施工质量控制系统等构成的管理环境对工程质量的形成具有一定的影响。

（六）建设工程项目质量控制的基本原理

1.PDCA循环原理

PDCA循环，是人们在管理实践中形成的基本理论方法。从实践论的角度看，管理就是确定任务目标，并按照PDCA循环原理来实现预期目标。由此可见PDCA是目标控制的基本方法。计划P（Plan）可以理解为质量计划阶段，明确目标并制定实现目标的行动方案。

在建设工程项目的实施中，计划是指各相关主体根据其任务目标和责任范围，确定质量控制的组织制度、工作程序、技术方法、业务流程、资源配置、检验试验要求、质量记录方式、不合格处理、管理措施等具体内容和做法的文件，“计划”还须对其实现预期目标的可行性、有效性、经济合理性进行分析论证，按照规定的程序与权限审批执行。

实施D（Do）包含两个环节，即计划行动方案的交底和按计划规定的方法与要求展开工程作业技术活动。计划交底的目的在于使具体的作业者和管理者明确计划的意图和要求，掌握标准，从而规范行为，全面地执行计划的行动方案，步调一致地去努力实现预期的目标。

检查C（Check）指对计划实施过程进行各种检查，包括作业者的自检、互检和专职管理者专检。各类检查都包含两大方面：一是检查是否严格执行了计划的行动方案、实际条件是否发生了变化、不执行计划的原因；二是检查计划执行的结果，即产出的质量是否达到标准的要求，对此进行确认和评价。

处置A（Action）是指对于质量检查所发现的质量问题或质量不合格及时进行原因分析，采取必要的措施予以纠正，保持质量形成的受控状态。处理分纠偏和预防两个步骤。前者是采取应急措施，解决当前的质量问题；后者是将信息反馈给管理部门，反思问题症结或计划时的不周，为今后类似问题的质量预防提供借鉴。

2.三阶段控制原理

就是通常所说的事前控制、事中控制和事后控制，这三阶段控制构成了质量控制的系统过程。

（1）事前控制

要求预先进行周密的质量计划。尤其是工程项目施工阶段，制订质量计划或编制施工组织设计或施工项目管理实施规划（目前这三种计划方式基本上并用），都必须建立在切实可行、有效实现预期质量目标的基础上，作为一种行动方案进行施工部署。目前有些施工企业，尤其是一些资质较低的企业，在承建中小型的一般工程项目时，往往把施工项目经理责任制曲解成“以包代管”的模式，忽略了技术质量管理的系统控制，失去企业整体技术和管理经验对项目施工计划的指导和支撑作用，这将造成质量预控的先天性缺陷。

事前控制，其内涵包括两层意思：一是强调质量目标的计划预控；二是按质量计划进行质量活动前的准备工作状态的控制。

（2）事中控制

首先是对质量活动的行为进行约束，即对质量产生过程各项技术作业活动操作者在相关制度的管理下的自我行为约束的同时，充分发挥其技术能力，完成预定质量目标的作业任务；其次是对质量活动过程和结果进行监督控制，这里包括来自企业内部管理者的检查检验和来自企业外部的工程监理以及政府质量监督部门等的监控。事中控制虽然包含自控和监控两大环节，但其关键还是增强质量意识，发挥操作者自我约束、自我控制能力，即坚持质量标准是根本的，监控或他人控制是必要的补充，没有前者或用后者取代前者都是不正确的。因此在企业组织的质量活动中，通过监督机制和激励机制相结合的管理方法，来发挥操作者更好的自我控制能力，以达到质量控制的效果，是非常必要的。这也只有通过建立和实施质量体系来达到。

（3）事后控制

事后控制包括对质量活动结果的评价认定和对质量偏差的纠正。从理论上分析，如果计划预控过程所制定的行动方案考虑得越周密，事中约束监控的能力越强越严格，实现质量预期目标的可能性就越大，理想的状况就是希望做到各项作业活动“一次成功”“一次交验合格率100%”。但客观上相当部分的工程不可能达到这一状况，因为在工程中不可避免地会存在一些计划时难以预料的影响因素，包括系统因素和偶然因素。因此，当出现质量实际值与目标值之间超出允许偏差时，必须分析原因，采取措施纠正偏差，保持质量受控状态。

以上三大环节不是孤立和截然分开的，它们之间构成有机的系统过程，实质上也就是PDCA循环具体化，并在每一次滚动循环中不断提高，达到质量管理或质量控制的持续改进。

二、建设工程项目质量控制系统的建立和运行

（一）建设工程项目质量控制系统的建立

1.建立工程项目质量控制体系的原则

根据实践经验，可以参照以下几条原则建立工程项目质量控制体系。

（1）分层次规划的原则

第一层次是建设单位和工程总承包企业，分别对整个建设项目和总承包工程项目进行相关范围的质量控制系统设计；第二层次是设计单位、施工企业（分包）、监理企业，在建设单位和总承包工程项目质量控制系统的框架内，进行责任范围内的质量控制系统设计，使总体框架更清晰、更具体地落到实处。

（2）总目标分解的原则

按照建设标准和工程质量总体目标分解到各个责任主体，明示于合同条件，由各责任主体制订质量计划，确定控制措施和方法。

（3）质量责任制的原则

即贯彻谁实施谁负责，质量与经济利益挂钩的原则。

（4）系统有效性的原则

即做到整体系统和局部系统的组织、人员、资源和措施落实到位。

2.工程项目质量控制系统的建立程序

（1）确定控制系统各层面组织的工程质量负责人及其管理职责，形成控制系统网络架构。

（2）确定控制系统组织的领导关系、报告审批及信息流转程序。

（3）制定质量控制工作制度，包括质量控制例会制度、协调制度、验收制度和质量责任制度等。

（4）部署各质量主体编制相关质量计划，并按规定程序完成质量计划的审批，形成质量控制依据。

（5）研究并确定控制系统内部质量职能交叉衔接的界面划分和管理方式。

（二）建设工程项目质量控制系统的运行

1.控制系统运行的动力机制

工程项目质量控制系统的活力在于它的运行机制，而运行机制的核心是动力机制，动力机制来源于利益机制。建设工程项目的实施过程是由多主体参与的价值增值

链，因此，只有保持合理的供方及分供方关系，才能形成质量控制系统的动力机制，这一点对业主和总承包方同样重要。

2.控制系统运行的约束机制

没有约束机制的控制系统是无法使工程质量处于受控状态的，约束机制取决于自我约束能力和外部监控效力，前者指质量责任主体和质量活动主体，即组织及个人的经营理念、质量意识、职业道德及技术能力的发挥；后者指来自实施主体外部的推动和检查监督。因此，加强项目管理文化建设对于增强工程项目质量控制系统的运行机制是不可忽视的。

3.控制系统运行的反馈机制

运行的状态和结果的信息反馈，是进行系统控制能力评价，并为及时做出处置提供决策依据，因此，必须保持质量信息的及时和准确，同时提倡质量管理者深入生产一线，掌握第一手资料。

4.控制系统运行的基本方式

在建设工程项目实施的各个阶段、不同层面、不同范围和不同主体间，应用PDCA循环原理，即计划、实施、检查和处置的方式展开控制，同时必须注重抓好控制点的设置，加强重点控制和例外控制。

三、建设工程项目施工质量控制和验收的方法

（一）施工质量控制的目标

（1）施工质量控制的总体目标是贯彻执行建设工程质量法规和强制性标准，正确配置施工生产要素和采用科学管理的方法，实现工程项目预期的使用功能和质量标准。这是建设工程参与各方的共同责任。

（2）建设单位的质量控制目标是通过施工全过程的全面质量监督管理、协调和决策，保证竣工项目达到投资决策所确定的质量标准。

（3）设计单位在施工阶段的质量控制目标是通过对施工质量的验收签证、设计变更控制及纠正施工中所发现的设计问题，采纳变更设计的合理化建议等，保证竣工项目的各项施工结果与设计文件（包括变更文件）所规定的标准相一致。

（4）施工单位的质量控制目标是通过施工全过程的全面质量自控，保证交付满足施工合同及设计文件所规定的质量标准（含工程质量创优要求）的建设工程产品。

（5）监理单位在施工阶段的质量控制目标是通过审核施工质量文件、报告报表

及现场旁站检查、平行检验、施工指令和结算支付控制等手段的应用，监控施工承包单位的质量活动行为，协调施工关系，正确履行工程质量的监督责任，以保证工程质量达到施工合同和设计文件所规定的质量标准。

（二）施工质量控制的过程

施工质量控制的过程，包括施工准备质量控制、施工过程质量控制和施工验收质量控制。

施工准备质量控制是指工程项目开工前的全面施工准备和施工过程中各分部分项工程施工作业前的施工准备（或称施工作业准备）。此外，还包括季节性的特殊施工准备。施工准备质量虽然属于工作质量范畴，但是对建设工程产品质量的形成能产生重要的影响。

施工过程的质量控制是指施工作业技术活动的投入与产出过程的质量控制，其内涵包括全过程施工生产以及其中各分部分项工程的施工作业过程。

施工验收质量控制是指对已完工程验收时的质量控制，即工程产品质量控制。包括隐蔽工程验收、检验批验收、分项工程验收、分部工程验收、单位工程验收和整个建设工程项目竣工验收过程的质量控制。

施工质量控制过程既有施工承包方的质量控制职能，也有业主方、设计方、监理方、供应方及政府的工程质量监督部门的控制职能，他们具有各自不同的地位、责任和作用。

自控主体。施工承包方和供应方在施工阶段是质量自控主体，不能因为监控主体的存在和监控责任的实施而减轻或免除其质量责任。

监控主体。业主、监理、设计单位及政府的工程质量监督部门，在施工阶段是依据法律和合同对自控主体的质量行为和效果实施监督控制的。

自控主体和监控主体在施工全过程中相互依存、各司其职，共同推动着施工质量控制过程的发展和最终工程质量目标的实现。

施工方作为工程施工质量的自控主体，既要遵循本企业质量管理体系的要求，也要根据其在所承建工程项目质量控制系统中的地位和责任，通过具体项目质量计划的编制与实施，有效地实现自主控制的目标。

（三）施工生产要素的质量控制

1.影响施工质量的五大要素

劳动主体——人员素质，即作业者、管理者的素质及其组织效果。

劳动对象——材料、半成品、工程用品、设备等的质量。

劳动方——取得施工工艺及技术措施的水平。

劳动手段——工具、模具、施工机械、设备等条件。

施工环境——现场水文、地质、气象等自然环境，通风、照明、安全等作业环境以及协调配合的管理环境。

2.劳动主体的控制

劳动主体的质量包括参与工程各类人员的生产技能、文化素养、生理体能、心理行为等方面的个体素质及经过合理组织充分发挥其潜在能力的群体素质。因此，企业应通过择优录用、加强思想及技能方面的教育培训，合理组织、严格考核，并辅以必要的激励机制，使企业员工的潜在能力得到最好的组合和充分发挥，从而保证劳动主体在质量控制系统中发挥主体自控作用。

施工企业控制必须坚持对所选派的项目领导者、组织者进行质量意识教育和组织管理能力训练，坚持对分包商的资质考核和施工人员的资格考核，坚持各工种按规定持证上岗制度。

3.劳动对象的控制

原材料、半成品、设备是构成工程实体的基础，其质量是工程项目实体质量的组成部分。

因此加强原材料、半成品及设备的质量控制，不仅是提高工程质量的必要条件，也是实现工程项目投资目标和进度目标的前提。

对原材料、半成品及设备进行质量控制的主要内容为：控制材料设备性能、标准与设计文件相符性，控制材料设备各项技术性能指标、检验测试指标与标准要求的相符性，控制材料设备进场验收程序及质量文件资料的齐全程度等。

施工企业应在施工过程中，贯彻执行企业质量程序文件中明确规定的材料设备在封样、采购、进场检验、抽样检测及质保资料提交等一系列控制标准。

4.施工工艺的控制

施工工艺的先进合理是直接影响工程质量、工程进度及工程造价的关键因素，施工工艺的合理、可靠还直接影响到工程施工安全。因此，在工程项目质量控制系统中，制定和采用先进合理的施工工艺是工程质量控制的重要环节。

5.施工设备的控制

对施工所用的机械设备，包括起重设备、各项加工机械、专项技术设备、检查测量仪表设备及人货两用电梯等，应根据工程需要从设备选型、主要性能参数及使用操作要求等方面加以控制。

对施工方案中选用的模板、脚手架等施工设备，除按适用的标准定型选用外，一般需按设计及施工要求进行专项设计，对其设计方案、制作质量和验收应作为重点进行控制。按现行施工管理制度要求，工程所用的施工机械、模板、脚手架，特别是危险性较大的现场安装的起重机械设备，不仅要对其设计安装方案进行审批，而且安装完毕交付使用前必须经专业管理部门验收合格后方可使用。同时，在使用过程中尚需落实相应的管理制度，以确保其安全正常使用。

6.施工环境的控制

环境因素主要包括地质水文状况、气象变化、其他不可抗力因素，以及施工现场的通风、照明、安全卫生防护设施等劳动作业环境等内容。环境因素对工程施工的影响一般难以避免。要消除其对施工质量的不利影响，主要是采取预测预防的控制方法。

对地质水文等方面影响因素的控制，应根据设计要求，分析基地地质资料，预测不利因素，并会同设计等部门采取相应的措施，如降水、给排水、加固等技术控制方案。

对天气气象方面的不利条件，应制定专项施工方案，明确施工措施，落实人员、器材等以备紧急应对，从而控制其对施工质量的不利影响。

因环境因素造成的施工中断，往往也会对工程质量造成不利影响，必须通过加强管理、调整计划等措施加以控制。

（四）施工作业过程的质量控制

建设工程施工项目是由一系列相互关联、相互制约的作业过程（工序）所构成，控制工程项目施工过程的质量，必须控制全部作业过程，即各道工序的施工质量。

施工工序质量控制要求：工序质量是施工质量的基础，也是施工顺利进行的关键。为达到对工序质量控制的效果，在工序管理方面应做到：①贯彻预防为主的基本要求，设置工序质量检查点，把材料质量状况、工具设备状况、施工程序、关键操作、安全条件、新材料新工艺应用、常见质量通病，甚至包括操作者的行为等影响因素列为控制点作为重点检查项目进行预控。②落实工序操作质量巡查、抽查及重要部位跟踪检查等方法，及时掌握施工质量总体状况。③对工序产品、分项工程的检查应按标准要求进行目测、实测及抽样试验的程序，做好原始记录，经数据分析后，及时进行合格及不合格的判断。④对合格的工序产品应及时提交监理进行隐蔽工程验收。⑤完善管理过程的各项检查记录、检测资料及验收资料，作为工程质量验收的依据，并为工程质量分析提供可追溯的依据。

（五）施工质量验收的方法

建设工程质量验收是对已完工的工程实体的外观质量及内在质量按规定程序检查后，确认其是否符合设计及各项验收标准的要求，作为建设工程是否可交付使用的一个重要环节。正确地进行工程项目质量的检查评定和验收，是保证工程质量的重要手段。鉴于建设工程施工规模较大、专业分工较多、技术安全要求高等特点，国家相关行政管理部门对各类工程项目的质量验收标准制定了相应的规范，以保证工程验收的质量，工程验收应严格执行规范的要求和标准。

工程质量验收分为过程验收和竣工验收，其程序及组织包括：①施工过程中，隐蔽工程在隐蔽前通知建设单位（或工程监理）进行验收，并形成验收文件。②分部分项工程完成后，应在施工单位自行验收合格后，通知建设单位（或工程监理）验收，重要的分部分项工程应请设计单位参加验收。③单位工程完工后，施工单位应自行组织检查、评定，符合验收标准后，向建设单位提交验收申请。④建设单位收到验收申请后，应组织施工、勘察、设计、监理单位等方面的人员进行单位工程验收，明确验收结果，并形成验收报告。⑤按国家现行管理制度，房屋建筑工程及市政基础设施工程验收合格后，还需在规定时间内，将验收文件报政府管理部门备案。

建设工程施工质量验收应符合下列要求：①工程质量验收均应在施工单位自行检查评定的基础上进行。②参加工程施工质量验收的各方人员，应该具有规定的资格。③建设项目的施工，应符合工程勘察、设计文件的要求。④隐蔽工程应在隐蔽前由施工单位通知有关单位进行验收，并形成验收文件。⑤单位工程施工质量应该符合相关验收规范的标准。⑥涉及结构安全的材料及施工内容，应有按照规定对材料及施工内容进行见证取样检测的资料。⑦对涉及结构安全和使用功能的重要部分工程、专业工程应进行功能性抽样检测。⑧工程外观质量应由验收人员通过现场检查后共同确认。

四、建设工程项目设计质量控制的内容和方法

（一）建设工程项目设计质量控制的内容

（1）正确贯彻执行国家建设法律法规和各项技术标准，其内容主要是：①有关城市规划、建设批准用地、环境保护、“三废”治理及建筑工程质量监督等方面的法律、行政法规及各地方政府、专业管理机构发布的法规规定。②有关工程技术标准、设计规范、规程、工程质量检验评定标准，有关工程造价方面的规定文件等。其中要特别注意对国家及地方强制性规范的执行。③经批准的工程项目的可行性研究、立项批准文件及设计纲要等文件。④勘察单位提供的勘察成果文件。

（2）保证设计方案的技术经济合理性、先进性和实用性，满足业主提出的各项功能要求，控制工程造价，达到项目技术计划的要求。

（3）设计文件应符合国家规定的设计深度要求，并注明工程合理使用年限。设计文件中选用的建筑材料、构配件和设备，应当注明规格、型号、性能等技术指标，其质量必须符合国家规定的标准。

（4）设计图纸必须按规定具有国家批准的出图印章及建筑师、结构工程师的执业印章，并按规定经过有效的审图程序。

（二）建设工程项目设计质量控制的方法

（1）根据项目建设要求和有关批文、资料，组织设计招标及设计方案竞赛。通过对设计单位编制的设计大纲或方案竞赛文件的比较，优选设计方案及设计单位。

（2）对勘察、设计单位的资质业绩进行审查，优选勘察、设计单位，签订勘察设计合同，并在合同中明确有关设计范围、要求、依据及设计文件深度和有效性要求。

（3）根据建设单位对设计功能、等级等方面的要求，根据国家有关建设法规、标准的要求及建设项目环境条件等方面的情况，控制设计输入，做好建筑设计、专业设计、总体设计等不同工种的协调，保证设计成果的质量。

（4）控制各阶段的设计深度，并按规定组织设计评审，按法规要求对设计文件进行审批（如对扩初设计、设计概算、有关专业设计等），保证各阶段设计符合项目策划阶段提出的质量要求，提交的施工图满足施工的要求，工程造价符合投资计划的要求。

（5）组织施工图图纸会审，听取建设单位、施工单位、监理单位等方面对图纸

问题提出的意见，以保证施工顺利进行。

（6）落实设计变更审核，控制设计变更质量，确保设计变更不导致设计质量的下降。并按规定在工程竣工验收阶段，在对全部变更文件、设计图纸校对及施工质量检查的基础上出具质量检查报告，确认设计质量及工程质量满足设计要求。

第二节　建筑工程项目环境管理

一、施工项目环境管理概述

（一）施工项目现场管理的概念

建设工程现场是指用于进行该施工项目的施工活动，经有关部门批准占用的场地。这些场地可用于生产、生活或两者兼有，当该项工程施工结束后，这些场地将不再使用。施工现场包括红线以内或红线以外的用地，但不包括施工单位自有的场地或生产基地。施工项目现场环境管理是对施工项目现场内的活动及空间所进行的管理。施工项目部负责人应负责施工现场文明施工的总体规划和部署，各分包单位按各自的划分区域和施工项目部的要求进行现场环境管理并接受项目部的管理监督。

（二）施工项目现场环境管理的目的

施工项目现场环境管理就是要做到“文明施工、安全有序、整洁卫生、不扰民、不损害公众利益”。

施工项目的现场环境管理是项目管理的一个重要部分。良好的现场环境管理使场容美观整洁，道路畅通，材料放置有序，施工有条不紊，安全、消防、保安均能得到有效的保障，有关单位都能满意。相反，低劣的现场环境管理会影响施工进度，为事故的发生埋下隐患。施工企业必须树立良好的信誉，防止事故的发生，增强企业在市场的竞争力，必须做好现场的文明施工，使施工现场井井有条、整洁卫生。

（三）施工项目现场环境管理的意义

1.体现一个城市贯彻国家有关法规和城市管理法规的一个窗口

工程施工与城市各部门、企业人员交往很多，与工程有联系的单位和人员都会注意到施工现场环境的好与坏，现场环境管理涉及城市规划、市容整洁、交通运输、消防安全、文明建设、居民生活、文物保护等，因此施工项目现场环境管理是一个严肃的问题，稍有不慎就可能出现危及社会安定的问题。现场管理人员必须具有强烈的法制观念，具有全心全意为人民服务的精神。

2.体现施工企业的形象和面貌

施工现场环境管理的好坏，通过观察施工现场一目了然。施工现场环境管理的水平直接反映施工企业的管理水平及施工企业的面貌。一个文明的施工现场，能产生很好的社会效益，会赢得广泛的社会赞誉，反之则会损害企业声誉。施工现场的环境管理从一个方面体现了企业的形象和社会效益。

3.施工现场是一个周转站，能否管理好直接影响施工活动

大量的物资设备、人员在施工现场，如果管理不好就会引起窝工、材料二次搬运、交叉运输等问题，从而直接影响到施工活动。因此合理布置现场是工程项目能否顺利施工和按时完成的关键所在。

4.施工现场把各专业管理联系在一起

施工现场把土建工程、给水排水工程、电气工程、智能化工程、园林工程、市政工程、热能工程、通风空调工程、电梯工程等各专业联系在一起，各专业在施工现场合理分工、分头管理、密切合作，各专业之间相互影响又相互制约。

（四）施工项目现场环境管理的内容

1.合理规划施工用地，保证场内占地合理使用

在满足施工的条件下，要紧凑布置，尽量不占或少占农田。当场内空间不满足施工要求时，应会同业主（建设单位）向规划部门和公安交通等有关部门申请，经批准后才能获得并使用场外临时施工用地。

2.在施工组织设计中，科学地进行施工总平面设计

施工总平面设计，其目的就是对施工场地进行科学规划，合理利用空间，以方便工程的顺利施工。

3.根据施工进度的具体需要，按阶段调整施工现场的平面布置

不同的施工阶段，施工的需求不同，现场的平面布置也应该随施工阶段的不同而调整。

4.加强对施工现场使用的检查

现场管理人员经常检查现场布置是否按平面布置图进行，如不按平面图布置应及时改正，保证按施工现场的布置进行施工。

5.文明施工

文明施工是指按照有关法规的要求，使施工现场范围和临时占地范围内的施工秩序井然。

文明施工有利于提高工程质量和工作质量，提高企业信誉。

6.完工场清

工程施工结束，及时组织人员清理现场，将施工临时设施拆除，剩余物资退出现场，将现场的材料、机械转移到新工地。

（五）施工项目现场环境管理组织体系

施工项目现场环境管理的组织体系根据项目管理情况不同而有所不同。业主可将现场环境管理的全部工作委托给总包单位，由总包单位作为现场环境管理的主要责任人。

现场环境管理除去在现场的单位外，当地政府的有关部门如市容管理、消防、公安等部门，现场周围的公众、居民委员会以及总包、施工单位的上级领导部门也会对现场管理工作施加影响。因此现场环境管理工作的负责人应把现场管理列入经常性的巡视检查内容，纳入日常管理并与其他工作有机结合在一起，要积极主动认真听取有关政府部门、近邻单位、社会公众和其他相关方面的意见和反映，及时抓好整改，取得他们的支持。

施工单位内部对现场环境管理工作的归口管理不尽一致，有的企业将现场环境管理工作分配给安全部门，有的则分配给办公室或企业管理办公室，也有分配给器材科的。现场环境管理工作的分配部门可以不一致，但应考虑到现场管理的复杂性和政策性，安排能够了解全面工作、能协调组织各部门工作的人员进行管理为妥。

在施工现场管理的负责人应组织各参建单位，成立现场管理组织。现场管理组织的任务是：根据国家和政府的有关法令，向参建单位宣传现场环境管理的重要性，提出现场管理的具体要求。对参建单位进行现场管理区域的划分，定期和不定期地检

查，发现问题，及时提出改正措施，限期改正，并进行改正后的复查。进行项目内部和外部的沟通，包括与当地有关部门和其他相关方的沟通，听取他们的意见和要求。施工中有关现场环境管理的事项，在业主和总包的委托下，对参建单位有表扬、批评、培训、教育、处罚的权利和职责。审批使用明火、停水、停电、占用现场内公共区域和道路的权利。

（六）项目现场环境管理的考核

现场环境管理的检查考核是进行现场管理的有效手段。除现场专职人员的日常专职检查外，现场的检查考核可以分级、分阶段、定期或不定期进行。例如，现场项目管理部可每周进行一次检查并以例会的方式进行沟通；施工企业基层可每月进行一次检查；施工单位的公司可每季进行一次检查；总公司或集团可每半年进行一次检查。有必要时可组织有关单位针对现场环境管理问题进行专门的专题检查。

由于现场环境管理涉及面大、范围广，检查出的问题往往不是一个部门所能解决的。因此，有的企业把现场环境管理和质量管理、安全管理等其他管理工作结合在一起进行综合检查，这样既可节约时间，又可成为一项综合的考评。

二、施工项目现场场容管理

场容是指施工现场的面貌，包括入口、边界围护、场内道路、堆场的整齐清洁，也包括办公室环境及施工人员的行为。

（一）场容的基本要求

（1）现场入口设置企业标志，该标志标明建筑企业名称及第几项目部。

（2）项目经理部在现场入口的醒目位置设置公示牌，公示牌内容如下：①工程概况牌，包括工程规模、性质、用途，发包人、设计人、承包人和监理单位的名称，施工起止年月日等。②安全纪律牌，包括安全警示牌，安全生产、消防保卫制度。③防火须知牌。④安全无重大事故计时牌。⑤安全生产、文明施工牌。⑥施工总平面图。⑦项目经理部组织结构及主要施工管理人员名单图，包括施工项目负责人、技术负责人、质量负责人、安全负责人、器材负责人等。

（二）场容管理

施工现场场容规范化应建立在施工平面图设计的科学合理化和物料器具定位管理

标准化的基础上。承包人应根据本企业的管理水平，建立和健全施工平面图管理和现场物料器具管理标准，为项目经理部提供场容管理策划的依据。

项目经理部必须结合施工条件，按照施工方案和施工进度计划的要求，根据施工各个阶段的具体情况，分阶段认真进行施工平面图的规划、设计、布置、使用和管理。

施工平面图按指定的施工用地范围和现场施工各个阶段，分别进行布置和管理。施工平面图的内容应包括：

（1）建筑现场的红线，可临时占用的地区，场外和场内交通道路，现场主要入口和次要入口，现场临时供水供电的入口位置。

（2）测量放线的标志桩，现场的地面大致标高。地形复杂的大型现场应有地形等高线，以及现场临时平整的标高设计。需要取土或弃土的项目应有取、弃土区域位置。

（3）已建建筑物、地上或地下的管道和线路；拟建的建筑物、构筑物。如先进行管网施工时，应标出拟建的永久管网位置。

（4）现场主要施工机械位置及工作范围，包括垂直运输机械、搅拌机械等。

（5）材料、构件和半成品的堆场位置及占地面积。

（6）生产、生活临时设施，包括临时变压器、水泵、搅拌站、办公室、供水供电线路、仓库的位置。现场工人的宿舍应尽量安置在场外，必须安置在场内时应与现场施工区域有分隔措施。

（7）消防入口、消防道路、消火栓以及消防器材的位置。

（8）平面图比例，采用的图例、方向、风向和主导风向等标记。

施工总平面布置要求做到布置紧凑，尽可能减少施工用地。减少施工用地，既可以减少施工管线，又可以减少场内二次搬运和场内运输距离。根据材料的不同使用时间，尽可能靠近使用地点，保证施工顺利进行，这样既节约劳动力，又减少材料在多次转运中的损耗。在保证顺利施工的前提下尽可能减少临时设施费用。临时设施的布置应便于施工管理及工人的生产和生活。

施工现场应符合劳动保护、安全技术、防火、环保、市容、卫生的要求，这样便于管理，并应考虑减少对邻近地区或居民的影响。单位工程施工平面图宜根据不同施工阶段的需要，分别设计成阶段性施工平面图，并在阶段性进度目标开始实施前，通过施工协调会议确认后实施。项目经理部应严格按照已审批的施工总平面图或相关的单位工程施工平面图划定的位置进行布置。施工项目现场布置主要包括机械设备、脚手架、密封式安全网和围挡、模具、施工临时道路，供水、供电、供气管道或线路，施工材料制品堆场及仓库、土方及建筑垃圾存放区、变配电间、消火栓、警卫室，现场的办公、生产和生活临时设施等。施工现场物料器具除应按施工平面图指定位置就位布置外，应根据不同特点和性质，规范布置，并执行码放整齐、限宽限高、上架入箱、按规格分类、挂牌标识等管理标准。在施工现场周边应设置临时围护设施。市区工地的周边围护设施高度不应低于1.8m。临街脚手架、高压电缆、起重机回转半径伸至街道的，均应设置安全隔离棚。危险物品仓库附近应有明显标志及围挡设施。施工现场应设置畅通的排水沟渠系统，场地不积水、不积泥浆，道路应硬化坚实。室内保持整洁，墙面上挂有有关人员职责牌、常用应急电话号码告示牌。

（三）环境管理

施工现场泥浆和污水未经处理不得直接排入城市排水设施和河流、湖泊、池塘。不得在施工现场熔化沥青和焚烧油毡、油漆，不得焚烧产生有毒有害烟尘和恶臭气味的废弃物，禁止将有毒有害废弃物作土方回填。建筑垃圾、渣土应在指定地点堆放，每日进行清理。高空施工的垃圾及废弃物应采用密闭式串筒或其他措施清理搬运。装载建筑材料、垃圾或渣土的车辆，应采取防止尘土飞扬、洒落或流溢的有效措施，如运输车辆顶加覆盖。施工现场应根据需要设置机动车辆冲洗设施，进出施工现场的车辆必须冲洗，防止车辆的污泥带到城市道路上污染道路，冲洗的污水应进行处理。在居民和单位密集区域进行爆破、打桩等施工作业前，项目经理部应按规定进行申请批准，还应将作业计划、影响范围、影响程度及有关保护措施等情况，向受影响范围的居民和单位通报说明，取得各方支持和配合；对施工机械的噪声与振动扰民，采取相应措施予以管理。项目建筑工程现场环境管理与安全管理经过施工现场的地下管线，由发包人在施工前通知承包人，标出位置，加以保护。施工时发现文物、古迹、爆炸物、电缆等，应当停止施工，保护现场，及时向有关部门报告，按有关规定处理后方可继续施工。施工中需要停水、停电、封路而影响环境时，必须向有关部门报告，经有关部门批准后，事先告示，并发布消息，在施工现场应设置警示标志。在行人、车辆通行的地方施工，应当设置沟、井、坎、穴覆盖物和警示标志。施工现场应进行必要的绿化。

（四）消防保安管理

现场设立门卫传达，根据需要设置警卫，负责施工现场保卫工作，并采取必要的防盗措施。施工现场的主要管理人员在施工现场应当佩戴证明其身份的证卡，其他现场施工人员也要有标识。有条件时可对进出场人员使用磁卡管理。承包人必须严格按照《中华人民共和国消防法》的规定，建立和执行消防管理制度。现场必须有满足消防车出入和行驶的道路，并设置符合要求的防火报警系统和固定式灭火系统，消防设施应保持完好的备用状态。在火灾易发地区施工或储存，使用易燃、易爆器材时，承包人应当采取特殊的消防安全措施。现场严禁吸烟，必要时可设吸烟室。施工现场的通道、消防出入口、紧急疏散楼道等，均应有明显标志或指示牌。有高度限制的地点应有限高标志。施工中需要进行爆破作业的，必须经政府主管部门审查批准，并提供爆破器材的品名、数量、用途、爆破地点、与四周单位及建筑物的距离等文件和安全操作规程，向所在地县、市（区）公安局申领“爆破物品使用许可证”，由具备爆破资质的专业队伍按有关规定进行施工。

（五）卫生防疫管理

卫生防疫管理的重点是食堂管理和现场卫生。

食堂管理应当在组织施工时就进行策划。现场食堂应按照就餐人数安排食堂面积设施以及炊事员和管理人员。食堂卫生必须符合《中华人民共和国食品卫生法》和其他有关卫生规定建筑工程项目管理的要求。炊事人员应经定期体格检查合格后方可上岗。炊具应严格消毒，生热食应分开。原料及半成品应经检验合格，方可食用。现场食堂不得出售酒精饮料，现场人员在工作时间严禁饮用酒精饮料。要确保现场人员饮水的供应，炎热季节要供应清凉饮料。生产和生活区应分开。施工现场不宜设置职工宿舍，必须设置时应尽量和施工场地分开。施工现场应准备必要的医务设施。在办公室内显著位置张贴急救车和有关医院电话号码。夏天施工应根据需要采取防暑降温和消毒、防毒措施。施工作业区与办公区应分区明确。现场的厕所应符合卫生要求。

第三节 建筑工程项目安全管理

一、施工项目安全管理概述

（一）施工项目安全管理的概念

安全管理是指施工企业采取措施使项目在施工中没有危险，不出事故，不造成人身伤亡和财产损失。安全既包括人身安全，也包括财产安全。

安全生产管理是指经营管理者对安全生产工作进行的策划、组织、指挥、协调、管理和改进的一系列活动，目的是保证在生产经营活动中的人身安全、资产安全，进行促进生产的发展，保持社会的稳定。

安全生产长期以来一直是我国的一项基本方针，它不仅是要保护劳动者生命安全和身体健康，也是要促进生产的发展，必须贯彻执行；同时安全生产也是维护社会安定团结，促进国民经济稳定、持续、健康发展的基本条件，是社会文明程度的重要标志。

安全与生产的关系是辩证统一的关系，而不是对立、矛盾的关系。安全与生产的统一性表现在：一方面是指生产必须安全，安全是生产的前提条件，不安全就无法生产；另一方面安全可以促进生产，抓好安全，为员工创造一个安全、卫生、舒适的工作环境，并更好地调动员工的积极性，提高劳动生产率和减少因事故带来的不必要的损失和麻烦。

（二）施工项目安全管理的特点

1.施工项目安全管理的难点多

由于受自然环境的影响大，冬、雨季施工多，高空作业多，地下作业多，大型机械多，用电作业多，易燃易爆物多，因此安全事故引发点多，安全管理的难点必然多。

2.安全管理的劳保责任重

建筑施工的手工作业多，人员数量大，交叉作业多，高空作业的危险性大，因此劳动保护责任重大。

3.施工项目安全管理是企业安全管理的一个子系统

企业安全系统包括安全组织系统、安全法规系统和安全技术系统，这些系统都与施工项目安全有密切关系。安全法规系统是国家、地方、行业的安全法规，各企业必须执行；安全组织系统是企业内部安全部门和安全管理人员，是安全法规的执行者；安全技术系统是国家对不同工种、行业制定的技术安全规范。

4.施工现场是安全管理的重点和难点

施工现场人员集中、物资集中，是作业场所，事故一般都发生在现场，因此施工现场是安全管理的重点和难点。

（三）施工项目安全管理的原则

1.“安全第一，预防为主”的原则

在生产活动中，把安全放在第一位，当生产和安全发生矛盾时，生产必须服从安全，即安全第一。预防为主是实现安全第一的基础，要做到安全第一，首先要做好预防措施。预防工作做好了，就可以保证安全生产，实现安全第一。

2.明确安全管理的目的性

安全管理是对生产中的人、物、环境等因素状态的管理。做好对人的不安全行为和物的不安全状态的管理，就能消除或避免事故。

3.坚持全方位、全过程的管理

只要有生产就有发生事故的可能，因此必须坚持全员、全过程、全方位、全天候的安全管理状态。

4.不断提高安全管理水平

随着社会的发展，生产活动是不断发生变化的，安全管理工作也会随着生产活动的变化而发生变化，因此施工企业需要不断总结安全管理经验，提高安全管理水平。

5.“生产必须安全，安全促进生产”

许多企业提出“质量是企业的生命，安全是企业的血液”，这足以看出企业对安全的重视程度。“生产必须安全”是指劳动过程中，必须尽一切可能为劳动者创造必要的安全卫生条件，积极克服不安定不卫生因素，防止伤亡事故和职业性毒害的发生，使劳动者在安全卫生的条件下，顺利地进行劳动生产。“安全促进生产”是指安全工作必须紧紧围绕生产活动来进行，不仅要保护职工的生命安全和身体健康，而且要促进生产的发展。施工企业的任务是想尽一切办法克服不安全因素，促进生产发展，离开了生产，安全工作就毫无实际意义。

安全管理是生产管理的重要组成部分，只有安全才能促进生产的发展。特别是生产任务繁忙时，就更应该处理好二者的关系，生产任务越忙越要重视安全，把安全工作搞好。否则如若出现工伤事故，既妨碍生产，又影响企业声誉。因此生产和安全是互相联系、互相依存的，要正确处理好二者之间的关系。

（四）施工项目安全管理的程序

1.确定施工安全目标

企业按照生产经营活动的要求，制定安全总目标，各部门和员工按企业总目标，自上而下制定切实可行的分目标，形成一套完整的安全目标管理体系。

2.编制项目安全保证计划

按企业要求，各部门员工编制各部门的安全计划。

3.施工项目安全计划实施

目标制定完毕后，企业与各部门员工、项目签订协议，使他们自觉为实现目标而努力。

4.施工项目安全保证计划验证

各部门员工在安全管理的执行中，要对执行情况进行总结，验证目标的完成情况。

5.施工项目安全管理的持续改进

施工项目在达到安全管理目标后，制定新一轮安全目标，使安全目标更加完善。

6.兑现合同承诺

按照协议的约定对员工进行奖惩。

（五）安全管理体系

1.“企业负责”

“企业负责”是指企业在其经营活动中必须对本企业的安全生产负全面责任。企业对安全生产负责的关键是要做到“三个到位”，即责任到位、投入到位、措施到位。

责任到位就是必须全面落实各级安全生产责任制；投入到位就是要确保对安全生

产的资金投入；措施到位就是要严格按照国家关于安全生产的法律、法规和方针政策，结合本单位、本项目的实际情况，制订详尽周密的安全生产计划，并按照计划认真抓好落实工作。

2.“行业管理”

“行业管理”就是各级行业主管部门对用人单位的职业健康安全工作加以指导，充分发挥行业主管部门对本行业职业健康安全工作进行管理的作用。

3.“国家监察”

“国家监察”就是各级政府部门对用人单位遵守职业健康安全法律、法规的情况实施监督检查，并对用人单位违反职业健康安全管理体系法律、法规的行为实施行政处罚。

国家监察是一种执法监察，主要是监察国家法律、法规、政策的执行情况，预防和纠正违反法律、法规、政策的偏差，它不干预企事业单位内部执行法律、法规、政策的方法、措施和步骤等具体事务。它不能替代行业管理部门日常管理和安全检查。

4.“群众监督”

“群众监督”就是要规定工会依法对用人单位的职业健康安全工作实行监督，劳动者对违反职业健康安全法律、法规和危害生命及身体健康的行为，有权提出批评、检举和控告。

5.“劳动者遵章守纪”

安全生产目标的实现，其根本取决于全体员工素质的提高，取决于劳动者能否自觉履行好自己的安全法律责任。按照《中华人民共和国劳动法》的规定，就是“劳动者在劳动过程中，必须严格遵守安全操作规程”。要“珍惜生命，爱护自己，勿忘安全”，广泛深入地开展“三不伤害”活动，自觉做到遵章守纪、遵纪守法，确保安全。

二、施工项目安全管理体系

（一）安全保证计划

安全目标管理是企业在某一时期制定出的旨在为达到保证生产过程中员工的安全和健康的目标而采取的一系列工作的总称。安全保证计划是项目部在企业总目标下制定的安全目标。

1.确定施工安全目标

项目经理部应根据项目施工安全目标的要求配置必要的资源，确保施工安全，保证目标实现。专业性较强的施工项目，应编制专项安全施工组织设计并采取安全技术措施。项目安全保证计划应在项目开工前编制，经项目经理批准后实施。

2.项目安全保证计划书

项目安全保证计划书的内容包括工程概况、管理程序、管理目标、组织结构、职责权限、规章制度、资源配置、安全措施、检查评价、奖惩制度。

项目经理部应根据工程特点、施工方法、施工程序、安全法规和标准的要求，采取可靠的技术措施，消除安全隐患，保证施工安全。

对结构复杂、施工难度大、专业性强的项目，除制订项目安全技术总体安全保证计划外，还必须制定单位工程或分部、分项工程的安全施工措施。

对高空作业、井下作业、水上作业、水下作业、深基础开挖、爆破作业、脚手架上作业、有害有毒作业、特种机械作业等专业性强的施工作业，以及从事电气、压力容器、起重机、金属焊接、井下瓦斯检验、机动车和船舶驾驶等特殊工种的作业，应制定单项安全技术方案和措施，并对管理人员和操作人员的安全作业资格和身体状况进行合格审查。

安全技术措施应包括防火、防毒、防爆、防洪、防尘、防雷击、防触电、防坍塌、防物体打击、防机械伤害、防溜车、防高空坠落、防交通事故、防寒、防暑、防疫、防环境污染等方面的措施。

（二）安全保证计划的实施

1.落实安全责任制

项目经理部应根据安全生产责任制的要求，把安全责任目标分解到岗，落实到人。安全生产责任制必须经项目经理批准后实施。

（1）项目经理的安全职责包括

认真贯彻安全生产方针、政策、法规和各项规章制度，制定和执行安全生产管理办法；严格执行安全考核指标和安全生产奖惩办法；严格执行安全技术措施审批和施工安全技术措施交底制度；定期组织安全生产检查和分析，针对可能产生的安全隐患制定相应的预防措施；当施工过程中发生安全事故时，项目经理必须按安全事故处理的预案和有关规定程序及时上报和处置，并制定防止同类事故再次发生的措施。

（2）安全员安全职责包括

落实安全设施的设置；对施工全过程的安全进行监督，纠正违章作业；配合有关部门排除安全隐患；组织安全教育和全员安全活动；监督劳保用品质量和正确使用。

（3）作业队长安全职责包括

向作业人员进行安全技术措施交底，组织实施安全技术措施；对施工现场安全防护装置和设施进行验收；对作业人员进行安全操作规程培训，提高作业人员的安全意识，避免产生安全事故；当发生重大或恶性工伤事故时，应保护现场，立即上报并参与事故调查处理。

（4）班组长安全职责包括

安排施工生产任务时，向本工种作业人员进行安全措施交底；严格执行本工种安全技术操作规程，拒绝违章指挥；作业前应对本次作业所使用的机具、设备、防护用具及作业环境进行安全检查，消除安全隐患，检查安全标牌是否按规定设置，标识方法和内容是否正确完整：组织班组开展安全活动，召开上岗前安全生产会；每周应进行安全讲评。

（5）操作工人安全职责包括

认真学习并严格执行安全技术操作规程，不违规作业；自觉遵守安全生产规章制度，执行安全技术交底和有关安全生产的规定；服从安全监督人员的指导，积极参加安全活动；爱护安全设施；正确使用防护用具；对不安全作业提出意见，拒绝违章指挥。

（6）承包人对分包人的安全生产责任的管理

审查分包人的安全施工资格和安全生产保证体系，不应将工程分包给不具备安全生产条件的分包人；在分包合同中应明确分包人安全生产责任和义务；对分包人提出安全要求，并认真监督、检查；对违反安全规定冒险蛮干的分包人，应令其停工整改；承包人应统计分包人的伤亡事故，按规定上报，并按分包合同约定协助处理分包人的伤亡事故。

（7）分包人安全生产责任包括

分包人对本施工现场的安全工作负责，认真履行分包合同规定的安全生产责任；遵守承包人的有关安全生产制度，服从承包人的安全生产管理，及时向承包人报告伤亡事故并参与调查，处理善后事宜。

2.实施安全教育的规定

（1）项目经理部的安全教育内容包括

学习安全生产法律、法规、制度和安全纪律，讲解安全事故案例。

（2）作业队安全教育内容包括

了解所承担施工任务的特点，学习施工安全基本知识、安全生产制度及相关工种的安全技术操作规程；学习机械设备和电器使用、高处作业等安全基本知识；学习防火、防毒、防爆、防洪、防尘、防雷击、防触电、防高空坠落、防物体打击、防坍塌、防机械伤害等知识及紧急安全救护知识；了解安全防护用品发放标准，防护用具、用品使用基本知识。

（3）班组安全教育内容包括

了解本班组作业特点，学习安全操作规程、安全生产制度及纪律；学习正确使用安全防护装置（设施）及个人劳动防护用品知识；了解本班组作业中的不安全因素、防范对策、作业环境及所使用的机具安全要求。

3.安全技术交底

单位工程开工前，项目经理部的技术负责人必须将工程概况、施工方法、施工工艺、施工程序、安全技术措施，向承担施工的作业队负责人、工长、班组长和相关人员进行交底。结构复杂的分部分项工程施工前，项目经理部的技术负责人应有针对性地进行全面、详细的安全技术交底。同时，项目经理部应保存双方签字确认的安全技术交底记录。

（三）施工项目的安全检查

安全检查是预防安全事故发生的重要措施。安全检查是为了及时发现事故隐患，堵塞事故漏洞，防患于未然，因此必须建立安全检查制度。安全检查的形式分为普遍检查、专业检查和季节性检查。安全检查的内容分为现场和资料两部分。

项目经理应组织项目经理部定期对安全管理计划的执行情况进行检查考核和评价。对施工中存在的不安全行为和隐患，项目经理部应分析原因并制定相应整改防范措施。项目经理部应根据施工过程的特点和安全目标的要求，确定安全检查内容。项目经理部安全检查应配备必要的设备或器具，确定检查负责人和检查人员，并明确检查内容及要求。项目经理部安全检查应采取随机抽样、现场观察与实地检测相结合的方法，并记录检测结果。对现场管理人员的违章指挥和操作人员的违章作业行为应进行纠正。安全检查人员应对检查结果进行分析，找出安全隐患部位，确定危险程度。

项目经理部应编写安全检查报告。

（四）施工项目安全管理事故的处理

1.安全隐患处理

项目经理部应区别“通病”“顽症”“首次出现”“不可抗力”等类型，对这些隐患采取修订和完善安全整改措施。

项目经理部应对检查出的隐患立即发出安全隐患整改通知单。受检单位应对安全隐患原因进行分析，制定纠正和预防措施。纠正和预防措施应经检查单位负责人批准后实施。

安全检查人员对检查出的违章指挥和违章作业行为向责任人当场指出，限期纠正。

安全员对纠正和预防措施的实施过程和实施效果应进行跟踪检查，保存验证记录。

2.项目经理部进行安全事故处理

安全事故处理必须坚持“事故原因不清楚不放过，事故责任者和员工没有受到教育不放过，事故责任者没有处理不放过，没有制定防范措施不放过”的“四不放过”原则。

安全事故处理程序：

（1）安全事故

安全事故发生后，受伤者或最先发现事故的人员应立即用最快的传递手段，将发生事故的时间、地点、伤亡人数、事故原因等情况，上报至企业安全主管部门。企业安全主管部门视事故造成的伤亡人数或直接经济损失情况，按规定向政府主管部门报告。

（2）事故处理

抢救伤员，排除险情，防止事故蔓延扩大，做好标识，保护好现场。

（3）事故调查

项目经理应指定技术、安全、质量等部门的人员，会同企业工会代表组成调查组，开展调查。

（4）调查报告

调查组应把事故发生的经过、原因、性质、损失责任、处理意见、纠正和预防措施撰写成调查报告，并经调查组全体人员签字确认后，报企业安全主管部门。

（五）施工项目安全管理的继续改进和兑现合同承诺

工程竣工后要及时提交安全控制总结报告，总结施工过程中的安全控制有哪些经验、哪些不足，为以后的工作积累经验，同时要兑现合同中关于安全事故的奖罚承诺。

第五章　建筑工程施工阶段造价管理

第一节　工程预付款

一、工程预付款的概念

工程款的支付可分为三个主要过程，即开工前预付，施工过程中作中间结算，办理竣工验收手续后进行竣工结算。

工程预付款是建设工程施工合同订立后由发包人按照合同约定，在正式开工前预先支付给承包人的工程款。

施工企业承包工程，一般都实行包工包料，这就需要有一定数量的备料周转金。在工程承包合同条款中，一般要明文规定发包人在开工前拨付给承包人一定限额的工程预付备料款。此预付款构成施工企业为该承包工程项目储备主要材料、结构件所需的流动资金。

二、工程预付款的计算及支付

（一）预付时间

合同签订后的1个月内，或不迟于约定的开工日期前7天。

在承包人向发包人提交金额等于预付款数额（发包人认可的银行开出）的银行保函后，发包人按规定的金额和规定的时间向承包人支付预付款。

工程预付款仅用于承包人支付施工开始时与本工程有关的动员费用。在发包人全部扣回预付款之前，该银行保函将一直有效。

（二）工程预付款的数额

包工包料的工程原则上预付比例不低于合同金额的10%，不高于合同金额的30%。

（三）工程预付款的扣回

发包人拨付给承包人的预付备料款属于预支性质，到了工程实施后，随着工程所需储备的主要材料逐步减少，应以抵充工程价款的方式陆续扣回。即：

当月实际付款金额=应签证的工程款-应扣回的预付款

关键问题：

（1）从何时开始起扣?

（2）每次支付工程价款时扣回多少?

（四）起扣点计算方式

从未施工工程尚需的主要材料及构件的价值相当于备料款数额时起扣，从每次结算工程价款中，按材料比重扣抵工程价款，竣工前全部扣清。其基本表达公式为：

$$T=P-M/N \tag{5-1}$$

式中，T——起扣点，即预付备料款开始扣回时的累计完成工作量金额；

M——预付备料款限额；

N——主要材料所占比重。

当工程款支付未达到起扣点时，每月按照应签证的工程款支付。当工程款支付达到起扣点后，从应签证的工程款中按材料比重扣回预付备料款。

承发包双方也可在专用条款中约定不同的扣回方式。例如，在承包人完成金额累计达到合同总价的10%后，由承包人开始向发包人还款。

发包人从每次应付给承包人的金额中按约定金额扣回工程预付款，发包人至少在合同规定的完工期前3个月将工程预付款的总计金额按逐次分摊的办法扣回。

第二节　合同价款调整

发承包双方应当在施工合同中约定合同价款，实行招标工程的合同价款由合同双方依据中标通知书的中标价款在合同协议书中约定，不实行招标工程的合同价款由合同双方依据双方确定的施工图预算的总造价在合同协议书中约定。在工程施工阶段，由于项目实际情况的变化，发承包双方在施工合同中约定的合同价款可能会出现变动。为合理分配双方的合同价款变动风险，有效地控制工程造价，发承包双方应当在施工合同中明确约定合同价款的调整事件、调整方法及调整程序。

发承包双方按照合同约定调整合同价款的若干事项，大致包括五大类：①法规变化类主要包括法律法规变化事件；②工程变更类，主要包括工程变更、项目特征不符、工程量清单缺项、工程量偏差、计日工等事件；③物价变化类，主要包括物价波动、暂估价事件；④工程索赔类，主要包括不可抗力、提前竣工（赶工补偿）、误期赔偿、索赔等事件；⑤其他类，主要包括现场签证及发承包双方约定的其他调整事项，现场签证根据签证内容，有的可归于工程变更类，有的可归于索赔类，有的可能不涉及合同价款调整。

经发承包双方确认调整的合同价款，作为追加（减）合同价款，应与工程进度款或结算款同期支付。

一、法规变化类合同价款调整事项

因国家法律、法规、规章和政策发生变化影响合同价款的风险，发承包双方应在合同中约定由发包人承担。

（一）基准日的确定

为了合理划分发承包双方的合同风险，施工合同中应当约定一个基准日，对于基准日之后发生的、作为一个有经验的承包人在招标投标阶段不可能合理预见的风险，应当由发包人承担。对于实行招标的建设工程，一般以施工招标文件中规定的提交投标文件的截止时间前的第28天作为基准日；对于不实行招标的建设工程，一般以建设工程施工合同签订前的第28天作为基准日。

（二）合同价款的调整方法

施工合同履行期间，国家颁布的法律、法规、规章和有关政策在合同工程基准日之后发生变化，且因执行相应的法律、法规、规章和政策引起工程造价发生增减变化的，合同双方当事人应当依据法律、法规、规章和有关政策的规定调整合同价款。但是，如果有关价格（如人工、材料和工程设备等价格）的变化已经包含在物价波动事件的调价公式中，则不再予以考虑。

（三）工期延误期间的特殊处理

如果由于承包人的原因导致工期延误，按不利于承包人的原则调整合同价款。在工程延误期间国家的法律、行政法规和相关政策发生变化引起工程造价变化的，造成合同价款增加的，合同价款不予调整；造成合同价款减少的，合同价款予以调整。

二、工程变更类合同价款调整事项

（一）工程变更

工程变更是合同实施过程中由发包人提出或由承包人提出，经发包人批准的对合同工程的工作内容、工程数量、质量要求、施工顺序与时间、施工条件、施工工艺或其他特征及合同条件等的改变，工程变更指令发出后，应当迅速落实指令，全面修改相关的各种文件。承包人也应当抓紧落实，如果承包人不能全面落实变更指令，则扩大的损失应当由承包人承担。

1.工程变更的范围

根据《建设工程施工合同（示范文本）》GF—2013-0201的规定，工程变更的范围和内容包括：

（1）增加或减少合同中任何工作，或追加额外的工作。

（2）取消合同中任何工作，但转由他人实施的工作除外。

（3）改变合同中任何工作的质量标准或其他特性。

（4）改变工程的基线、标高、位置和尺寸。

（5）改变工程的时间安排或实施顺序。

2.工程变更的价款调整方法

（1）分部分项工程费的调整

工程变更引起分部分项工程项目发生变化的，应按照下列规定调整。

①已标价工程量清单中有适用于变更工程项目的，且工程变更导致的该清单项目的工程数量变化不足15%时，采用该项目的单价。直接采用适用的项目单价的前提是其采用的材料、施工工艺和方法相同，也不因此增加关键线路上工程的施工时间。

②已标价工程量清单中没有适用、但有类似于变更工程项目的，可在合理范围内参照类似项目的单价或总价调整。采用类似的项目单价的前提是其采用的材料、施工工艺和方法基本相似，不增加关键线路上工程的施工时间，可仅就其变更后的差异部分，参考类似的项目单价由发承包双方协商新的项目单价。

③已标价工程量清单中没有适用也没有类似于变更工程项目的，由承包人根据变更工程资料、计量规则和计价办法、工程造价管理机构发布的信息（参考）价格和承包人报价浮动率。提出变更工程项目的单价或总价，报发包人确认后调整。承包人报价浮动率可按下列公式计算。

A.实行招标的工程：

承包人报价浮动率L=（1–中标价/招标控制价）×100%　　　　（5–2）

B.不实行招标的工程

承包人报价浮动率L=（1–中标价/施工图预算）×100%　　　　（5–3）

注：上述公式中的中标价、招标控制价或报价值、施工图预算，均不含安全文明施工费。

④已标价工程量清单中没有适用也没有类似于变更工程项目，且工程造价管理机构发布的信息（参考）价格缺价的，由承包人根据变更工程资料、计量规则、计价办法和通过市场调查等有合法依据的市场价格提出变更工程项目的单价或总价，报发包人确认后调整。

（2）措施项目费的调整

工程变更引起措施项目发生变化的，承包人提出调整措施项目费的，应事先将拟实施的方案提交发包人确认，并详细说明与原方案措施项目相比的变化情况。拟实施的方案经发承包双方确认后执行，并应按照下列规定调整措施项目费。

①安全文明施工费，按照实际发生变化的措施项目调整，不得浮动。

②采用单价计算的措施项目费，按照实际发生变化的措施项目按前述分部分项工

程费的调整方法确定单价。

③按总价（或系数）计算的措施项目费，除安全文明施工费外，按照实际发生变化的措施项目调整，但应考虑承包人报价浮动因素，即调整金额按照实际调整金额乘以按照公式（5–2）或（5–3）得出的承包人报价浮动率（L）计算。

如果承包人未事先将拟实施的方案提交给发包人确认，则视为工程变更不引起措施项目费的调整或承包人放弃调整措施项目费的权利。

（3）删减工程或工作的补偿

如果发包人提出的工程变更，因非承包人原因删减了合同中的某项原定工作或工程，致使承包人发生的费用或（和）得到的收益不能被包括在其他已支付或应支付的项目中，也未被包含在任何替代的工作或工程中，则承包人有权提出并得到合理的费用及利润补偿。

（二）项目特征不符

1.项目特征描述

项目特征描述是确定综合单价的重要依据之一，承包人在投标报价时应依据发包人提供的招标工程量清单中的项目特征描述，确定其清单项目的综合单价。发包人在招标工程量清单中对项目特征的描述，应被认为是准确的和全面的，并且与实际施工要求相符合。承包人应按照发包人提供的招标工程量清单，根据其项目特征描述的内容及有关要求实施合同工程，直到其被改变为止。

2.合同价格的调整方法

承包人应按照发包人提供的设计图纸实施合同工程，若在合同履行期间，出现设计图纸（含设计变更）与招标工程量清单任一项目的特征描述不符，且该变化引起该项目的工程造价增减变化的，发承包双方应当按照实际施工的项目特征，重新确定相应工程量清单项目的综合单价，调整合同价款。

（三）工程量清单缺项

1.清单缺项漏项的责任

招标工程量清单必须作为招标文件的组成部分，其准确性和完整性由招标人负责。因此，招标工程量清单是否准确和完整，其责任应当由提供工程量清单的发包人负责，作为投标人的承包人不应承担因工程量清单的缺项、漏项，以及计算错误带来的风险与损失。

2.合同价款的调整方法

（1）分部分项工程费的调整

施工合同履行期间，由于招标工程量清单中分部分项工程出现缺项漏项，造成新增工程清单项目的，应按照工程变更事件中关于分部分项工程费的调整方法，调整合同价款。

（2）措施项目费的调整

新增分部分项工程项目清单后，引起措施项目发生变化的，应当按照工程变更事件中关于措施项目费的调整方法，在承包人提交的实施方案被发包人批准后，调整合同价款，由于招标工程量清单中措施项目缺项，承包人应将新增措施项目实施方案提交发包人批准后，按照工程变更事件中的有关规定调整合同价款。

（四）工程量偏差

1.工程量偏差的概念

工程量偏差是指承包人根据发包人提供的图纸（包括由承包人提供经发包人批准的图纸）进行施工，按照现行国家工程量计算规范规定的工程量计算规则，计算得到的完成合同工程项目应予计量的工程量与相应的招标工程量清单项目列出的工程量之间出现的量差。

2.合同价款的调整方法

施工合同履行期间，若应予计算的实际工程量与招标工程量清单列出的工程量出现偏差，或者因工程变更等非承包人原因导致工程量偏差，该偏差对工程量清单项目的综合单价将产生影响，是否调整综合单价以及如何调整，发承包双方应当在施工合同中约定。如果合同中没有约定或约定不明的，可以按以下原则办理。

（1）综合单价的调整原则

当应予计算的实际工程量与招标工程量清单出现偏差（包括因工程变更等原因导致的工程量偏差）超过15%时，对综合单价的调整原则为：当工程量增加15%以上时，其增加部分的工程量的综合单价应予调低；当工程量减少15%以上时，减少后剩余部分的工程量的综合单价应予调高。至于具体的调整方法，可参见公式（5-4）和公式（5-5）。

①当$Q>1.15Q_0$时：

$$S=1.15Q_0\times P_0+(Q_1-1.15Q_0)\times P_1 \qquad (5-4)$$

②当$Q_1 < 0.85Q_0$时：

$$S=Q_1 \times P_1 \quad (5\text{-}5)$$

式中，S为调整后的某一分部分项工程费结算价；Q_1为最终完成的工程量；Q_0为招标工程量清单中列出的工程量；P_1为按照最终完成工程量重新调整后的综合单价；P_0为承包人在工程量清单中填报的综合单价。

③新综合单价P_1的确定方法：新综合单价P_1的确定，一是发承包双方协商确定，是与招标控制价相联系，当工程量偏差项出现承包人在工程量清单中填报的综合单价与发包人招标控制价相应清单项目的综合单价偏差超过15%时，工程量偏差项目综合单价的调整可参考公式（5-6）和公式（5-7）。

A.当$P_0 < P_2 \times (1-L) \times (1-15\%)$时，该类项目的综合单价：

$$P_1按照P_2 \times (1-L) \times (1-15\%)调整 \quad (5\text{-}6)$$

B.当$P_0 > P_2 \times (1+15\%)$时，该类项目的综合单价：

$$P_1按照P_2 \times (1+15\%)调整 \quad (5\text{-}7)$$

C.$P_0 > P_2 \times (1-L) \times (1-15\%)$且$< P_2 \times (1+15\%)$时，可不调整　（5-8）

式中，P_0为承包人在工程量清单中填报的综合单价；P_2为发包人招标控制价相应项目的综合单价；L为承包人报价浮动率。

（2）总价措施项目费的调整

当应予计算的实际工程量与招标工程量清单出现偏差（包括因工程变更等原因导致的工程量偏差）超过15%，且该变化引起措施项目相应发生变化，如该措施项目是按系数或单一总价方式计价的，对措施项目费的调整原则为：工程量增加的，措施项目费调增；工程量减少的，措施项目费调减。至于具体的调整方法，则应由双方当事人在合同专用条款中约定。

（五）计日工

1.计日工费用的产生

发包人通知承包人以计日工方式实施的零星工作，承包人应予执行。采用计日工计价的任何一项变更工作，承包人应在该项变更的实施过程中，按合同约定提交以下报表和有关凭证送发包人复核。

（1）工作名称、内容和数量。

（2）投入该工作所有人员的姓名、工种、级别和耗用工时。

（3）投入该工作的材料名称、类别和数量。

（4）投入该工作的施工设备型号、台数和耗用台时。

（5）发包人要求提交的其他资料和凭证。

2.计日工费用的确认和支付

任一计日工项目实施结束。承包人应按照确认的计日工现场签证报告核实该类项目的工程数量，并根据核实的工程数量和承包人已标价工程量清单中的计日工单价计算，提出应付价款；已标价工程量清单中没有该类计日工单价的，由发承包双方按工程变更的有关规定商定计日工单价计算。

每个支付期末，承包人应与进度款同期向发包人提交本期间所有计日工记录的签证汇总表，以说明本期间自己认为有权得到的计日工金额，调整合同价款，列入进度款支付。

三、物价变化类合同价款调整事项

（一）物价波动

施工合同履行期间，因人工、材料、工程设备和施工机具台班等价格波动影响合同价款时，发承包双方可以根据合同约定的调整方法，对合同价款进行调整。因物价波动引起的合同价款调整方法有两种：一种是采用价格指数调整价格差额，另一种是采用造价信息调整价格差额。承包人采购材料和工程设备的，应在合同中约定主要材料、工程设备价格变化的范围或幅度，如没有约定，则材料、工程设备单价变化超过5%，超过部分的价格按两种方法之一进行调整。

1.采用价格指数调整价格差额

采用价格指数调整价格差额的方法，主要适用于施工中所用的材料品种较少，但每种材料使用量较大的土木工程，如公路、水坝等。

2.用造价信息调整价格差额

采用造价信息调整价格差额的方法，主要适用于使用的材料品种较多，相对而言每种材料使用量较小的房屋建筑与装饰工程。

施工合同履行期间，因人工、材料、工程设备和施工机具台班价格波动影响合同价格时，人工、施工机具使用费按照国家或省、自治区、直辖市建设行政管理部门、行业建设管理部门或其授权的工程造价管理机构发布的人工成本信息、施工机具台班单价或施工机具使用费系数进行调整；需要进行价格调整的材料，其单价和采购数应由发包人复核，发包人确认需调整的材料单价及数量，作为调整合同价款差额的依据。

（二）暂估价

暂估价是指招标人在工程量清单中提供的用于支付必然发生但暂时不能确定价格的材料、工程设备的单价及专业工程的金额。

1.给定暂估价的材料、工程设备

（1）不属于依法必须招标的项目

发包人在招标工程量清单中给定暂估价的材料和工程设备不属于依法必须招标的，由承包人按照合同约定采购，经发包人确认后以此为依据取代暂估价，调整合同价款。

（2）属于依法必须招标的项目

发包人在招标工程量清单中给定暂估价的材料和工程设备属于依法必须招标的，由发承包双方以招标的方式选择供应商。依法确定中标价格后，以此为依据取代暂估价，调整合同价款。

2.给定暂估价的专业工程

（1）不属于依法必须招标的项目

发包人在工程量清单中给定暂估价的专业工程不属于依法必须招标的，应按照前述工程变更事件的合同价款调整方法，确定专业工程价款。并以此为依据取代专业工程暂估价，调整合同价款。

（2）属于依法必须招标的项目

发包人在招标工程量清单中给定暂估价的专业工程，依法必须招标的，应当由发承包双方依法组织招标选择专业分包人，并接受有建设工程招标投标管理机构的监督。

①除合同另有约定外，承包人不参加投标的专业工程，应由承包人作为招标人，但拟定的招标文件、评标方法、评标结果应报送发包人批准。与组织招标工作有关的费用应当被认为已经包括在承包人的签约合同价（投标总报价）中。

②承包人参加投标的专业工程，应由发包人作为招标人，与组织招标工作有关的费用由发包人承担。同等条件下，应优先选择承包人中标。

③专业工程依法进行招标后，以中标价为依据取代专业工程暂估价，调整合同价款。

四、工程索赔类合同价款调整事项

（一）不可抗力

1.不可抗力的范围

不可抗力是指合同双方在合同履行中出现的不能预见、不能避免并不能克服的客观情况。不可抗力的范围一般包括因战争、敌对行动（无论是否宣战）、入侵、外敌行为、军事政变、恐怖主义、骚动、暴动、空中飞行物坠落或其他非合同双方当事人责任或原因造成的罢工、停工、爆炸、火灾等，以及当地气象、地震、卫生等部门规定的情形。双方当事人应当在合同专用条款中明确约定不可抗力的范围以及具体的判断标准。

2.不可抗力造成损失的承担

（1）费用损失的承担原则

因不可抗力事件导致的人员伤亡、财产损失及其费用增加，发承包双方应按以下原则分别承担并调整合同价款和工期。

①合同工程本身的损害、因工程损害导致第三方人员伤亡和财产损失以及运至施工场地用于施工的材料和待安装设备的损害，由发包人承担。

②发包人、承包人人员伤亡由其所在单位负责，并承担相应费用。

③承包人的施工机械设备损坏及停工损失，由承包人承担。

④停工期间，承包人应发包人要求留在施工场地的必要管理人员及保卫人员的费用由发包人承担。

⑤工程所需清理、修复费用，由发包人承担。

（2）工期的处理

因发生不可抗力事件导致工期延误的，工期相应顺延。发包人要求赶工的，承包人应采取赶工措施，赶工费用由发包人承担。

（二）提前竣工（赶工补偿）与误期赔偿

1.提前竣工（赶工补偿）

（1）赶工费用

发包人应当依据相关工程的工期定额合理计算工期，压缩的工期天数不得超过定额工期的20%，超过的，应在招标文件中明显增加赶工费用。赶工费用的主要内容包括：

①人工费的增加，例如新增加投入人工的报酬、不经济使用人工的补贴等。

②材料费的增加，例如可能造成不经济使用材料而损耗过大、材料提前交货可能增加的费用、材料运输费的增加等。

③机械费的增加，例如可能增加机械设备投入、不经济的使用机械等。

（2）提前竣工奖励

发承包双方可以在合同中约定提前竣工的奖励条款，明确每日历天应奖励额度。约定提前竣工奖励的，如果承包人的实际竣工日期早于计划竣工日期，承包人有权向发包人提前并得到提前竣工天数和合同约定的每日历天应奖励额度的乘积计算的提前竣工奖励。一般来说，双方还应当在合同中约定提前竣工奖励的最高限额（如合同价款的5%）。提前竣工奖励列入竣工结算文件中，与结算款一并支付。

发包人要求合同工程提前竣工，应征得承包人同意后与承包人商定采取加快工程进度的措施，并修订合同工程进度计划。发包人应承担承包人由此增加的提前竣工（赶工补偿）费。发承包双方应在合同中约定每日历天的赶工补偿额度，此项费用作为增加合同价款，列入竣工结算文件中，与结算款一并支付。

2.误期赔偿

承包人未按照合同约定施工，导致实际进度迟于计划进度的，承包人应加快进度，实现合同工期。合同工程发生误期，承包人应赔偿发包人由此造成的损失，并应按照合同约定向发包人支付误期赔偿费。即使承包人支付误期赔偿费，也不能免除承包人按照合同约定应承担的任何责任和应履行的任何义务。

发承包双方应在合同中约定误期赔偿费，明确每日历天应赔偿额度，如果承包人的实际进度迟于计划进度，发包人有权向承包人索取并得到实际延误天数和合同约定的每日历天应赔偿额度的乘积计算的误期赔偿费。一般来说，双方还应当在合同中约定误期赔偿费的最高限额（如合同价款的5%）。误期赔偿费列入竣工结算文件中，并应在结算款中扣除。

如果在工程竣工之前，合同工程内的某单项（或单位）工程已通过了竣工验收，且该单项（或单位）工程接收证书中表明的竣工日期并未延误，而是合同工程的其他部分产生了工期延误，则误期赔偿费应按照已颁发工程接收证书的单项（或单位）工程造价占合同价款的比例幅度予以扣减。

五、其他类合同价款调整事项

其他类合同价款调整事项主要指现场签证。现场签证是指发包人或其授权现场代表（包括工程监理人、工程造价咨询人）与承包人或其授权现场代表就施工过程中涉及的责任事件所做的签认证明。施工合同履行期间出现现场签证事件的，发承包双方应调整合同价款。

（一）现场签证的提出

承包人应发包人要求完成合同以外的零星项目、非承包人责任事件等工作的，发包人应及时以书面形式向承包人发出指令，提供所需的相关资料；承包人在收到指令后，应及时向发包人提出现场签证要求。

承包人在施工过程中，若发现合同工程内容因场地条件、地质水文、发包人要求等不一致时，应提供所需的相关资料，提交发包人签证认可，作为合同价款调整的依据。

（二）现场签证的价款计算

（1）现场签证的工作如果已有相应的计日工单价，现场签证报告中仅列明完成该签证工作所需的人工、材料、工程设备和施工机具台班的数量。

（2）如果现场签证的工作没有相应的计日工单价，应当在现场签证报告中列明完成该签证工作所需的人工、材料、工程设备和施工机具台班的数量及其单价。

承包人应按照现场签证内容计算价款，报送发包人确认后，作为增加合同价款，与进度款同期支付。

（三）现场签证的限制

合同工程发生现场签证事项，未经发包人签证确认，承包人便擅自实施相关工作的，除非征得发包人书面同意，否则发生的费用由承包人承担。

第三节　建设工程变更管理

一、工程变更的概念

工程变更包括设计变更、进度计划变更、施工条件变更以及原招标文件和工程量清单中未包括的新增工程。工程变更产生的原因：一方面是主观原因，如勘察设计工作粗糙，以致在施工过程中发现许多招标文件中没有考虑或估算不准的工程量，因而不得不改变施工项目或增建工程量；另一方面是客观原因，如发生不可预见的事故，自然或社会原因引起的停工和工期拖延等，致使工程变更不可避免。

根据《建设工程施工合同（示范文本）》（CF—2017—0201），承包人按照工程师发出的变更通知及有关要求，进行下列需要的变更。

（1）更改工程有关部分的标高、基线、位置和尺寸。

（2）增建合同中规定的工程量。

（3）改变有关工程的施工时间和顺序。

（4）其他有关工程变更需要的附加工作。

施工中承包人不得对原工程设计进行变更。因承包人擅自变更设计发生的费用和由此导致发包人的直接损失，由承包人承担，延误的工期不予顺延。

二、工程变更的处理程序

（1）工程设计变更的程序。

①发包人提出的变更。

②承包人提出的变更。承包方要求对原工程进行变更，首先向工程师提出变更申请，工程师批准变更后方可变更。具体规定如下。

a.施工中乙方（承包方）不得对原工程设计进行变更。因乙方擅自变更设计发生的费用和由此导致甲方（发包方）的直接损失，由乙方承担，延误的工期不予顺延。

b.乙方在施工中提出的合理化建议涉及对设计图纸或施工组织设计的更改及对原材料、设备的换用，须经工程师同意。未经同意擅自更改或换用时，乙方承担由此产生的费用，并赔偿甲方的有关损失，延误的工期不予顺延。

c.工程师同意采用乙方合理化建议，所发生的费用和获得的收益，甲乙双方另行约定分担或分享。

③施工条件引起的变更。

（2）其他变更的程序。

三、工程变更价款的确定

工程变更价款的确定方法从以下两个方面考虑。

（1）《建设工程工程量清单计价规范》（GB50500—2013）约定的工程变更价款的确定方法。合同中综合单价因工程量变更需调整时，除合同另有约定外，应按照下列方法确定。

①工程量清单漏项或涉及变更引起新的工程量清单项目，其相应综合单价由承包人提出，经发包人确认后作为结算的依据。

②由于工程量清单的工程数量有误或设计变更引起工程量增减，属合同约定幅度以内的，应执行原有综合单价；属合同约定幅度以外的，其增加部分的工程量或减少后剩余部分的工程量的综合单价由承包人提出，经发包人确认后，作为结算的依据。

（2）《建设工程施工合同（示范文本）》（GF—2017—0201）约定的工程变更价款的确定方法。

①变更后合同价款的确定程序。

a.设计变更发生后，承包人在工程设计变更确定后14天内，提出变更工程价款的报告，经工程师确认后调整合同价款。

b.工程设计变更确认后14天内，如承包人未提出适当的变更价格，则发包人可根据所掌握的资料决定是否调整合同价款和调整的具体金额。

c.重大工程变更涉及工程价款变更报告和确认的时限由发承包双方协商确定。收到变更工程价款报告一方，应在收到之日起14天内予以确认或提出协商意见，自变更工程价款报告送达之日起14天内，对方未确认也未提出协商意见时，视为变更工程价款报告已被确认。

②变更后合同价款的确定方法。在工程变更确定后14天内，设计变更涉及工程价款调整的，由承包人向发包人提出，经发包人审核同意后调整合同价款。变更合同价款按照下列方法进行。

a.合同中已有适用于变更工程的价格，按合同已有的价格变更合同价款。

b.合同中只有类似于变更工程的价格，可以参照类似价格变更合同价款。

c.合同中没有适用或类似于变更工程的价格，由承包人或发包人提出适当的变更价格，经对方确认后执行。

确认增（减）的工程变更价款作为追加（减）合同价款与工程进度款同期支付。

四、FIDIC合同条件下的工程变更与估价

（一）工程变更

根据国际咨询工程师联合会（F1DIC）施工合同条件的约定，在颁发工程接受证书前的任何时间，工程师可通过发布指示或要求承包商提交建议书的方式，提出变更。承包商应遵守并执行每项变更，除非承包商立即向工程师发出通知，说明承包商难以取得变更所需要的货物。工程师接到此类通知后，应取消、确认或改变原指示。变更的具体内容可包括以下几项。

（1）合同中包括的任何工作内容的数量改变（但此类改变不一定构成变更）。

（2）任何工作内容的质量或其他特性的改变。

（3）任何部分工程的标高、位置和尺寸的改变。

（4）任何工作的删减（但交给他人实施的工作之外）。

（5）永久工作需要的任何附加工作、生产设备、材料或服务，包括任何有关的竣工试验、钻孔和其他试验、勘探工作。

（6）实施工程的顺序或时间安排的改变。

（二）工程变更的程序

FIDIC合同条件下，工程变更的一般程序如下。

（1）提出变更要求。

（2）工程师审查变更。

（3）编制工程变更文件。工程变更文件包括工程变更令、工程量清单、设计图纸（包括技术规范）和其他有关文件等。

（4）发出变更指示。工程师的变更指示应以书面形式发出。如果工程师认为有必要以口头形式发出指示，指示发出后应尽快加以书面确认。

（三）工程变更的估价

工程师根据合适的测量方法和适宜的费率、价格，对变更的各项工作内容进行估价，并商定或确定合同价格。

各项工作内容的适宜费率或价格，应为合同对此类工作内容规定的费率或价格，如合同中无某项内容，应取类似工作的费率或价格。但在以下情况下，宜对有关工作内容采用新的费率或价格。

（1）第一种情况：如果此项工作实际测量的工程量比工程量表或其他报表中规定的工程量的变动大于10%；工程量的变化与该项工作规定的费率的乘积超过了中标合同金额的0.01%；由此工程量的变化直接造成该项目工作单位成本的变动超过1%；这项工作不是合同中规定的“固定费率项目”。

（2）第二种情况：此项工作是根据变更与调整的指示进行的；合同没有规定此项工作的费率或价格；由于该项工作与合同中的任何工作没有类似的性质或不在类似的条件下进行，故没有一个规定的费率或价格适用。

每种新的费率或价格应考虑以上描述的有关事项对合同中相关费率或价格加以合理调整后得出。如果没有相关的费率或价格可供推算新的费率或价格，则应根据实施该工作的合理成本和合理利润，并考虑其他相关的事项后取得。

第四节　工程索赔管理

工程索赔是指在工程承包合同履行中，当事人一方因非己方原因而遭受经济损失或工期延误，按照合同约定或法律规定，应由对方承担责任，而向对方提出工期和（或）费用补偿要求的行为。由于施工现场条件、气候条件的变化，施工进度、物价的变化，以及合同条款、规范、标准文件和施工图纸的变更、差异、延误等因素的影响，使得工程承包中不可避免地出现索赔。

对于施工合同的双方来说，索赔是维护自身合法利益的权利。其与合同条件中双方的合同责任一样，构成严密的合同制约关系。承包商可以向业主提出索赔，业主也可以向承包商提出索赔。

一、工程索赔产生的原因

工程索赔是由于施工过程中发生了非己方能控制的干扰事件。这些干扰事件影响合同的正常履行，造成了工期延长和（或）费用增加，成为工程索赔的理由。

（一）业主方（包括发包人和工程师）违约

在工程实施过程中，由于发包人或工程师没有尽到合同义务，导致索赔事件发生。例如，未按照合同规定提供设计资料、图纸，未及时下达指令、答复请示等，使工程延期；未按照合同规定的日期交付施工场地和行驶道路、提供水电、提供应由发包人提供的材料和设备，使承包人不能及时开工或造成工程中断；未按照合同规定按时支付工程款，或不再继续履行合同；下达错误指令，提供错误信息；发包人或工程师协调工作不力等。

（二）合同缺陷

合同缺陷表现为合同文件规定不严谨甚至矛盾，合同条款遗漏或错误，设计图纸错误造成设计修改、工程返工、窝工等。

（三）工程环境的变化

工程环境的变化如材料价格和人工工日单价的大幅度上涨、国家法令的修改、货币贬值、外汇汇率变化等。

（四）不可抗力或不利的物质条件

不可抗力可以分为自然事件和社会事件。自然事件主要是工程施工过程中不可避免发生并不能克服的自然灾害，包括地震、海啸、瘟疫、水灾等；社会事件则包括国家政策、法律、法令的变更，战争、罢工等。不利的物质条件通常是指承包人在施工现场遇到的不可预见的自然物质条件、非自然的物质障碍和污染物，包括地下和水文条件。

（五）合同变更

合同变更也有可能导致索赔事件发生，例如，发包人指令增加、减少工作量，增加新的工程，提高设计标准、质量标准；由于非承包人原因，发包人指令中止工程施工；发包人要求承包人采取加速措施，其原因是非承包人责任的工程拖延，或发包人希望在合同工期前交付工程；发包人要求修改施工方案，打乱施工顺序；发包人要求承包人完成合同规定以外的义务或工作（合同变更是否导致索赔事件发生必须依据合同条款来判定）。

二、工程索赔的分类

工程索赔按不同的划分标准，可分为不同类型。

（一）按索赔的合同依据分类

按索赔的合同依据分类，工程索赔可分为合同中明示的索赔和合同中默示的索赔。

1.合同中明示的索赔

合同中明示的索赔是指承包人所提出的索赔要求，在该工程施工合同文件中有文字依据。这些在合同文件中有文字依据的合同条款，称为“明示条款”。

2.合同中默示的索赔

合同中默示的索赔是指承包人所提出的索赔要求，虽然在工程施工合同条款中没有专门的文字叙述，但可根据该合同中某些条款的含义，推论出承包人有索赔权。这种索赔要求，同样有法律效力，承包人有权得到相应的经济补偿。这种有经济补偿含义的条款，被称为“默示条款”或“隐含条款”。

（二）按索赔目的分类

按索赔目的分类，工程索赔可分为工期索赔和费用索赔。

1.工期索赔

由于非承包人的原因导致施工进度拖延，要求批准延长合同工期的索赔，称为“工期索赔”。工期索赔形式上是对权利的要求，以避免在原定合同竣工日不能完工时，被发包人追究拖期违约责任。一旦获得批准合同工期延长后，承包人不仅可免除承担拖期违约赔偿费的严重风险，而且可因提前交工获得奖励，最终仍反映在经济收益上。

2.费用索赔

费用索赔是承包人要求发包人补偿其经济损失。当施工的客观条件改变导致承包人增加开支时，要求对超出计划成本的附加开支给予补偿，以挽回不应由其承担的经济损失。

（三）按索赔事件的性质分类

根据索赔事件的性质不同，可以将工程索赔分为以下几项。

1.工程延误索赔

因发包人未按合同要求提供施工条件，如未及时交付设计图纸、施工现场、道路等，或因发包人指令工程暂停或不可抗力事件等原因造成工期拖延的，承包人对此提出的索赔，称为“工程延误索赔”。这是工程实施中常见的一类索赔。

2.工程变更索赔

由于发包人或工程师指令增加或减少工程量或增加附加工程、修改设计、变更工程顺序等，造成工期延长和（或）费用增加，承包人对此提出的索赔，称为“工程变更索赔”。

3.合同被迫终止的索赔

由于发包人违约及不可抗力事件等原因造成合同非正常终止，承包人因其蒙受经济损失而向发包人提出的索赔，称为“合同被迫终止的索赔”。

4.赶工索赔

由于发包人或工程师指令承包人加快施工速度，缩短工期，引起承包人人、财、物的额外开支而提出的索赔，称为“赶工索赔”。

5.意外风险和不可预见因素索赔

在工程施工过程中，因人力不可抗拒的自然灾害、特殊风险以及一个有经验的承包人通常不能合理预见的不利施工条件或外界障碍，如地下水、地质断层、溶洞、地下障碍物等引起的索赔，称为“意外风险和不可预见因素索赔”。

6.其他索赔

如因货币贬值、汇率变化、物价上涨、政策法令变化等原因引起的索赔，称为“其他索赔”。

（四）按《建设工程工程量清单计价规范》（GB50500—2013）规定分类

《建设工程工程量清单计价规范》（GB50500—2013）中对合同价款调整规定了法律法规变化、工程变更、项目特征不符、工程量清单缺项、工程量偏差、计日工、物价变化、暂估价、不可抗力、提前竣工（赶工补偿）、误期赔偿、索赔、现场签证、暂列金额以及发承包双方约定的其他调整事项共计15种事项。这些合同价款调整事项，广义上也属于不同类型的费用索赔。其中，法律法规变化引起的价格调整主要是指合同基准日期后，法律法规变化导致承包人在合同履行过程中所需要的费用发生除（市场价格波动引起的调整）约定外的增加时，由发包人承担由此增加的费用；减少时，应从合同价格中予以扣减。基准日期后，因法律变化造成工期延误时，工期应予以顺延。因承包人原因造成工期延误，在工期延误期间出现法律变化的，由此增加的费用和（或）延误的工期由承包人承担。

三、工程索赔的依据与结果

（一）工程索赔的依据

提出索赔和处理索赔都要依据下列文件或凭证。

（1）工程施工合同文件。工程施工合同是工程索赔中最关键和最主要的依据。工程施工期间，发承包双方关于工程的洽商、变更等书面协议或文件也是索赔的重要依据。

（2）国家法律、法规。国家制定的相关法律、行政法规是工程索赔的法律依据。工程项目所在地的地方性法规或地方政府规章也可以作为工程索赔的依据，但应当在施工合同专用条款中约定为工程合同的适用法律。

（3）国家、部门和地方有关的标准、规范和定额。对于工程建设的强制性标准，是合同双方必须严格执行的；对于非强制性标准，必须在合同中有明确规定的情况下，才能作为索赔的依据。

（4）工程施工合同履行过程中与索赔事件有关的各种凭证。这是承包人因索赔事件所遭受费用或工期损失的事实依据，反映了工程的计划情况和实际情况。

（二）工程索赔成立的条件

承包人工程索赔成立的基本条件包括以下几项。

（1）索赔事件已造成了承包人直接经济损失或工期延误。

（2）造成费用增加或工期延误的索赔事件是非因承包人的原因发生的。

（3）承包人已经按照工程施工合同规定的期限和程序提交了索赔意向通知、索赔报告及相关证明材料。

（三）工程索赔的结果

引起索赔事件的原因不同，工程索赔的结果也不同，对一方当事人提出的索赔可能给予合理补偿工期、费用和（或）利润的情况会有所不同。《建设工程施工合同（示范文本）》（GF—2017—0201）中的通用合同条款中，引起承包人索赔的事件以及可能得到的合理补偿内容见表5-1。

表5-1 《建设工程施工合同（示范文本）》（GF—2017—0201）中承包人的索赔事件及可补偿内容

序号	条款号	索赔事件	可补偿内容		
			工期	费用	利润
1	1.6.1	延迟提供图纸	√	√	√
2	1.9	施工中发现文物、古迹	√	√	
3	2.4.1	延迟提供施工场地	√	√	√
4	7.6	施工中遇到不利物质条件	√	√	
5	8.1	提前向承包人提供材料、工程设备		√	
6	8.3.1	发包人提供材料	√	√	√
7	7.4	承包人依据发包人提供的错误资料导致测量放线错误	√	√	√
8	6.1.9.1	因发包人原因造成承包人人员工伤事故		√	
9	7.5.1	因发包人原因造成工期延误	√	√	√
10	7.7	异常恶劣的气候条件导致工期延误	√		
11	7.9	承包人提前竣工		√	
12	7.8.1	发包人暂停施工造成工期延误	√	√	√
13	7.8.6	工程暂停后因发包人原因无法按时复工	√	√	√
14	5.1.2	因发包人原因导致承包人工程返工	√	√	√
15	5.2.3	工程师对已经覆盖的隐蔽工程要求重新检查且检查结果合格	√	√	√
16	5.4.2	因发包人提供的材料，工程设备造成工程不合格	√	√	√
17	5.3.3	承包人应按工程师要求对材料工程设备和工程重新检验且检验结果合格	√	√	√
18	11.2	基准日期后法律的变化		√	

续表

序号	条款号	索赔事件	可补偿内容		
			工期	费用	利润
19	13.4.2	发包人在工程竣工提前占用工程	√	√	√
20	13.3.2	因发包人的原因导致工程试运行失败		√	√
21	15.2.2	工程移交后因发包人原因出现的缺陷修复后的试验和试运行		√	
22	13.3.2	工程移交后因发包人原因出现的缺陷修复后的实验和试运行		√	
23	17.3.2（6）	因不可抗力停工期间应按工程师要求照管，清理修复工程		√	
24	17.3.2（4）	因不可抗力造成工期延误	√		
25	16.1.1（5）	因发包人违约导致承包人暂停施工	√	√	√

1.索赔费用的组成

对于不同原因引起的索赔，承包人可以索赔的具体费用内容是不完全一样的。但是归纳起来，索赔费用的要素与工程造价的构成基本类似，一般可以归结为人工费、材料费、施工机具使用费、分包费、施工管理费、利息、利润、保险费等一系列费用。

（1）人工费的索赔

人工费的索赔包括由于完成合同之外的额外工作所花费的人工费用，超过法定工作时间加班劳动，法定人工费增长，非承包商原因导致工效降低所增加的人工费用、工程停工的人员窝工费和工资上涨费等。

（2）材料费的索赔

材料费的索赔包括由于索赔事件的发生造成材料实际用量超过计划用量而增加的材料费，由于发包人原因导致工程延期期间的材料价格上涨和超期储存费用。材料费中应包括运输费、仓储费以及合理的损耗费用。如果由于承包商管理不善造成材料损坏、失效，则不能列入索赔款项。

（3）施工机具使用费的索赔

施工机具使用费的索赔包括由于完成合同之外的额外工作所增加的机具使用费，非承包人原因导致工效降低所增加的机具使用费，由于发包人或工程师指令错误或迟延导致机械停工的台班停滞费。

（4）现场管理费

现场管理费的索赔包括承包人完成合同之外的工作以及发包人原因导致工期延期的现场管理费，包括管理人员工资、办公费、通信费和交通费等。

（5）总部（企业）管理费

总部管理费的索赔主要是指由于发包人原因导致工程延期期间所增加的承包人向公司总部提交的管理费，包括总部职工工资、办公大楼折旧、办公用品、财务管理、通信设施，以及总部领导人员赴工地检查指导工作等开支。

（6）保险费的索赔

保险费的索赔是指因发包人原因导致工程延期时，承包人必须办理工程保险、施工人员意外伤害保险等各项保险的延期手续，对于由此而增加的费用，承包人可以提出索赔。

（7）保函手续费的索赔

保函手续费的索赔是指因发包人原因导致工程延期时，承包人必须办理相关履约保函的延期手续，对于由此而增加的手续费，承包人可以提出索赔。

（8）利息的索赔

利息的索赔包括发包人拖延支付工程款利息，发包人延迟退还工程质量保证金的利息，承包人垫资施工的垫资利息，发包人错误扣款的利息等。

（9）利润的索赔

一般来说，利润的索赔是指由于工程范围的变更、发包人提供的文件有缺陷或错误、发包人未能提供施工场地以及发包人违约导致的合同终止等事件引起的索赔，承包人都可以列入利润。另外，对于因发包人原因暂停施工导致的工期延误，承包人也有权要求发包人支付合理的利润。

（10）分包费用的索赔

分包费用的索赔是指由于发包人的原因导致分包工程费用增加时，分包人只能向总承包人提出索赔，但分包人的索赔款项应当列入总承包人对发包人的索赔款项。分包费用索赔是指分包人的索赔费用，一般也包括与上述费用类似的内容索赔。

2.索赔费用的计算方法

索赔费用的计算应以赔偿实际损失为原则，包括直接损失和间接损失。索赔费用的计算方法最容易被发、承包双方接受的是实际费用法。

实际费用法又称为分项法，即根据索赔事件所造成的损失或成本增加，按费用的项目逐项进行分析，按合同约定的计价原则计算索赔金额的方法。这种方法比较复杂，但能客观地反映施工单位的实际损失，比较合理，易于被当事人接受，因此在国际工程中被广泛采用。

由于索赔费用组成的多样化、不同原因引起的索赔，承包人可索赔的具体费用内容有所不同，必须具体问题具体分析，由于实际费用法所依据的是实际发生的成本记录或单据，因此在施工过程中，系统而准确地积累记录资料是非常重要的。

针对市场价格波动引起的费用索赔，常见的有以下两种计算方式。

（1）采用价格指数进行计算

价格调整公式中的各可调整因子、定值和变值权重，以及基本价格指数及其来源在投标函附录价格指数和权重表中约定，非招标订立的合同，由合同当事人在专用合同条款中约定。价格指数应首先采用工程造价管理机构发布的价格指数，无上述价格指数时，可采用工程造价管理机构发布的价格代替。

因承包人原因未按期竣工的，对合同约定的竣工日期后继续施工的工程，在使用价格调整公式时，应采用计划竣工日期与实际竣工日期的两个价格指数中较低的一个作为现行价格指数。

（2）采用造价信息进行价格调整

合同履行期间，因人工、材料、工程设备和机械台班价格波动影响合同价格时，人工、机械的使用费用按照国家或省、自治区、直辖市建设行政管理部门、行业建设管理部门或其授权的工程造价管理机构发布的人工、机械使用费用系数进行调整；需要进行价格调整的材料，其单价和采购数量应由发包人审批，发包人确认需调整的材料单价及数量，作为调整合同价格的依据。

四、工期索赔的计算

工期索赔，一般是指承包人依据合同对非自身原因导致的工期延误向发包人提出的工期顺延要求。

（一）工期索赔中应当注意的问题

在工期索赔中应当特别注意以下问题。

1.划清施工进度拖延的责任

因承包人的原因造成施工进度滞后，属于不可原谅的延期；只有承包人不应承担任何责任的延误，才是可原谅的延期。有时工程延期的原因中可能包含双方责任，此时工程师应进行详细分析，分清责任比例，只有可原谅延期部分才能批准顺延合同工期。可原谅延期，又可细分为可原谅并给予补偿费用的延期和可原谅但不给予补偿费用的延期；后者是指非承包人责任事件的影响并未导致施工成本的额外支出，大多属于发包人应承担风险责任事件的影响，如异常恶劣的气候条件影响的停工等。

2.被延误的工作应是处于施工进度计划关键线路上的施工内容

只有位于关键线路上工作内容的滞后，才会影响到竣工日期。但有时也应注意，既要看被延误的工作是否在批准进度计划的关键线路上，又要详细分析这一延误对后续工作的影响。因为若对非关键线路工作的影响时间较长，超过该工作可用于自由支配的时间，也会导致进度计划中非关键线路转化为关键线路，其滞后将影响总工期的拖延。此时，应充分考虑该工作的自由时间，给予相应的工期顺延，并要求承包人修改施工进度计划。

（二）工期索赔的具体依据

承包人向发包人提出工期索赔的具体依据主要包括以下几项。

（1）合同约定或双方认可的施工总进度规划。

（2）合同双方认可的详细进度计划。

（3）合同双方认可的对工期的修改文件。

（4）施工日志、气象资料。

（5）业主或工程师的变更指令。

（6）影响工期的干扰事件。

（7）受干扰后的实际工程进度等。

（三）工期索赔的计算方法

1.直接法

如果某干扰事件直接发生在关键线路上，造成总工期的延误，可以直接将该干扰事件的实际干扰时间（延误时间）作为工期索赔值。

2.比例计算法

如果某干扰事件仅仅影响某单项工程、单位工程或分部分项工程的工期，要分析其对总工期的影响，可以采用比例计算法。

3.网络图分析法

网络图分析法是利用进度计划的网络图分析其关键线路。如果延误的工作为关键工作，则延误的时间为索赔的工期；如果延误的工作为非关键工作，当该工作由于延误超过时差限制而成为关键工作时，可以索赔延误时间与时差的差值；若该工作延误后仍为非关键工作，则不存在工期索赔问题。该方法通过分析干扰事件发生前和发生后网络计划的计算工期之差来计算工期索赔值，可以用于各种干扰事件和多种干扰事件共同作用所引起的工期索赔。

（四）共同延误的处理

在实际施工过程中，工期拖期很少是只由一方造成，而往往是两三种原因同时发生（或相互作用）形成的，故称为共同延误。在这种情况下，要具体分析哪一种情况延误是有效的，应依据以下原则。

（1）首先判断造成拖期的哪一种原因是最先发生的，即确定“初始延误”者，它应对工程拖期负责。在初始延误发生作用期间，其他并发的延误者不承担拖期责任。

（2）如果初始延误者是发包人原因，则在发包人原因造成的延误期内，承包人既可得到工期延长，又可得到经济补偿。

（3）如果初始延误者是客观原因，则在客观因素发生影响的延误期内，承包人可以得到工期延长，但很难得到费用补偿。

（4）如果初始延误者是承包人原因，则在承包人原因造成的延误期内，承包人既不能得到工期补偿，也不能得到费用补偿。

第五节 工程计量与支付

一、工程计量

工程计量是对承包人已经完成的合格工程进行计量并予以确认，是发包人支付工程价款的前提工作。因此工程计量不仅是发包人控制施工阶段工程造价的关键环节，还是约束承包人履行合同义务的重要手段。

（一）工程计量的原则与范围

1.工程计量的概念

工程计量是发承包双方根据合同约定，对承包人完成合同工程数量进行的计算和确认。具体来说，就是双方根据设计图纸、技术规范以及施工合同约定的计量方式和计算方式，对承包人已经完成的质量合格的工程实体数量进行测量与计算，并以物理计量单位或自然计量单位进行标识、确认的过程。

招标工程量清单中所列的数量，通常是根据招标时设计图纸计算的数量，是发包人对合同工程的估计工程量。工程施工过程中，通常会由于一些原因导致承包人实际完成工程量与工程量清单中所列工程量的不一致。如招标工程量清单缺项或项目特征描述与实际不符；工程变更，现场施工条件的变化，现场签证，暂估价中的专业工程发包等。因此在工程合同价款结算前，必须对承包人履行合同义务所完成的实际工程进行准确的计量。

2.工程计量的原则

工程计量的原则包括下列三个方面。

（1）不符合合同文件要求的工程不予计量。即工程必须满足设计图纸、技术规范等合同文件对其在工程质量上的要求，同时有关的工程质量验收资料齐全、手续完备，满足合同文件对其在工程管理上的要求。

（2）按合同文件所规定的方法、范围、内容和单位计量。工程计量的方法、范围、内容和单位受合同文件所约束，其中工程量清单（说明）、技术规范、合同条款均会从不同角度、不同侧面涉及这方面的内容。在计量中要严格遵循这些文件的规定，并且一定要结合起来使用。

（3）因承包人原因造成的超出合同工程范围施工或返工的工程量，发包人不予计量。

3.工程计量的范围与依据

（1）工程计量的范围

工程计量的范围包括工程量清单及工程变更所修订的工程量清单的内容；合同文件中规定的各种费用支付项目，如费用索赔、各种预付款、价格调整、违约金等。

（2）工程计量的依据

工程计量的依据包括工程量清单及说明、合同图纸、工程变更令及其修订的工程量清单、合同条件、技术规范、有关计量的补充协议、质量合格证书等。

（二）工程计量的方法

工程计量必须按照相关专业工程工程量计算规范规定的工程量计算规则计算。工程计量可选择按月或按工程形象进度分段计量，具体计量周期在合同中约定。通常区分单价合同和总价合同规定不同的计量方法，成本加酬金合同按照单价合同的计量规定进行计量。

1.单价合同计量

单价合同工程量必须以承包人完成合同工程应予计量的，按照专业工程工程量计算规范规定的工程量计算规则计算得到的工程量确定。施工中工程计量时，若发现招标工程量清单中出现缺项、工程量偏差，或因工程变更引起工程量的增减，应按承包人在履行合同义务中完成的工程量计算。

2.总价合同计量

采用工程量清单方式招标形成的总价合同，工程量应按照与单价合同相同的方式计算。采用经审定批准的施工图纸及其预算方式发包形成的总价合同，除按照工程变更规定引起的工程量增减外，总价合同各项目的工程量是承包人用于结算的最终工程量。总价合同约定的项目计量应以合同工程经审定批准的施工图纸为依据，发承包双方应在合同中约定工程计量的形象目标或时间节点进行计量。

二、预付款及期中支付

（一）预付款

工程预付款又称材料备料款或材料预付款，是指建设工程施工合同订立后由发包人按照合同约定，在正式开工前预先支付给承包人的用于购买工程所需材料和设备以及组织施工机械设备和人员进场所需的款项。

1.预付款的支付

对于工程预付款额度，各地区、各部门的规定不完全相同，主要是保证施工所需材料和构件的正常储备。工程预付款额度一般是根据施工工期、建筑安装工作量、主要材料和构件费用占建筑安装工程费的比例以及材料储备周期等因素经测算来确定。

（1）百分比法

百分比法是发包人根据工程的特点、工期长短、市场行情、供求规律等因素，招标时在合同条件中约定工程预付款的百分比。根据《建设工程价款结算暂行办法》的规定，预付款的比例原则上不低于合同金额的10%，不高于合同金额的30%。

（2）公式计算法

公式计算法是根据主要材料（含结构件等）占年度承包工程总价的比重、材料储备定额天数和年度施工天数等因素，通过公式计算预付款额度的一种方法。

其计算公式为：

工程预付款数额=工程总价×材料比例（%）/年度施工天数×材料储备定额天数

其中，年度施工天数按365天日历天计算；材料储备定额天数由当地材料供应的在途天数、加工天数、整理天数、供应间隔天数、保险天数等因素决定。

2.预付款的扣回

发包人支付给承包人的工程预付款属于预支性质，随着工程的逐步实施后，原已支付的预付款应以充抵工程价款的方式陆续扣回，抵扣方式应当由双方当事人在合同中明确约定。扣款的方法主要有以下两种。

（1）按合同约定扣款

预付款的扣款方法由发包人和承包人通过洽商后在合同中予以确定，一般是在承包人完成金额累计达到合同总价的一定比例后，由承包人开始向发包人还款，发包人从每次应付给承包人的金额中扣回工程预付款，发包人至少在合同规定的完工期前将工程预付款的总金额逐次扣回。国际工程中的扣款方法一般是，当工程进度款累计金额超过合同价格的10%～20%时开始起扣，每月从进度款中按一定比例扣回。

（2）起扣点计算法

从未施工工程尚需的主要材料及构件的价值相当于工程预付款数额时起扣，此后每次结算工程价款时，按材料所占比重扣减工程价款，至工程竣工前全部扣清。

起扣点的计算公式如下：

$$T=P-M/N \tag{5-9}$$

式中，T——起扣点（工程预付款开始扣回时）的累计完成工程金额；

P——承包工程合同总额；

M——工程预付款总额；

N——主要材料及构件所占比重。

该方法对承包人比较有利，最大限度地占用了发包人的流动资金，但是显然不利于发包人的资金使用。

（3）预付款担保

预付款担保是指承包人与发包人签订合同后领取预付款前，承包人正确、合理使用发包人支付的预付款而提供的担保。

预付款担保的主要形式为银行保函。预付款担保的担保金额通常与发包人的预付款是等值的。预付款一般逐月从工程预付款中扣除，预付款担保的担保金额也相应逐月减少。承包人在施工期间，应当定期从发包人处取得同意此保函减值的文件，并送交银行确认。承包人还清全部预付款后，发包人应退还预付款担保，承包人将其退回银行注销，解除担保责任。

（4）安全文明施工费

发包人应在工程开工后的约定期限内预付不低于当年施工进度计划的安全文明施工费总额的60%，其余部分按照提前安排的原则进行分解，与进度款同期支付。

发包人没有按时支付安全文明施工费的，承包人可催告发包人支付；发包人在付款期满后的7天内仍未支付的，若发生安全事故，发包人应承担连带责任。

（二）期中支付

合同价款的期中支付，是指发包人在合同工程施工过程中，按照合同约定对付款周期内承包人完成的合同价款给予支付的款项，也就是工程进度款的结算支付。发承包双方应按照合同约定的时间、程序和方法，根据工程计量结果，办理期中价款结算，支付进度款。进度款支付周期应与合同约定的工程计量周期一致。

1.期中支付价款的计算

（1）已完工程的结算价款

①已标价工程量清单中的单价项目，承包人应按照工程计量确认的工程量与综合单价计算。如综合单价发生调整的，以发承包双方确认调整的综合单价计算进度款。

②已标价工程量清单中的总价项目，承包人应按照合同中约定的进度款支付分解，分别列入进度款支付申请中的安全文明施工费和本周期应支付的总价项目的金额中。

（2）结算价款的调整

承包人现场签证和得到发包人确认的索赔金额列入本周期应增加的金额中。由发包人提供的材料、工程设备金额应按照发包人签约提供的单价和数量从进度款支付中扣出，列入本周期应扣减的金额中。

（3）进度款的支付比例

进度款的支付比例按照合同约定，按照期中结算价款总额计算，不低于60%，不高于90%。承包人对于合同约定的进度款付款比例较低的工程应充分考虑项目建设的资金流与融资成本。

2.期中支付的程序

（1）进度款支付申请

承包人应在每个计量周期到期后向发包人提交已完工程进度款支付申请一式四份，详细说明此周期认为有权得到的款额，包括分包人已完工程的价款。支付申请的内容包括以下几个方面。

①累计已完成的合同价款。

②累计已实际支付的合同价款。

③本周期合计完成的合同价款，其中包括本周期已完成单价项目的金额；本周期应支付的总价项目的金额；本周期已完成的计日工价款；本周期应支付的安全文明施工费；本周期应增加的金额。

④本周期合计应扣减的金额，其中包括本周期应扣回的预付款；本周期应扣减的金额。

⑤本周期实际应支付的合同价款。

（2）进度款支付证书

发包人应在收到承包人进度款支付申请后，根据计量结果和合同约定对申请内容予以核实，确认后向承包人出具进度款支付证书。若发承包双方对有的清单项目的计量结果出现争议，发包人应对无争议部分的工程计量结果向承包人出具进度款支付证书。

（3）支付证书的修正

发现已签发的任何支付证书有错、漏或重复的数额，发包人有权予以修正，承包人也有权提出修正申请。经发承包双方复核同意修正的，应在本次到期的进度款中支付或扣除。

第六节　工程结算

工程结算是指发承包双方根据国家有关法律、法规规定和合同约定，对合同工程实施中、终止时、已完工后的工程项目进行的合同价款计算、调整和确认。一般工程结算可以分为定期结算、分段结算、年终结算、竣工结算等方式。

定期结算是指定期由承包方提出已完成的工程进度报表，连同工程价款结算账单，经发包方签证，办理工程价款结算；分段结算是指以单项（或单位）工程为对象，按其施工形象进度划分为若干施工阶段，按阶段进行工程价款结算；年终结算是指单位工程或单项工程不能在本年度竣工，为了正确统计施工企业本年度的经营成果和建设投资完成情况，对正在施工的工程进行已完成和未完成工程量盘点，结清本年度的工程价款。严格意义上讲，工程定期结算、工程分段结算、工程年终结算都属于工程进度款的期中支付结算，期中支付的内容前面已进行了介绍，本节重点介绍工程竣工结算。

工程竣工结算是指工程项目完工并经竣工验收合格后，发承包双方按照施工合同的约定对所完成的工程项目进行合同价款的计算、调整和确认。工程竣工结算分为建设项目竣工总结算、单项工程竣工结算和单位工程竣工结算。单项工程竣工结算由单位工程竣工结算组成，建设项目竣工总结算由单项工程竣工结算组成。

一、工程竣工结算的编制和审核

单位工程竣工结算由承包人编制，发包人审查；实行总承包的工程，由具体承包人编制，在总包人审查的基础上，发包人审查。单项工程竣工结算或建设项目竣工总结算由总（承）包人编制，发包人可直接进行审查，也可以委托具有相应资质的工程造价咨询机构进行审查。政府投资项目由同级财政部门审查。单项工程竣工结算或建设项目竣工总结算经发包人、承包人签字盖章后有效。承包人应在合同约定期限内完成项目竣工结算编制工作，未在规定期限内完成的，并且提不出正当理由延期的，责任自负。

（一）工程竣工结算的编制依据

工程竣工结算由承包人或受其委托具有相应资质的工程造价咨询人编制，由发包人或受其委托具有相应资质的工程造价咨询人核对。工程竣工结算编制的主要依据有：

（1）《建设工程工程量清单计价规范》（GB50500—2013）。

（2）工程合同。

（3）发承包双方实施过程中已确认的工程量及其结算的合同价款。

（4）发承包双方实施过程中已确认调整后追加（减）的合同价款。

（5）建设工程设计文件及相关资料。

（6）投标文件。

（7）其他依据。

（二）工程竣工结算的计价原则

在采用工程量清单计价的方式下，工程竣工结算的编制应当规定的计价原则如下。

（1）分部分项工程和措施项目中的单价项目应依据双方确认的工程量与已标价工程量清单的综合单价计算；如发生调整的，以发承包双方确认调整的综合单价计算。

（2）措施项目中的总价项目应依据合同约定的项目和金额计算；如发生调整的，以发承包双方确认调整的金额计算，其中安全文明施工费必须按照国家或省级、行业建设主管部门的规定计算。

（3）其他项目应按下列规定计价。

①计日工应按发包人实际签证确认的事项计算；

②暂估价应按发承包双方按照《建设工程工程量清单计价规范》（GB50500—2013）的相关规定计算；

③总承包服务费应依据合同约定金额计算，如发生调整的，以发承包双方确认调整的金额计算；

④施工索赔费用应依据发承包双方确认的索赔事项和金额计算；

⑤现场签证费用应依据发承包双方签证资料确认的金额计算；

⑥暂列金额应减去工程价款调整（包括索赔、现场签证）金额计算，如有余额归

发包人。

（4）规费和增值税应按照国家或省级、行业建设主管部门的规定计算。

此外，发承包双方在合同工程实施过程中已经确认的工程计量结果和合同价款，在竣工结算办理中应直接进入结算。

采用总价合同的，应在合同总价基础上，对合同约定能调整的内容及超过合同约定范围的风险因素进行调整；采用单价合同的，在合同约定风险范围内的综合单价应固定不变，并应按合同约定进行计量，且应按实际完成的工程量进行计量。

（三）竣工结算的审核

（1）国有资金投资建设工程的发包人，应当委托具有相应资质的工程造价咨询机构对竣工结算文件进行审核，并在收到竣工结算文件后的约定期限内向承包人提出由工程造价咨询机构出具的竣工结算文件审核意见；逾期未答复的，按照合同约定处理，合同没有约定的，竣工结算文件视为已被认可。

（2）非国有资金投资的建筑工程发包人，应当在收到竣工结算文件后的约定期限内予以答复，逾期未答复的，按照合同约定处理，合同没有约定的，竣工结算文件视为已被认可；发包人对竣工结算文件有异议的，应当在答复期内向承包人提出，并可以在提出异议之日起的约定期限内与承包人协商；发包人在协商期内未与承包人协商或者经协商未能与承包人达成协议的，应当委托工程造价咨询机构进行竣工结算审核，并在协商期满后的约定期限内向承包人提出由工程造价咨询机构出具的竣工结算文件审核意见。

（3）发包人委托工程造价咨询机构核对竣工结算的，工程造价咨询机构应在规定期限内核对完毕，核对结论与承包人竣工结算文件不一致的，应提交给承包人复核，承包人应在规定期限内将同意核对结论或不同意见的说明提交工程造价咨询机构。工程造价咨询机构收到承包人提出的异议后，应再次复核，复核无异议的，发承包双方应在规定期限内在竣工结算文件上签字确认，竣工结算办理完毕；复核后仍有异议的，对于无异议部分办理不完全竣工结算，有异议部分由发承包双方协商解决，协商不成的，按照合同约定的争议解决方式处理。

承包人逾期未提出书面异议的，视为工程造价咨询机构核对的竣工结算文件已经承包人认可。

（4）接受委托的工程造价咨询机构从事竣工结算审核工作通常应包括下列三个阶段。

①准备阶段。准备阶段应包括收集、整理竣工结算审核项目的审核依据资料，做好送审资料的交验、核实、签收工作，并应对资料的缺陷向委托方提出书面意见及要求。

②审核阶段。审核阶段应包括现场踏勘核实，召开审核会议，澄清问题，提出补充依据性资料和必要的弥补性措施，形成会议纪要，并进行计量、计价审核与确定工作，完成初步审核报告。

③审定阶段。审定阶段应包括就竣工结算审核意见与承包人和发包人进行沟通，召开协调会议，处理分歧事项，形成竣工结算审核成果文件，签认竣工结算审定签署表，提交竣工结算审核报告等工作。

（5）竣工结算审核的成果文件应包括竣工结算审核书封面、签署页、竣工结算审核报告、竣工结算审定签署表、竣工结算审核汇总对比表、单项工程竣工结算审核汇总对比表、单位工程竣工结算审核汇总对比表等。

（6）竣工结算审核应采用全面审核法，除委托咨询合同另有约定外，不得采用重点审核法、抽样审核法或类比审核法等其他方法。

（四）质量争议工程的竣工结算

发包人对工程质量有异议，拒绝办理工程竣工结算时，应按以下规定执行。

（1）已经竣工验收或已竣工未验收但实际投入使用的工程，其质量争议按该工程保修合同执行，竣工结算按合同约定办理。

（2）已竣工未验收且未实际投入使用的工程以及停工、停建工程的质量争议，双方应就有争议的部分委托有资质的检测鉴定机构进行检测，根据检测结果确定解决方案，或按工程质量监督机构的处理决定执行后办理竣工结算，无争议部分的竣工结算按合同约定办理。

二、竣工结算款的支付

工程竣工结算文件经发承包双方签字确认的，应当作为工程结算的依据，未经对方同意，另一方不得就已生效的竣工结算文件委托工程造价咨询机构重复审核。发包人应当按照竣工结算文件及时支付竣工结算款。竣工结算文件应当由发包人报工程所在地县级以上地方人民政府住房和城乡建设主管部门备案。

（一）承包人提交竣工结算款支付申请

承包人应根据办理的竣工结算文件，向发包人提交竣工结算款支付申请。该申请应包括下列内容。

（1）竣工结算合同价款总额。

（2）累计已实际支付的合同价款。

（3）应扣留的质量保证金。

（4）实际应支付的竣工结算款金额。

（二）发包人签发竣工结算支付证书

发包人应在收到承包人提交竣工结算款支付申请后约定期限内予以核实，向承包人签发竣工结算支付证书。

（三）支付竣工结算款

发包人在签发竣工结算支付证书后的约定期限内，按照竣工结算支付证书列明的金额向承包人支付结算款。

发包人在收到承包人提交的竣工结算款支付申请后规定时间内不予核实，不向承包人签发竣工结算支付证书的，视为承包人的竣工结算款支付申请已被发包人认可；发包人应在收到承包人提交的竣工结算款支付申请规定时间内，按照承包人提交的竣工结算款支付申请列明的金额向承包人支付结算款。

发包人未按照规定的程序支付竣工结算款的，承包人可催告发包人支付，并有权获得延迟支付的利息。发包人在竣工结算支付证书签发后或者在收到承包人提交的竣工结算款支付申请规定时间内仍未支付的，除法律另有规定外，承包人可与发包人协商将该工程折价，也可直接向人民法院申请将该工程依法拍卖。承包人就该工程折价或拍卖的价款优先受偿。

三、合同解除的价款结算与支付

发承包双方协商一致解除合同的，按照达成的协议办理结算和支付合同价款。

（一）不可抗力解除合同

由于不可抗力解除合同的，发包人除应向承包人支付合同解除之日前已完成工程但尚未支付的合同价款，还应支付下列金额。

（1）合同中约定应由发包人承担的费用。

（2）已实施或部分实施的措施项目应付价款。

（3）承包人为合同工程合理订购且已交付的材料和工程设备货款。发包人一经支付此项货款，该材料和工程设备即成为发包人的财产。

（4）承包人撤离现场所需的合理费用，包括员工遣送费和临时工程拆除、施工设备运离现场的费用。

（5）承包人为完成合同工程而预期开支的任何合理费用，且该项费用未包括在本款其他各项支付之内。

发承包双方办理结算合同价款时，应扣除合同解除之日前发包人应向承包人收回的价款。当发包人应扣除的金额超过应支付的金额，则承包人应在合同解除后的约定期限内将其差额退还给发包人。

（二）违约解除合同

1.承包人违约

因承包人违约解除合同的，发包人应暂停向承包人支付任何价款。发包人应在合同解除后规定的时间内核实合同解除时承包人已完成的全部合同价款以及按施工进度计划已运至现场的材料和工程设备货款，按合同约定核算承包人应支付的违约金以及造成损失的索赔金额，并将结果通知承包人。发承包双方应在规定的时间内予以确认或提出意见，并办理结算合同价款。如果发包人应扣除的金额超过应支付的金额，则承包人应在合同解除后的规定时间内将其差额退还给发包人。发承包双方不能就解除合同后的结算达成一致的，按照合同约定的争议解决方式处理。

2.发包人违约

因发包人违约解除合同的，发包人除应按照有关不可抗力解除合同的规定向承包人支付各项价款外，还需按合同约定核算发包人应支付的违约金以及给承包人造成损失或损害的索赔金额费用。该笔费用由承包人提出，发包人核实并与承包人协商确定后的约定期限内向承包人签发支付证书。协商不能达成一致的，按照合同约定的争议解决方式处理。

四、最终结清

所谓最终结清，是指合同约定的缺陷责任期终止后，承包人已按合同规定完成全部剩余工作且质量合格的，发包人与承包人结清全部剩余款项的活动。

（一）最终结清申请单

缺陷责任期终止后，承包人已按合同规定完成全部剩余工作且质量合格的，发包人签发缺陷责任期终止证书，承包人可按合同约定的份数和期限向发包人提交最终结清申请单，并提供相关证明材料，详细说明承包人根据合同规定已经完成的全部工程价款金额以及承包人认为根据合同规定应进一步支付的其他款项。发包人对最终结清申请单内容有异议的，有权要求承包人进行修正和提供补充资料，由承包人向发包人提交修正后的最终结清申请单。

（二）最终支付证书

发包人在收到承包人提交的最终结清申请单后的规定时间内予以核实，向承包人签发最终支付证书。发包人未在约定时间内核实，又未提出具体意见的，视为承包人提交的最终结清申请单已被发包人认可。

（三）最终结清付款

发包人应在签发最终结清支付证书后的规定时间内，按照最终结清支付证书列明的金额向承包人支付最终结清款。最终结清付款后，承包人在合同内享有的索赔权利也自行终止。发包人未按期支付的，承包人可催告发包人在合理的期限内支付，并有权获得延迟支付的利息。

最终结清时，如果承包人被扣留的质量保证金不足以抵减发包人工程缺陷修复费用的，承包人应承担不足部分的补偿责任。

最终结清付款涉及政府投资资金的，按照国库集中支付等国家相关规定和专用合同条款的约定办理。

承包人对发包人支付的最终结清款有异议的，按照合同约定的争议解决方式处理。

五、工程质量保证金的处理

（一）质量保证金的含义

根据《建设工程质量保证金管理办法》（建质〔2017〕138号）的规定，建设工程质量保证金是指发包人与承包人在建设工程承包合同中约定，从应付的工程款中预留，用以保证承包人在缺陷责任期内对建设工程出现的缺陷进行维修的资金。缺陷是指建设工程质量不符合工程建设强制标准、设计文件，以及承包合同的约定。缺陷责任期是承包人对已交付使用的合同工程承担合同约定的缺陷修复责任的期限。缺陷责任期一般为1年，最长不超过2年，由发承包双方在合同中约定。

由于承包人原因导致工程无法按规定期限进行竣工验收的，缺陷责任期从实际通过竣工验收之日起计算。由于发包人原因导致工程无法按规定期限竣工验收的，在承包人提交竣工验收报告90天后，工程自动进入缺陷责任期。

（二）工程质量保修范围和内容

发承包双方在工程质量保修书中约定的建设工程的保修范围包括地基基础工程、主体结构工程，屋面防水工程、有防水要求的卫生间、房间和外墙面的防渗漏，供热与供冷系统，电气管线、给排水管道、设备安装和装修工程，以及双方约定的其他项目。

具体保修的内容，双方在工程质量保修书中约定。

由于用户使用不当或自行修饰装修、改动结构、擅自添置设施或设备而造成建筑功能不良或损坏者，以及因自然灾害等不可抗力造成的质量损害，不属于保修范围。

（三）工程质量保证金的预留及管理

在《建设工程质量保证金管理暂行办法》（建质〔2017〕138号）中规定：发包人应按照合同约定方式预留保证金，保证金总预留比例不得高于工程价款结算总额的3%。合同约定由承包人以银行保函替代预留保证金的，保函金额不得高于工程价款结算总额的3%。在工程项目竣工前，已经缴纳履约保证金的，发包人不得同时预留工程质量保证金。采用工程质量保证担保、工程质量保险等其他保证方式的，发包人不得再预留保证金。

缺陷责任期内，由承包人原因造成的缺陷，承包人应负责维修，并承担鉴定及维修费用。由他人原因造成的缺陷，发包人负责组织维修，承包人不承担费用，且发包人不得从保证金中扣除费用。

（四）质量保证金的返还

缺陷责任期内，承包人认真履行合同约定的责任，到期后，承包人向发包人申请返还保证金。

发包人和承包人对保证金预留、返还以及工程维修质量、费用有争议的，按承包合同约定的争议和纠纷解决程序处理。

第六章　建筑工程投标阶段造价管理

第一节　施工招标方式和程序

一、招标投标的概念

招标投标是商品经济中的一种竞争性市场交易方式，通常适用于大宗交易。其特点是由唯一的买主（或卖主）设定标的，招请若干个卖主（或买主）通过报价进行竞争，从中选择优胜者与之达成交易协议，随后按协议实现标的。

工程建设项目招标投标是国际上广泛采用的建设项目业主择优选择工程承包商或材料设备供应商的主要交易方式。招标的目的是为拟建的工程项目选择合适的承包商或材料设备供应商，将全部工程或其中部分工作委托给这个（些）承包商或材料设备供应商负责完成。承包商或材料设备供应商则通过投标竞争，决定自己的生产任务和销售对象，通过完成生产任务，实现盈利计划。为此，承包商或材料设备供应商需要具备一定的条件，才有可能在投标竞争中获胜，为业主所选中。这些条件通常包括一定的技术经济实力和管理经验，价格合理、信誉良好等。

根据《中华人民共和国合同法》相关规定，建设工程招标文件是要约邀请，投标文件是要约，中标通知书则是承诺。也就是说，招标文件（招标公告）实际上是邀请投标人对招标人提出要约（报价），属于要约邀请。投标文件则是一种要约，符合要约的所有条件，具有缔结合同的主观目的。一旦中标，投标人将受投标文件的约束。投标文件的内容具有足以使合同成立的主要条件。招标人向中标的投标人发出的中标通知书，则是招标人同意接受中标的投标人的投标条件，即同意接受该投标人的要约的意思表示，应属于承诺。

招标投标制度意在鼓励竞争，防止垄断，提高投资效益和社会效益，其作用主要体现在以下几个方面。

（1）节省资金，确保质量，保证项目按期完成，提高投资效益和社会效益。

（2）创造公平竞争的市场环境，促进企业间的公平竞争，有利于完善和推动中国建立社会主义市场经济的步伐。

（3）依法招标，能够保证在市场经济条件下进行最大限度的竞争，有利于实现社会资源的优化配置，提高涉及企事业单位的业务技术能力和企业管理水平。

（4）依法招标有利于克服不正当竞争，有利于防止和堵住采购活动中的腐败行为。

（5）普遍推广应用招标投标制度，有利于保护国家利益、社会公共利益和招标投标活动当事人的合法利益。

招标投标制度产生的根源是市场中买卖双方存在信息不对称的现象，因为信息不对称，交易可能产生不公平，使资源不能得到优化配置。于是，一方构建一个充分竞争的交易环境，迫使对方为赢得合同而相互竞争，这样，招标活动就产生了。

二、我国招标投标制度

（一）招标投标法规体系

我国的投标制度起步于20世纪80年代初期。在党的十一届三中全会以前，由于我国实行高度集中的计划经济体制，招标投标作为一种竞争性市场交易方式，缺乏存在和发展所必需的经济体制条件。1980年10月，国务院发布《关于开展和保护社会主义竞争的暂行规定》，提出对一些适宜承包的生产建设项目可以试行招标投标，开启了我国招标投标的新篇章。随后，吉林省和深圳市于1981年开始工程招标投标试点。1982年，鲁布革水电站引水系统工程是我国第一个利用世界银行货款并按世界银行规定进行项目管理的工程，极大地推动了我国工程建设项目管理方式的改革和发展。1983年，原城乡建设环境保护部出台《建筑安装工程招标投标试行办法》。1984年9月国务发布了《关于改革建筑业和基本建设管理体制若干问题的暂行规定》，规定旨在引入市场经济的做法，提出了推行建设项目投资包干责任制，推行工程招标承包制，建立工程承包公司，建设项目投资拨改贷等16项改革举措。1992年10月，党的十四大提出了建立社会主义市场经济体制的改革目标，进一步解除了束缚招标投标制度向市场化发展的体制障碍。

20世纪80年代初期至90年代后期，伴随着发展，我国招标投标活动中暴露的问题也越来越多，如招标程序不规范、做法不统一、虚假招标、泄露标底、串通投标、行贿受贿等。针对上述问题，第九届全国人大常委会于1990年8月30日审议通过了《中华人民共和国招标投标法》。这是我国第一部规范公共采购和招标投标活动的专门法律，标志着我国招标投标法规体系的初步建立。此外，为了规范政府采购行为，提高政府采购资金的使用效益，保护政府采购当事人的合法权益，促进廉政建设，第九届全国人大常委会于2002年6月29日审议通过了《中华人民共和国政府采购法》，并于2003年1月正式施行。

《中华人民共和国招标投标法》（以下简称《招标投标法》）和《中华人民共和国政府采购法》是规范我国境内招标采购活动的两大基本法律。在此基础上，2012年2月开始施行的《中华人民共和国招标投标法实施条例》（以下简称《招标投标法实施条例》）和2015年3月开始施行的《中华人民共和国政府采购法实施条例》作为两大法律的配套行政法规，对招标投标制度做了补充、细化和完善，进一步健全和完善了我国招标投标制度。

另外，国务院各相关部门结合本部门、本行业的特点和实际情况相应制定了专门的招标投标管理的部门规章、规范性文件及政策性文件，如《工程建设项目施工招标投标办法》《评标委员会和评标方法暂行规定》《招标公告发布暂行办法》《房屋建筑和市政基础设施工程施工招标投标管理办法》等。地方人大及其常委会、人民政府及其有关部门也结合本地区的特点和需要，相继制定了招标投标方面的地方性法规、规章和规范性文件。

从总体来看，这些规章和规范性文件使招标采购活动的主要方面和重点环节实现了有法可依、有章可循，已构成了我国整个招标采购市场的重要组成部分，形成了覆盖全国各领域、各层级的招标采购制度体系，对创造公平竞争的市场环境、规范招标采购行为发挥了重要作用。

（二）必须招标的建设工程范围

为了规范招标投标行为，我国相关法规对必须进行招标的项目进行了规定，根据《招标投标法》的规定，国家发展和改革委员会于2018年3月发布了《必须招标的工程项目规定》（发改委第16号令），明确必须招标项目的具体范围和规模标准如下。

（1）全部或者部分使用国有资金投资或者国家融资的项目，包括以下内容。

①使用预算资金200万人民币以上，并且该资金占投资10%以上的项目。

②使用国有企业事业单位资金，并且该资金占控股或者主导地位的项目。

（2）使用国际组织或者外国政府贷款、援助资金的项目，包括以下几项。

①使用世界银行、亚洲开发银行等国际组织贷款、援助资金的项目。

②使用外国政府及其机构贷款、援助资金的项目。

（3）不属于以上（1）（2）规定情形的大型基础设施、公用事业等关系社会公共利益、公众安全的项目，必须招标的具体范围由国务院发展改革部门会同国务院有关部门按照确有必要、严格限定的原则制定，报国务院批准。

（4）以上规定范围内的项目，其勘察、设计、施工、监理以及与工程建设有关的重要设备、材料等采购达到下列标准之一的，必须招标。

①施工单项合同估算价在400万元人民币以上。

②重要设备、材料等货物的采购，单项合同估算价在200万元人民币以上。

③勘察、设计、监理等服务的采购，单项合同估算价在100万元人民币以上。同一项目中可以合并进行的勘察、设计、施工、监理以及与工程建设有关的重要设备、材料等采购，合同估算价合计达到前款规定标准的，必须招标。

需要注意的是，在《必须招标的工程项目规定》（发改委第16号令）施行以前，必须强制招标的项目范围遵循国家发展计划委员会2000年发布的《工程建设项目招标范围和规模标准规定》。《必须招标的工程项目规定》发布的新的《工程建设项目招标范围和规模标准规定》适度缩小了必须招标项目的范围，提高了必须招标项目的规模标准，体现了既要规范招标投标活动、预防腐败，又要提高工作效率、降低企业成本、激发投资主体活力的目的。

（5）涉及国家安全、国家机密、抢险救灾或者属于利用扶贫资金实行以工代赈、需要使用农民工等特殊情况，不适宜进行招标的项目，按照国家有关规定可以不进行招标。另外，有下列情形之一的，也可以不进行招标。

①需要采用不可替代的专利或者专有技术。

②采购人依法能够自行建设、生产或者提供。

③已通过招标方式选定的特许经营项目投资人依法能够自行建设、生产或者提供。

④需要向原中标人采购工程、货物或者服务，否则将影响施工或者功能配套要求。

⑤国家规定的其他特殊情形。

三、工程施工招标方式

《招标投标法》明确规定，招标可分为公开招标和邀请招标两种方式。公开招标又称为无限竞争性招标，是指招标人以招标公告的方式邀请不特定的法人或者其他组织投标。邀请招标又称有限竞争性招标，是指招标人以投标邀请书的方式邀请特定的法人或者其他组织投标。

公开招标的优点是：招标人可以在较广的范围内选择承包商，投标竞争激烈，择优率更高，易于获得有竞争性的商业报价，同时，可以在较大程度上避免招标过程中的贿标行为。公开招标的缺点是：准备招标、对投标申请者进行资格预审和评标的工作量大，招标时间长、费用高；若招标人对投标人资格条件的设置不当，常导致投标人之间的差异大，导致评标困难，甚至出现恶意报价行为；招标人和投标人之间可能缺乏互信，增大合同履约风险。

邀请招标的优点是：不发布招标公告，不进行资格预审，简化了招标程序，因而节约了招标费用、缩短了招标时间；由于招标人比较了解投标人，减少了合同履约过程中承包商违约的风险。邀请招标的缺点是：邀请招标的投标竞争激烈程度较差，有可能会提高中标合同价格，也有可能排除某些在技术上或报价上有竞争力的承包商参与投标。

招标人采用公开招标方式的，应当发布招标公告。依法必须进行招标的项目招标公告，应当通过国家指定的报刊、信息网络或者其他媒介发布。招标公告应当载明招标人的名称和地址，招标项目的性质、数量、实施地点和时间以及获取招标文件的办法等事项。招标人可以根据招标项目本身的要求，在招标公告中，要求潜在投标人提供有关资质证明文件和业绩情况，并对潜在投标人进行资格审查；国家对投标人的资格条件有规定的，依照其规定。招标人不得以不合理的条件限制或者排斥潜在投标人，不得对潜在投标人实行歧视待遇。

招标人采用邀请招标方式的，应当向三个以上具备承担招标项目的能力、资信良好的特定法人或者其他组织发出投标邀请书。投标邀请书应当载明招标人的名称和地址，招标项目的性质、数量、实施地点和时间以及获取招标文件的办法等事项。

四、工程施工招标组织形式

招标可分为招标人自行组织招标和招标人委托招标代理机构代理招标两种组织形式。

具有编制招标文件和组织评标能力的招标人，可自行办理招标事宜，组织招标投标活动，任何单位和个人不得强制其委托招标代理机构办理招标事宜。依法必须进行招标的项目，招标人自行办理招标事宜的，应当向有关行政监督部门备案。

招标人有权自行选择招标代理机构，委托其办理招标事宜，开展招标活动，任何单位和个人不得以任何方式为招标人指定招标代理机构。招标代理机构是依法设立、从事招标代理业务并提供相关服务的中介组织。招标代理机构应当具备下列条件。

（1）有从事招标代理业务的营业场所和相应资金。

（2）有能够编制招标文件和组织评标的相应专业力量。

（3）有符合《招标投标法》规定条件，可以作为评标委员会成员人选的技术、经济等方面的专家库。

招标代理机构代理招标业务，应当遵守《招标投标法》和《招标投标法实施条例》关于招标人的规定。招标代理机构不得在所代理的招标项目中投标或者代理投标，也不得为所代理的招标项目的投标人提供咨询服务。

五、工程施工招标步骤和工作内容

招标是招标人选择中标人并与其签订合同的过程，而投标则是投标人力争获得实施合同的竞争过程。招标人和投标人均需按照招标投标法律和法规的规定进行招标投标活动。招标程序是指招标单位或委托招标单位开展招标活动全过程的主要步骤、内容及其操作顺序。

公开招标与邀请招标在招标程序上的差异主要是使承包商获得招标信息的方式不同，对投标人资格审查的方式不同。公开招标与邀请招标均要经过招标准备、资格审查与投标、开标评标与授标三个阶段。典型的施工招标程序（主要工作步骤和工作内容）见表6–1。

表6-1　施工招标主要工作步骤和工作内容

阶段	主要工作步骤	主要工作内容	
		招标人	投标人
招标准备	项目的招标条件准备	招标人需要完成项目前期研究与立项、图纸和技术要求等技术文件准备，项目相关建设手续办理等工作	组成投标小组，进行市场调查，投标机会研究与跟踪
	招标审批手续办理	按照国家有关规定需要履行项目审批、核准手续的依法必须进行招标项目，其招标范围、招标方式、招标组织形式应当报项目审批、核准	
	组建招标组织	自行建立招标组织或招标代理机构	
	发布招标公告（投资预审公告）或发出投标邀请	明确招标公告（资格预审公告）内容，发布招标公告（资格预审公告）或者选择确定受邀单位，发出投标邀请函	
	编制标底或确定最高投标限价	自行或委托专业机构编制标底或最高投标限价，完成相关评审并最终确定	
	准备招标文件	编制资格预审文件和招标文件并完成相关评审或备案手续	
	策划招标方案	施工标段划分，合同计价方式、合同类型选择，潜在竞争程度评价，投标人资格要求，评标方法设置要求等	
资格审查与投标	发售资格预审文件（实行资格预审）	发售资格预审文件	购买资格预审文件，填报资格预审资料
	进行资格预审（实行资格预审）	分析评价资格预审材料，确定资格预审合格，通知资格预审结果	回函收到资格预审结果
	发售招标文件	发售招标文件	购买招标文件参加现场踏勘和标前会议或者自主开展现场踏勘对招标文件提出质疑
	现场踏勘，标前会议（必要时）	组织现场踏勘和标前会议（必要时），进行招标文件的澄清和补遗	
	投标文件的编制、递交和接收	接收投标文件（包括投标保证金或投标保函）	编制投标文件、递交投标文件（包括投标保证金或投标保函）

续表

阶段	主要工作步骤	主要工作内容	
		招标人	投标人
开标评标与授标	开标	组织开标会议	参加开标会议
	评标	组建评标委员会投标文件初评（符合性鉴定），投标文件详评（技术标、商务标评审），要求投标人提交澄清资料（必要时），资格后审（实行资格后审），编写评语报告	提交澄清资料（必要时）
	授标	确定中标候选人，公示中标候选人发出中标通知书，签订施工合同，退还投标保证金	提交履约保函，签订施工合同，收回投标保证金

第二节 施工招标投标文件组成

一、施工招标文件的组成

（一）概述

招标文件是指导整个招标投标工作全过程的纲领性文件，是招标人向投标单位提供参加投标所需信息和要求的完整汇编。招标文件由招标人（或者其委托的咨询机构）根据招标项目的特点和需要编制，由招标人发布，既是投标单位编制投标文件的依据，也是招标人组织评标的依据，还是招标人与将来中标人签订合同的基础。

根据《招标投标法》的规定，招标文件应当包括招标项目的技术要求，对招标人资格审查的标准、投标报价要求和评标标准等所有实质性要求和条件以及拟签订合同的主要条款。就建设项目相关招标而言，招标文件的繁简程度，要视招标工程项目的性质和规模而定。建设项目复杂、规模庞大的，招标文件要力求精练、准确、清楚；建设项目简单、规模小的，文件可以从简，但也要把主要问题交代清楚。

招标文件的编制质量和深度关系着整个招标工作的成败。于是，为了规范招标人的行为，提高招标文件的编制质量和编制效率，《招标投标法》《招标投标法实施条例》等法规对招标文件的编制和管理提出了诸多要求，国家发改委会同其他相关部门也发布了诸多标准招标文件范本，如《〈标准施工招标资格预审文件〉和〈标准施工招标文件〉暂行规定》（2013修正）、《简明标准施工招标文件》（2012年版）、《标准设计施工总承包招标文件》（2012年版）、《标准设备采购招标文件》（2017年版）、《标准材料采购招标文件》（2017年版）、《标准勘察招标文件》（2017年版）、《标准设计招标文件》（2017年版）、《标准监理招标文件》（2018年版）等。

《招标投标法》和《招标投标法实施条例》对招标文件的编制还有以下主要规定。

（1）招标文件不得要求或者标明特定的生产供应者以及含有倾向或者排斥潜在投标人的其他内容。

（2）招标人可以对已发出的资格预审文件或者招标文件进行必要的澄清或者修改，该澄清或者修改的内容为招标文件的组成部分。澄清或者修改的内容可能影响资格预审申请文件或者投标文件编制的，招标人应当在提交资格预审申请文件截止时间至少3日前，或者投标截止时间至少15日前，以书面形式通知所有获取资格预审文件或者招标文件的潜在投标人；不足3日或者15日的，招标人应当顺延提交资格预审申请文件或者投标文件的截止时间。

（3）潜在投标人或者其他利害关系人对资格预审文件有异议的，应当在提交资格申请文件截止时间2日前提出；对招标文件有异议的，应当在投标截止时间10日前提出。招标人应当自收到异议之日起3日内做出答复；做出答复前，应当暂停招标投标活动。

（4）招标人编制的资格预审文件、招标文件的内容违反法律、行政法规的强制性规定，违反公开、公平、公正和诚实信用原则，影响资格预审结果或者潜在投标人投标的，依法必须进行招标的项目招标人应当在修改资格预审文件或者招标文件后重新招标。

（二）施工招标文件的内容

总体而言，施工招标文件的内容主要包括三类：一是告知投标人相关时间规定、资格条件、投标要求、投标注意事项、如何评标等信息的投标须知类内容，如投标人须知、评标办法、投标文件格式等；二是合同条款和格式；三是投标所需要的技术文件，如图纸、工程量清单、技术标准和要求等。

施工招标文件的主要内容包括以下几个方面。

1.招标公告（或投标请书）

当未进行资格预审时，招标文件中应包括招标公告。当采用邀请招标，或者采用进行资格预审的公开招标时，招标文件中应包括投标邀请书。投标邀请书可代替资格预审通过通知书，以明确投标人已具备在某具体项目具体标段的投标资格，其他内容包括招标文件的获取、投标文件的递交等。

2.投标人须知

投标人须知主要包括对项目概况的介绍和招标过程的各种具体要求，在正文中的未尽事宜可以通过投标人须知前附表进行进一步明确，由招标人根据招标项目具体特点和实际需要编制和填写，但务必与招标文件的其他章节相接，并不得与投标人须知正文的内容相抵触，否则抵触内容无效。投标人须知包括以下十个方面的内容。

（1）总则。总则主要包括项目概况（项目名称、建设地点以及招标人和招标代理机构的情况等）、资金来源和落实情况、招标范围、计划工期和质量要求的描述，对投标人资格要求的规定，对费用承担、保密、语言文字、计量单位等内容的约定，对踏勘现场、投标预备会的要求，对分包的规定，对投标文件偏离招标文件的范围和幅度的规定等。

（2）招标文件。招标文件主要包括招标文件的构成以及澄清和修改的规定。

（3）投标文件。投标文件主要包括投标文件的组成，投标报价编制的要求，投标有效期和投标保证金的规定，需要提交的资格预审资料，是否允许提交备选投标方案，以及投标文件编制所应遵循的标准格式要求等。

招标文件应当规定一个适当的投标有效期，以保证招标人有足够的时间完成评标和与中标人签订合同。投标有效期从投标人提交投标文件截止之日起计算。在投标有效期内，投标人不得要求撤销或修改其投标文件。出现特殊情况需要延长投标有效期的，招标人以书面形式通知所有投标人延长投标有效期。投标人同意延长的，应相应延长其投标保证金的有效期，但不得要求或被允许修改或撤销其投标文件，投标人拒绝延长的，其投标失效，但投标人有权收回其投标保证金。

招标人要求递交投标保证金的，应在招标文件中明确。投标保证金不得超过招标项目估算价的2%，且最高不得超过80元人民币。投标保证金有效期应当与投标有效期一致。依法必须进行招标的项目的境内投标单位，以现金或者支票形式提交的投标保证金应当从其基本户转出。招标人不得挪用投标保证金。投标人不按要求提交投标保证金的，其投标文件做废标处理。

（4）投标。主要规定投标文件的密封与标识、递交、修改及撤回的各项要求。在此部分中应当确定投标人编制投标文件所需要的合理时间。依法必须进行招标的项目，自招标文件开始发出之日起至投标人提交投标文件截止之日止，最短不得少于20日。投标人在招标文件要求提交投标文件的截止时间前，可以补充、修改、替代或者撤回已提交的投标文件，并书面通知招标人。补充、修改的内容为投标文件的组成部分。

（5）开标。规定开标的时间、地点和程序。

（6）评标。说明评标委员会的组建方法，评标原则和采取的评标办法。

（7）合同授予。说明拟采用的定标方式，中标通知书的发出时间，要求承包人提交的履约担保和合同的签订时限。

（8）重新招标和不再招标。规定重新招标和不再招标的条件。

（9）纪律和监督。纪律和监督主要包括对招标过程各参与方的纪律要求。

（10）需要补充的其他内容。

3.评标办法

评标办法可选择经评审的最低投标价法和综合评估法。评标办法需要对评价指标、所占分值（权重）、评价标准、评价方法等进行明确的规定。评标委员会必须按照招标文件中的“评标办法”规定的方法、评审因素、标准和程序对投标文件进行评审。招标文件中没有规定的方法、评审因素和标准，不作为评标依据。

4.合同条款及格式

施工合同明确了承发包双方在履约过程中的权利和义务，对承包商的投入和面临的风险有显著影响，是投标人投标报价时必须有的依据。因此招标文件应该包括中标人需要和招标人签订的本工程拟采用的完整施工合同，包括通用合同条款、专用合同条款以及各种合同附件的格式。

5.工程量清单

采用工程量清单招标的，招标文件应当提供工程量清单。工程量清单是表现拟建工程分部分项工程、措施项目和其他项目名称与相应数量的明细清单，以满足工程项目具体量化和计量支付的需要，是招标人编制最高投标限价（招标控制价）和投标人编制投标报价的重要依据。如按照规定应编制最高投标限价的项目，其最高投标限价也应在招标时一并公布。

6.图纸

图纸是指应由招标人提供的用于计算最高投标限价和投标人计算投标价所必需的各种详细程度的图纸。

7.技术标准与要求

招标文件规定的各项技术标准应符合国家强制性规定。招标文件中规定的各项技术标准均不得要求或标明某一特定的专利、商标、名称、设计、原产地或生产供应者，不得含有倾向或者排斥潜在投标人的其他内容。如果必须引用某供应商的技术标准才能准确或清楚地说明拟招标项目的技术标准时，则应当在参照后加上“或相当于”的字样。

8.投标文件格式

提供各种投标文件编制所应依据的参考格式。

9.规定的其他材料

如需要其他材料，应在“投标人须知前附表”中予以规定。

二、施工投标文件的组成

（一）概述

建设工程投标是工程招标的对称概念，是指具有合法资格和能力的投标人，根据招标条件，在指定期限内填写标书，提出报价，参加开标，接受评审，等候能否中标的经济活动。投标文件是指投标人根据招标文件要求编制的响应性文件。投标文件反映了投标人对招标人各项要求的响应，反映了投标人完成招标项目的能力水平，是投标人希望和招标人订立合同的意思表示。投标文件是招标人判定投标人能力、意愿、完成项目所需条件的最直接、最有效的依据。

一般而言，招标文件除了对价格、质量、安全、环保、工期、人员等招标文件的实质性内容提出要求外，为了规范投标、防止串通，招标文件也会对投标文件的格式、装订要求等进行规定，投标人编制投标文件均需要严格遵循这些要求。

除按照招标文件的要求编制投标文件外，《招标投标法》和《招标投标法实施条例》对投标文件的编制、修改、撤回、递交、评审等还有以下主要规定。

（1）投标人应当按照招标文件的要求编制投标文件，投标文件应当对招标文件提出的实质性要求和条件做出响应。投标文件没有对招标文件的实质性要求和条件做出响应的，评标委员会应当否决其投标。

（2）招标项目属于建设施工的，投标文件的内容应当包括拟派出的项目负责人与主要技术人员的简历、业绩和拟用于完成招标项目的机械设备等。

（3）投标人应当在招标文件要求提交投标文件的截止时间前，将投标文件送达招标地点。招标人收到投标文件后，应当如实记载投标文件的送达时间和密封情况，并备查，开标前不得开启。

（4）未通过资格预审的申请人提交的投标文件，以及逾期送达或者不按照招标文件要求密封的投标文件，招标人应当拒收。投标文件未经投标单位盖章和单位负责人签字的，投标人不符合国家或者招标文件规定的资格条件的，评标委员会应当否决其投标。

（5）投标人在招标文件要求提交投标文件的截止时间前，可以补充、修改或者撤回已提交的投标文件，并书面通知招标人。补充、修改的内容为投标文件组成部分。投标截止后投标人撤销投标文件的，招标人可以不退还投标保证金。

（6）投标文件中有含义不明确的内容、明显文字或者计算错误，评标委员会认为需要投标人做出必要澄清、说明的，应当书面通知该投标人。投标人的澄清、说明应当采用书面形式，并不得超出投标文件的范围或者改变投标文件的实质性内容。

（7）投标报价低于成本或者高于招标文件设定的最高投标限价的，投标联合体没有提交联合体协议书的，同一投标人提交两个以上不同的投标文件或者投标报价的（招标文件要求提交备选投标的除外），评标委员会应当否决其投标。

（8）投标人不得以他人名义投标或者以其他方式弄虚作假，骗取中标；投标人不得相互串通投标报价，不得排挤其他投标人的公平竞争，损害招标人或者其他投标人的合法权益；投标人不得与招标人串通投标，损害国家利益、社会公共利益或者他人的合法权益；禁止投标人以向招标人或者评标委员会成员行贿的手段谋取中标。投标人有串通投标、弄虚作假等违法行为的，评标委员会应当否决其投标。

（二）施工投标文件的内容

（1）投标函及投标函附录。投标函是指由投标人填写的名为投标函的文件，包括其签署的向招标人提交的工程报价、工期目标、质量标准及相关文件。投标函及其他与其一起提交的文件构成了投标文件。投标函附录是对投标函相关重要内容做出的信息补充和确认。投标函及其附录需要由投标人盖章并由投标人法定代表人或其委托代理人签字。投标函未经投标单位盖章和法定代表人或其委托代理人签字的，评标委员会应当否决其投标。

（2）法定代表人身份证明或附有法定代表人身份证明的授权委托书。投标文件必须包括企业法定代表人身份证明或附有法定代表人身份证明的授权委托书，以确保投标系企业行为，企业愿意承担由此产生的收益和风险。

（3）联合体协议书。招标文件载明接受联合体投标的，两个以上法人或者其他组织可以组成一个联合体，以一个投标人的身份共同投标。联合体各方均应当具备承担招标项目的相应能力；国家有关规定或者招标文件对投标人资格条件有规定的，联合体各方均应当具备规定的相应资格条件。由同一专业单位组成的联合体，按照资质等级较低的单位确定资质等级。联合体各方应当签订联合体协议书（共同投标协议），明确约定联合体指定牵头人以及各方拟承担的工作和责任，授权指定牵头人代表所有联合体成员负责投标。

和合同实施阶段的主办、协调工作，并将由所有联合体成员法定代表人签署的联合体协议书连同投标文件一并提交招标人。联合体中标的，联合体各方应当共同与招标人签订合同，就中标项目向招标人承担连带责任。联合体各方签订共同投标协议后，不得再以自己的名义单独投标，也不得组成新的联合体或参加其他联合体在同一项目中投标。投标联合体没有提交联合体协议书的，评标委员会应当否决其投标。

招标文件规定不接受联合体投标的，或投标人没有组成联合体的，投标文件不包括联合体协议书。

（4）投标保证金。投标人需要按照招标文件的要求在投标截止日前向招标人递交投标保证金或投标保函。

（5）已标价工程量清单。由投标人按照招标文件规定的格式和要求，在招标人提供的工程量清单上填写并标明价格的工程量清单。已标价工程量清单是由投标人填写并签字的用于投标的文件，属于双方施工合同文件的组成。

（6）施工组织设计。施工组织设计是体现投标人技术能力的重要技术文件，也是呈现施工方案（包括施工方法、施工顺序、施工机械设备的选择等）、施工进度计划及总平面图的技术文件，而项目的施工方案、施工进度计划、施工总平面图都会显著影响项目的施工成本，成为评价投标人投标报价合理性的重要依据，所有投标人的投标文件应当包括施工组织设计。

鉴于投标人是在尚未中标的情况下编制施工组织设计，此阶段的施工组织设计应该包括的主要内容为：施工方法说明；计划开工、开工日期和施工进度网络图；施工总平面图；拟投入本标段的主要施工设备情况、拟配备本标段的试验和检测仪器设备情况、劳动力计划等；结合工程特点提出切实可行的工程质量、安全生产、文明施工、工程进度、技术组织措施。同时，应对关键工序、复杂环节重点提出相应技术措施，如冬、雨期施工技术，减少噪声，降低环境污染，地下管线及其他地上、地下设施的保护加固措施；临时用地表等。

（7）项目管理机构。项目管理机构的水平和能力是决定项目管理成败的关键，在建设项目的评标指标和评价方法中，一般都有对项目管理机构进行评价的内容。所有投标人的投标文件中需要有介绍项目管理机构的内容。

（8）拟分包项目情况表。投标人根据招标文件载明的项目实际情况，拟在中标后将中标项目的部分非主体、非关键性工作进行分包的，应当在投标文件中载明。

（9）资格审查资料。确保投标人，尤其是中标的投标人，符合招标文件明确的投标人资格是招标成果的关键。无论是资格后审，还是资格预审，资格审查资料都是投标文件应包含的资料。

（10）投标人须知前附表规定的其他材料。投标人需要向招标人递交投标人须知前附表规定的其他材料，确保投标全面响应招标人的各项要求。

第三节　施工招标程序和招标控制价

一、施工招标程序

（一）编制招标文件

招标文件是招标单位向投标单位介绍招标工程情况和招标具体要求的综合性文件。因此，招标文件的编制必须做到系统、完整、准确、明晰，即提出要求的目标明确，使投标者一目了然。建设单位也可以根据具体情况，委托具有相应资质的咨询、监理单位代理招标。招标文件一般包括以下内容。

（1）工程综合说明书，包括项目名称、地址、工程内容、承包方式、建设工期、工程质量检验标准、施工条件等。

（2）施工图纸和必要的技术资料。

（3）工程款的支付方式。

（4）实物工程量清单。

（5）材料供应方式及主要材料、设备的订货情况。

（6）投标的起止日期和开标时间、地点。

（7）对工程的特殊要求及对投标企业的相应要求。

（8）合同主要条款。

（9）其他规定和要求。

招标文件一经发出，招标单位不得擅自改变，否则，应赔偿由此给投标单位造成的损失。

（二）编制招标控制价

招标控制价是招标单位编制的招标工程的最高限价。其是招标文件的核心部分，是择优选择承包单位的重要依据。所有投标报价不得高于招标控制价，否则其投标应予拒绝。

（三）公布招标消息

采取公开招标的消息可以在广播、电视、报纸和专门刊物上登广告通知。采取邀请招标的，要以向有能力的施工企业发出招标通知书。采取议标的，可以邀请两家有能力的施工企业直接协商。

（四）投标单位资格审查

审查投标单位的资格素质，要看是否符合招标工程的条件。参加投标单位，应按照招标广告或通知规定的时间报送申请书，并附企业状况表或说明。其内容应包括企业名称、地址、负责人姓名、开户银行及账号、企业所有制性质和隶属关系、营业执照和资质等级证书（复印件）、企业简历等。投标单位应按照有关规定填写表格。

招标单位收到投标单位的申请后，即审查投标企业的等级、承包任务的能力、财产赔偿能力以及保证人等，确定投标企业是否具备投标的资格。资格审查合格的投标单位，向招标单位购买招标文件。

（五）组织现场勘察并答疑

在投标单位初步熟悉招标文件后，由招标单位组织投标单位勘察现场，并解答招标文件中的疑问。

（六）接受投标单位的标书

各投标单位编制完标书后应在规定时间内报送招标单位。

（七）开标、评标、决标

1.开标

招标单位按照招标文件规定的时间、地点，在有投标单位、建设项目主管部门、建设银行和法定公证人的参加下，当众启封有效标函，宣布各投标单位的报价和标函中的其他内容。

开标时应确认标书的有效性。标书也有无效情况，如标函未密封；投标单位未按规定的格式填写或填写字迹模糊，辨认不清；未加盖本单位公章和单位负责人的印鉴；寄达时间超过规定日期等。

2.评标、决标

招标单位对所有有效标书进行综合分析评比，从中确定最理想的中标单位。

确定中标企业的主要依据是标价合理，有一整套完整的保证质量、安全、工期等的技术组织措施，社会信誉高，经济效益好。

评标决标的方法，可采用多目标决策中的打分法。首先，确定评价项目和评价标准，将评价的内容具体分解成若干目标并确定打分标准；其次，按照各项目标的重要程度决定权数；最后，由评委会成员给各个项目分别打分，用评分乘以相应的权数汇总后得出总分，以总分最高的作为中标单位。

（八）签订工程承包合同

招标单位与中标单位双方，就招标的商定条款用具有法律效力的合同形式固定下来，以便双方共同遵守。合同一般应包括的条款主要有：工程名称和地点；工程范围和内容；开、竣工日期及中间交工工程开、竣工日期；工程质量保证及保修条件；工程预付款；工程款的支付、结算及交工验收办法；设计文件及概（预）算和技术资料提供日期；材料和设备的供应和进厂期限；双方相互协作事项；违约责任等。

二、招标控制价

（一）招标控制价的概念

招标控制价是指招标人根据国家或省级、行业建设主管部门颁发的有关计价依据和办法，按设计施工图纸计算的，对招标工程限定的最高工程造价。国有资金投资的工程建设项目应实行工程量清单招标，并应编制招标控制价。

招标控制价应在招标文件中注明，不应上调或下浮，招标人应将招标控制价及有关资料报送工程所在地工程造价管理机构备查。招标控制价超过批准的概算时，招标人应将其报原概算审批部门审核。投标人的投标报价高于招标控制价的，其投标应予拒绝。

（二）招标控制价的作用

（1）招标人有效控制项目投资，防止恶性投标带来的投资风险。

（2）增强招标过程的透明度，有利于正常评标。

（3）利于引导投标方投标报价，避免投标方无标底情况下的无序竞争。

（4）招标控制价反映的是社会平均水平，为招标人判断最低投标价是否低于成本提供参考依据。

（5）可为工程变更新增项目确定单价提供计算依据。

（6）作为评标的参考依据，避免出现较大偏离。

（7）投标人根据自己的企业实力、施工方案等报价，不必揣测招标人的标底，以提高市场交易效率。

（8）减少了投标人的交易成本，使投标人不必花费人力、财力去套取招标人的标底。

（9）招标人把工程投资控制在招标控制价范围内，提高了交易成功的可能性。

（三）招标控制价的编制依据

（1）《建设工程工程量清单计价规范》（GB 50500—2013）。

（2）国家或省级、行业建设主管部门颁发的计价定额和计价办法。

（3）建设工程设计文件及相关资料。

（4）招标文件中的工程量清单及有关要求。

（5）与建设项目相关的标准、规范、技术资料。

（6）工程造价管理机构发布的工程造价信息；工程造价信息没有发布的参照市场价。

（7）其他相关资料。主要是指施工现场情况、工程特点及常规施工方案等。

按上述依据进行招标控制价编制，应注意以下事项。

（1）使用的计价标准、计价政策应是国家或省级、行业建设主管部门颁布的计价定额和相关政策规定。

（2）采用的材料价格应是工程造价管理机构通过工程造价信息发布的材料单价，工程造价信息未发布材料单价的材料，其材料价格应通过市场调查确定。

（3）国家或省级、行业建设主管部门对工程造价计价中费用或费用标准有规定的，应按照规定执行。

（四）招标控制价的编制

（1）分部分项工程费应根据招标文件中的分部分项工程量清单项目的特征描述及有关要求，按照规定确定综合单价进行计算。综合单价中应包括招标文件中要求投标人承担的风险费用。招标文件提供了暂估单价的材料，按照暂估的单价计入综合单价。

（2）措施项目费应按照招标文件中提供的措施项目清单确定，措施项目采用分部分项工程综合单价形式进行计价的工程量，应按照措施项目清单中的工程量，并按规定确定综合单价；以"项"为单位的方式计价的，按规定确定除规费、税金以外的全部费用。措施项目费中的安全文明施工费应当按照国家或省级、行业建设主管部门的规定标准计价。

（3）其他项目费应按下列规定计价。

①暂列金额。暂列金额由招标人根据工程特点，按照有关计价规定进行估算确定。为保证工程施工建设的顺利实施，在编制招标控制价时应对施工过程中可能出现的各种不确定因素对工程造价的影响进行估算，列出一笔暂列金额。暂列金额可根据工程的复杂程度、设计深度、工程环境条件（包括地质、水文、气候条件等）进行估算，一般可按分部分项工程费的10%～15%作为参考。

②暂估价。暂估价包括材料暂估价和专业工程暂估价。暂估价中的材料单价应按照工程造价管理机构发布的工程造价信息或参考市场价格确定；暂估价中的专业工程暂估价应分不同专业，按有关计价规定估算。

③计日工。计日工包括计日工人工、材料和施工机械。在编制招标控制价时，对计日工中的人工单价和施工机械台班单价应按照省级、行业建设主管部门或其授权的工程造价管理机构公布的单价计算；材料应按照工程造价管理机构发布的工程造价信息中的材料单价计算，工程造价信息未发布材料单价的材料，其价格应按照市场调查确定的单价计算。

④总承包服务费。招标人应根据招标文件中列出的内容和向总承包人提出的要求，参照下列标准计算。

a.招标人要求对分包的专业工程进行总承包管理和协调时，按照分包的专业工程估算造价的1.5%计算。

b.招标人要求对分包的专业工程进行总承包管理和协调，并同时要求提供配合服务时，根据招标文件中列出的配合服务内容和提出的要求，按照分包的专业工程估算造价的3%～5%计算。

c.招标人自行供应材料的，按招标人供应材料价值的1%计算。

（4）招标控制价的规费和税金必须按国家或省级、行业建设主管部门的规定计算。

（五）招标控制价编制的注意事项

（1）招标控制价的作用决定了招标控制价不同于标底，无须保密。为体现招标的公平、公正，防止招标人有意抬高或压低工程造价，招标人应在招标文件中如实公布招标控制价，不得对所编制的招标控制价进行上浮或下调。招标人在招标文件中公布招标控制价时，应公布招标控制价各组成部分的详细内容，不得只公布招标控制价总价。同时，招标人应将招标控制价报工程所在地的工程造价管理机构备查。

（2）投标人经复核认为招标人公布的招标控制价未按照《建设工程工程量清单计价规范》（GB 50500—2013）的规定进行编制的，应在开标前5天向招标投标管理机构或（和）工程造价管理机构投诉。

招标投标管理机构应会同工程造价管理机构对投诉进行处理，发现确有错误的，应责令招标人修改。

第四节　施工投标程序及投标报价

一、施工投标概述

（一）施工投标的概念

建设工程投标，是指承建单位依据有关规定和招标单位拟定的招标文件参与竞争，并按照招标文件的要求，在规定的时间内向招标人填报投标书并争取中标，以图与建设工程项目法人单位达成协议的经济法律活动。

《招标投标法》第二十五条规定："投标人是响应招标、参加投标竞争的法人或者其他组织。"所谓"响应投标"，主要是指投标人对招标文件中提出的实质性要求和条件做出响应。

（二）投标人的资格要求

《招标投标法》第二十六条规定："投标人应当具备承担招标项目的能力；国家有关规定对投标人资格条件或者招标文件对投标人资格条件有规定的，投标人应当具备规定的资格条件。"

（1）投标人应当具备承担招标项目的能力。就建筑企业来说，这种能力主要体现在有关不同的资质等级的认定上。如根据建筑企业资质管理规定，房屋建筑工程施工总承包资质等级分为特级、一级、二级、三级；施工企业承包资质等级分为一级、二级、三级、四级。

（2）招标人在招标文件中对投标人的资格条件有规定的，投标人应当符合招标文件规定的资格条件；国家对投标人的资格条件有规定的，依照其规定。

二、施工投标程序

（1）获取招标信息。承包商根据招标广告或通知，分析招标工程条件，再结合自己的实力，选择投标工程。

（2）申请投标。按照招标广告或通知的规定向招标单位提出投标申请，提交有关资料。

（3）接受招标单位的资格审查。

（4）审查合格的企业购买招标文件及有关资料。

（5）参加现场勘察，并就招标中的问题向招标单位提出质疑。

（6）编制标书。标书是投标单位用于投标的综合性技术经济文件。它是承包商技术水平和管理水平的综合体现，也是招标单位选择承包商的主要依据，中标的标书又是签订工程承包合同的基础。标书的内容应包括以下几个方面。

①标函的综合说明。

②按照招标文件的工程量填写单价、单位工程造价和总造价。

③计划开、竣工日期及日历施工天数。

④工程质量达到的等级以及保证安全与质量的主要措施。

⑤施工方案以及技术组织措施和工程进度。

⑥主要工程的施工方法和施工机械的选择。

⑦临时设施需用占地数量和主要材料耗用量等。

编制标书是一项很复杂的工作，投标单位必须认真对待。在取得招标文件后，首先应组织人员仔细阅读全部内容，然后对现场进行实地勘察，向建设单位询问并了解有关问题，把招标工程各方面情况弄清楚，在此基础上完成标书。

（7）封送投标书。

（8）参加开标、评标、决标。

（9）中标后，与建设单位签订工程承包合同。

三、施工投标报价的编制

（一）投标报价的原则

投标报价的编制主要是投标单位对承建招标工程所要发生的各种费用的计算。在进行投标计算时，必须首先根据招标文件进一步复核工程量。作为投标计算的必要条件，应预先确定施工方案和施工进度，此外，投标计算还必须与采用的合同形式相协调。报价是投标的关键性工作，报价是否合理直接关系到投标的成败。

（1）以招标文件中设定的发承包双方责任划分，作为考虑投标报价费用项目和费用计算的基础；根据工程发承包模式考虑投标报价的费用内容和计算深度。

（2）以施工方案、技术措施等作为投标报价计算的基本条件。

（3）以反映企业技术和管理水平的企业定额作为计算人工、材料和机械台班消耗量的基本依据。

（4）充分利用现场考察、调研成果、市场价格信息和行情资料，编制基价，确定调价方法。

（5）报价计算方法要科学严谨、简明适用。

（二）投标报价的计算依据

（1）招标单位提供的招标文件。

（2）招标单位提供的设计图纸、工程量清单及有关的技术说明书等。

（3）国家及地区颁发的现行建筑、安装工程预算定额及与之相配套执行的各种费用定额规定等。

（4）地方现行材料预算价格、采购地点及供应方式等。

（5）因招标文件及设计图纸等不明确经咨询后由招标单位书面答复的有关资料。

（6）企业内部制定的有关计费、价格等的规定、标准。

（7）其他与报价计算有关的各项政策、规定及调整系数等。

在标价的计算过程中，对于不可预见费用的计算必须慎重考虑，不要遗漏。

（三）投标报价的编制方法

1.以定额计价模式投标报价

一般是先采用预算定额来编制，即按照规定的分部分项工程子目逐项计算工程量，套用定额基价或根据市场价格确定直接费用，然后按照规定的费用定额计取各项费用，最后汇总形成标价。

2.以工程量清单计价模式投标报价

这是与市场经济相适应的投标报价方法，也是国际通用的竞争性招标方式所要求的。一般是先由标底编制单位根据业主委托，将拟建招标工程全部项目和内容按照相关的计算规则计算出工程量，列在清单上作为招标文件的组成部分，供投标人逐项填报单价，计算出总价，作为投标报价，通过评标竞争，最终确定合同价。工程量清单报价由招标人给出工程量清单，投标者填报单价，单价应完全依据企业技术、管理水平等企业实力而定，以满足市场竞争的需要。

四、开标、评标和定标

在工程项目招投标中，评标是选择中标人、保证招标成功的重要环节。只有做出客观、公正的评标，最终才能正确地选择最优秀、最合适的承包商，从而顺利进入工程的实施阶段。

（一）开标

开标是指招标人将所有投标人的投标文件启封揭晓。我国《招标投标法》规定：开标，应当在招标通告中约定的地点，招标文件确定的提交投标文件截止时间的同一时间公开进行。开标由招标人主持，邀请所有投标人参加。开标时，要当众宣读投标人名称、投标价格、有无撤标情况以及招标单位认为其他合适的内容。

投标单位法定代表人或授权代表未参加开标会议的视为自动弃权。投标文件有下列情形之一的将视为无效。

（1）投标文件未按规定的标志密封。

（2）未经法定代表人签署或未加盖投标单位公章或未加盖法定代表人印鉴。

（3）未按规定的格式填写，内容不全或字迹模糊辨认不清。

（4）投标截止时间以后送达的投标文件。

（二）评标

开标后进入评标阶段，即采用统一的标准和方法，对符合要求的投标进行评比，来确定每项投标对招标人的价值，最后达到选定最佳中标人的目的。评标由招标人依法组建的评标委员会负责。依法必须招标的项目，评标委员会由招标人的代表和有关技术、经济等方面的专家组成，成员人数为5人以上的单数，其中技术、经济等方面的专家不得少于成员总数的2/3。

评标只对有效投标进行评审。为保证评标的公正、公平性，评标必须按照招标文件确定的评标标准、步骤和方法，不得采用招标文件中未列明的任何评标标准和方法，也不得改变招标确定的评标标准和方法。

（三）定标

评标结束后，评标委员会应写出评标报告，提出中标单位的建议并交由招标人进行审核。招标人以评标委员会提供的评标报告为依据，对评标委员会所推荐的中标候选人进行比较，确定中标人，招标人也可以授权评标委员会直接确定中标人，定标应当择优。评标确定中标人后，招标人应当向中标人发出中标通知书，并同时将中标结果通知所有未中标的投标人。

第七章 建筑工程竣工验收阶段造价管理

第一节 工程竣工验收

一、建设项目竣工验收的概念和作用

（一）建设项目竣工验收的概念

建设项目竣工验收是指由发包人、承包人和项目验收委员会，以项目批准的设计任务书和设计文件，以及国家或部门颁发的施工验收规范和质量检验标准为依据，按照一定的程序和手续，在项目建成并试生产合格后（工业生产性项目），对工程项目的总体进行检验和认证、综合评价和鉴定的活动。

建设项目竣工验收，按被验收的对象划分，可以分为单位工程验收、单项工程验收和工程整体验收（称为“动用验收”）。通常，建设项目竣工，指的是“动用验收”，是指发包人在建设项目按批准的设计文件所规定的内容全部建成后，向使用单位交工的过程。其验收程序是整个建设项目按设计要求全部建成，经过第一阶段的交工验收，符合设计要求，并具备竣工图、竣工结算、竣工决算等必要的文件资料后，由建设项目主管部门或发包人，按照国家有关部门关于《建设项目竣工验收办法》的规定，及时向负责验收的单位提出竣工验收申请报告，按现行验收组织规定，接受由银行、物资、环保、劳动、统计、消防及其他有关部门组成的验收委员会或验收组的验收，办理固定资产移交手续。验收委员会或验收组负责建设项目的竣工验收工作，听取有关单位的工作报告，审阅工程技术档案资料，并实地查验建筑工程和设备安装情况，对工程设计、施工和设备质量等方面提出全面的评价。

（二）建设项目竣工验收的作用

（1）全面考核建设成果，检查设计、工程质量是否符合要求，确保项目按设计要求的各项技术经济指标正常使用。

（2）通过竣工验收办理固定资产使用手续，可以总结工程建设经验，为提高建设项目的经济效益和管理水平提供重要依据。

（3）建设项目竣工验收是项目施工阶段的最后一个程序，是建设成果转入生产使用的标志，审查投资使用是否合理的重要环节。

（4）建设项目建成投产交付使用后，能否取得良好的宏观效益，需要经过国家权威管理部门按照技术规范、技术标准组织验收确认，因此，竣工验收是建设项目转入投产使用的必要环节。

二、建设项目竣工验收的条件、范围、依据和标准

（一）建设项目竣工验收的条件

《建设工程质量管理条例》（2019年修正）规定，建设工程竣工验收应当具备以下条件。

（1）完成建设工程设计和合同约定的各项内容。主要是指设计文件所确定的、在承包合同中载明的工作范围，也包括监理工程师签发的变更通知单中所确定的工作内容。

（2）有完整的技术档案和施工管理资料。

（3）有工程的主要建筑材料、建筑构配件和设备的进场试验报告。对建设工程使用的主要建筑材料、使用建筑构配件和设备的进场，除具有质量合格证明资料外，还应当有试验、检验报告。试验、检验报告中应当注明其规格、型号、用于工程的哪些部位、批量批次、性能等技术指标，其质量要求必须符合国家规定的标准。

（4）有勘察、设计、施工、工程监理等单位分别签署的质量合格文件。勘察、设计、施工、工程监理等有关单位依据工程设计文件及承包合同所要求的质量标准，对竣工工程进行检查和评定，符合规定的，签署合格文件。

（5）有施工单位签署的工程保修书。

建设工程经验收合格的，方可交付使用。

（二）建设项目竣工验收的范围

国家颁布的建设法规规定，凡新建、扩建、改建的基本建设项目和技术改造项目（所有列入固定资产投资计划的建设项目或单项工程），已按国家批准的设计文件所规定的内容建成，符合验收标准，即工业投资项目经负荷试车考核，试生产期间能够正常生产出合格产品，形成生产能力的；非工业投资项目符合设计要求，能够正常使用的，无论是属于哪种建设性质，都应及时组织验收，办理固定资产移交手续。

有的工期较长、建设设备装置较多的大型工程，为了及时发挥其经济效益，对其能够独立生产的单项工程，也可以根据建成时间的先后顺序，分期分批地组织竣工验收；对能生产中间产品的一些单项工程，不能提前投料试车，可按生产要求与生产最终产品的工程同步建成竣工后，再进行全部验收。

对于某些特殊情况，工程施工虽未全部按设计要求完成，也应进行验收，这些特殊情况主要有以下几项。

（1）因少数非主要设备或某些特殊材料短期内不能解决，虽然工程内容尚未全部完成，但已可以投产或使用的工程项目。

（2）规定要求的内容已完成，但因外部条件的制约，如流动资金不足、生产所需原材料不能满足等，而使已建工程不能投入使用的项目。

（3）有些建设项目或单项工程，已形成部分生产能力，但近期内不能按原设计规模续建，应从实际情况出发，经主管部门批准后，可缩小规模对已完成的工程和设备组织竣工验收，移交固定资产。

（三）建设项目竣工验收的依据

（1）上级主管部门对该项目批准的各种文件。

（2）可行性研究报告。

（3）施工图设计文件及设计变更洽商记录。

（4）国家颁布的各种标准和现行的施工验收规范。

（5）工程承包合同文件。

（6）技术设备说明书。

（7）建筑安装工程统一规定及主管部门关于工程竣工的规定。

（8）从国外引进的新技术和成套设备的项目，以及中外合资建设项目，要按照签订的合同和进口国提供的设计文件等进行验收。

（9）利用世界银行等国际金融机构贷款的建设项目，应按世界银行规定，按时编制项目完成报告。

（四）建设项目竣工验收的标准

（1）工业建设项目竣工验收标准。根据国家规定，工业建设项目竣工验收、交付生产使用，必须满足以下要求。

①生产性项目和辅助性公用设施，已按设计要求完成，能满足生产使用。

②主要工艺设备配套经联动负荷试车合格，形成生产能力，能够生产出设计文件所规定的产品。

③有必要的生活设施，并已按设计要求建成合格。

④生产准备工作能适应投产的需要。

⑤环境保护设施，劳动、安全、卫生设施，消防设施已按设计要求与主体工程同时建成使用。

⑥设计和施工质量已经过质量监督部门检验并做出评定。

⑦工程结算和竣工决算通过有关部门审查和审计。

（2）民用建设项目竣工验收标准。

①建设项目各单位工程和单项工程，均已符合项目竣工验收标准。

②建设项目配套工程和附属工程，均已施工结束，达到设计规定的相应质量要求，并具备正常使用条件。

三、建设项目竣工验收的内容

不同的建设项目，其竣工验收的内容不完全相同，但一般均包括工程资料验收和工程内容验收两个部分。

（一）工程资料验收

工程资料验收包括工程技术资料验收、工程综合资料验收和工程财务资料验收。

1.工程技术资料验收

工程技术资料验收的内容如下。

（1）工程地质、水文、气象、地形、地貌、建筑物、构筑物及重要设备安装位置、勘察报告、记录。

（2）初步设计、技术设计或扩大初步设计、关键的技术试验、总体规划设计。

（3）土质试验报告、基础处理。

（4）建筑工程施工记录、单位工程质量检验记录、管线强度、密封性试验报告、设备及管线安装施工记录及质量检查、仪表安装施工记录。

（5）设备试车、验收运转、维修记录。

（6）产品的技术参数、性能、图纸、工艺说明、工艺规程、技术总结、产品检验、包装、工艺图。

（7）设备的图纸、说明书。

（8）涉外合同、谈判协议、意向书。

（9）各单项工程及全部管网竣工图等资料。

2.工程综合资料验收

工程综合资料验收的内容包括项目建议书及批件、可行性研究报告及批件、项目评估报告书、环境影响评估报告书、设计任务书、土地征用申报及批准的文件、承包合同、招标投标文件、施工执照、项目竣工验收报告书、验收鉴定书。

3.工程财务资料验收

工程财务资料验收的内容如下。

（1）历年建设资金供应（拨、贷）情况和应用情况。

（2）历年批准的年度财务决算。

（3）历年年度投资计划、财务收支计划。

（4）建设成本资料。

（5）支付使用的财务资料。

（6）设计概算、预算资料。

（7）施工决算资料。

（二）工程内容验收

工程内容验收包括建筑工程验收和安装工程验收两个部分。

1.建筑工程验收

建筑工程验收主要是如何运用有关资料进行审查验收，包括以下几项。

（1）建筑物的位置、标高、轴线是否符合设计要求。

（2）对基础工程中的土石方工程、垫层工程、砌筑工程等资料的审查，因为这些工程在“交工验收”时已验收。

（3）对结构工程中的砖木结构、砖混结构、内浇外砌结构、钢筋混凝土结构的审查验收。

（4）对屋面工程的木基、望板油毡、屋面瓦、保温层、防水层等的审查验收。

（5）对门窗工程的审查验收。

（6）对装修工程的审查验收（抹灰、油漆等工程）。

2.安装工程验收

安装工程验收可分为建筑设备安装工程、工艺设备安装工程、动力设备安装工程验收。

（1）建筑设备安装工程是指民用建筑物中的上下水管道、暖气、天然气或煤气、通风、电气照明等安装工程。验收时应检查这些设备的规格、型号、数量、质量是否符合设计要求，检查安装时的材料、材质、材种，检查试压、闭水试验、照明情况。

（2）工艺设备安装工程包括生产、起重、传动、实验等设备的安装，以及附属管线敷设和油漆、保温等。检查设备的规格、型号、数量、质量，设备安装的位置、标高、机座尺寸、质量，单机试车、无负荷联动试车、有负荷联动试车，管道的焊接质量，洗清、吹扫、试压、试漏，油漆、保温等及各种阀门。

（3）动力设备安装工程验收是指有自备电厂的项目，或变配电室（所）、动力配电线路的验收。

四、建设项目竣工验收的方式与程序

（一）建设项目竣工验收的组织

1.成立竣工验收委员会或验收组

大、中型和限额以上建设项目及技术改造项目，由国家发改委或国家发改委委托项目主管部门、地方政府部门组织验收；小型和限额以下建设项目及技术改造项目，由项目主管部门或地方政府部门组织验收。建设主管部门和建设单位（业主）、接管单位、施工单位、勘察设计及工程监理等有关单位参加验收工作；根据工程规模大小和复杂程度组成验收委员会或验收组，其人员构成应由银行、物资、环保、劳动、统计、消防及其他有关部门的专业技术人员和专家组成。

2.验收委员会或验收组的职责

（1）负责审查工程建设的各个环节，听取各有关单位的工作报告。

（2）审阅工程档案资料，实地考察建筑工程和设备安装工程情况。

（3）对工程设计、施工和设备质量、环境保护、安全卫生、消防等方面客观地做出全面的评价。

（4）处理交接验收过程中出现的有关问题，核定移交工程清单，签订交工验收证书。

（5）签署验收意见，对遗留问题应提出具体解决意见并限期落实完成。不合格工程不予验收，并提出竣工验收工作的总结报告和国家验收鉴定书。

（二）建设项目竣工验收的方式

为了保证建设项目竣工验收的顺利进行，验收必须遵循一定的程序，并按照建设项目总体计划的要求以及施工进展的实际情况分阶段进行。建设项目竣工验收，按被验收的对象，可分为单位工程验收（中间验收）、单项工程验收（交工验收）及工程整体验收（动用验收），见表7-1。

表7-1　建设项目竣工验收的方式

类型	验收条件	验收组织
单位工程验收（中间验收）	（1）按照施工承包合同的约定，施工完成到某一阶段后要进行中间验收 （2）主要的工程部位施工已完成了隐蔽前的准备工作，该工程部位将置于无法查看的状态	由监理单位组织，业主和承包商派人参加，该部位的验收资料将作为最终验收的依据
单项工程验收（交工验收）	（1）建设项目中的某个合同工程已全部完成 （2）合同内约定有单项移交的工程已达到竣工标准，可移交给业主投入试运行	由业主组织，会同施工单位、监理单位、设计单位及使用单位等有关部门共同进行
工程整体验收（动用验收）	（1）建设项目按设计规定全部建成，达到竣工验收条件 （2）初验结果全部合格 （3）竣工验收所需资料已准备齐全	大、中型和限额以上项目由国家发改委或由其委托项目主管部门或地方政府部门组织验收；小型和限额以下项目由项目主管部门组织验收；业主、监理单位、施工单位、设计单位和使用单位参加验收工作

（三）建设项目竣工验收的程序

建设项目全部建成后，经过各单项工程的验收符合设计的要求，并具备竣工图表、竣工决算、工程总结报告等必要的文件资料，由建设项目主管部门或建设单位向负责验收的单位提出竣工验收申请报告，按程序验收。

1.承包商申请交工验收

承包商在完成合同工程或按合同约定可分布移交工程的，可申请交工验收。在工程达到竣工条件后，应先进行预检验，对不符合合同要求的部位和项目，确定修补措施和标准，修补有缺陷的工程部位。承包商在完成上述工作和准备好竣工资料后，可提交竣工验收申请报告。

2.监理工程师现场初验

施工单位通过竣工预验收，对发现的问题进行处理，决定正式提请验收，应向监理工程师提交验收申请报告，监理工程师审查验收申请报告，并组成验收组，对竣工的工程项目进行初验。如果发现质量问题，要及时书面通知施工单位，令其修理甚至返工。

3.正式验收阶段

由业主或监理工程师组织，有业主、监理单位、设计单位、施工单位、工程质量监督站等参加的正式验收。

（1）首次参加工程项目竣工验收的各方对已竣工的工程进行目测检查和逐一核对工程资料所列的内容是否齐备和完整。

（2）举行各方参加的现场验收会议，由项目经理负责对工程施工情况、自验情况和竣工情况进行介绍，并出示竣工资料；由项目总监理工程师通报工程监理中的主要内容，发表竣工验收的监理意见；业主根据在竣工项目目测中发现的问题，按照合同规定对施工单位提出限期处理的意见；最后由业主或总监理工程师宣布验收结果。

（3）办理竣工验收签证书三方签字盖章。

（四）建设项目竣工验收的管理与备案

1.工程竣工验收报告

建设项目竣工验收合格后，建设单位应当及时提出工程竣工验收报告。工程竣工验收报告主要包括工程概况，建设单位执行基本建设程序情况，对工程勘察、设计、施工、监理等方面的评价，工程竣工验收时间、程序、内容和组织形式，工程竣工验收意见等内容。

工程竣工验收报告还应附有下列文件。

（1）施工许可证。

（2）施工图设计文件审查意见。

（3）验收组人员签署的工程竣工验收意见。

（4）市政基础设施工程应附有质量检测和功能性试验资料。

（5）施工单位签署的工程质量保修书。

（6）法规、规章规定的其他有关文件。

2.竣工验收的备案

（1）国务院建设行政主管部门负责全国房屋建筑工程和市政基础设施工程的竣工验收备案管理工作。县级以上地方人民政府建设主管部门负责本行政区域内工程的竣工验收备案管理工作。

（2）依照《房屋建筑工程和市政基础设施工程竣工验收备案管理暂行办法》的行政规定，建设单位应当自工程竣工验收合格之日起15日内，向工程所在地的县级以上地方人民政府住房和城乡建设主管部门备案。

第二节　建设项目竣工决算

一、建设项目竣工决算的概念及作用

（一）建设项目竣工决算的概念

项目竣工决算是指所有建设项目竣工后，建设单位按照国家有关规定在新建、改建和扩建工程建设项目竣工验收阶段编制的竣工决算报告。竣工决算报告是以实物数量和货币指标为计量单位，综合反映竣工项目从筹建开始到项目竣工交付使用为止的全部建设费用、建设成果和财务情况的总结性文件，是竣工验收报告的重要组成部分。竣工决算是正确核定新增固定资产价值、考核分析投资效果、建立健全经济责任制的依据，是反映建设项目实际造价和投资效果的文件。

竣工决算包括从筹划到竣工投产全过程的全部实际费用，即包括建筑工程费用，安装工程费用，设备及工、器具购置费用和工程建设其他费用以及预备费等。

（二）建设项目竣工决算的作用

（1）建设项目竣工决算是综合全面地反映竣工项目建设成果及财务情况的总结

性文件。它采用货币指标、实物数量、建设工期和各种技术经济指标综合、全面地反映建设项目自开始建设到竣工为止的全部建设成果和财务状况。

（2）建设项目竣工决算是办理交付使用资产的依据，也是竣工验收报告的重要组成部分。建设单位与使用单位在办理交付资产的验收交接手续时，通过竣工决算反映了交付使用资产的全部价值，包括固定资产、流动资产、无形资产和其他资产的价值。及时编制竣工决算可以正确核定固定资产价值并及时办理交付使用，可缩短工程建设周期，节约建设项目投资，准确考核和分析投资效果。它可作为建设主管部门向企业使用单位移交财产的依据。

（3）建设项目竣工决算是分析和检查涉及概算的执行情况，考核建设项目管理水平和投资效果的依据。竣工结算反映了竣工项目计划、实际建设规模、建设工期以及设计和实际生产能力，反映了概算总投资和实际的建设成本，同时反映了所达到的主要技术经济指标。通过对这些指标计划数、概算数与实际数进行对比分析，不仅可以全面掌握建设项目计划和概算执行情况，而且可以考核建设项目投资效果，为今后制订建设项目计划、降低建设成本、提高投资效果提供必要的参考资料。

二、建设项目竣工决算的内容

建设项目竣工决算应包括从筹集到竣工投产全过程的全部实际费用，即包括建筑安装工程费，设备及工、器具购置费用，预备费等费用。竣工决算是由竣工财务决算说明书、竣工财务决算报表、工程竣工图和工程造价比较分析四个部分组成。其中，竣工财务决算说明书和竣工财务决算报表两个部分又称为建设项目竣工财务决算，是竣工决算的核心内容。竣工财务决算是正确核定项目资产价值、反映竣工项目建设成果的文件，是办理资产移交和产权登记的依据。

（一）竣工财务决算说明书

竣工财务决算说明书主要反映竣工工程建设成果和经验，是对竣工决算报表进行分析和补充说明的文件，是全面考核分析工程投资与造价的书面总结，是竣工决算报告的重要组成部分，其内容主要包括以下几项。

（1）建设项目概况，对工程的总体评价。

（2）会计账务的处理、财产物资清理及债权债务的清偿情况。

（3）项目建设资金计划及到位情况，财政资金支出预算、投资计划及到位情况。

（4）项目建设资金使用、项目结余资金等分配情况。

（5）项目概（预）算执行情况及分析，竣工实际完成投资与概算差异及原因分析。

（6）尾工工程情况。项目一般不得预留尾工工程，确需预留尾工工程的，尾工工程投资不得超过批准的项目概（预）算总投资的5%。

（7）历次审计、检查、审核、检查意见及整改落实情况。

（8）主要技术经济指标的分析、计算情况。概算执行情况分析，根据实际投资完成额与概算进行对比分析；新增生产能力的效益分析，说明交付使用财产占总投资额的比例，不增加固定资产的造价占投资总额的比例，分析有机构成和成果。

（9）项目管理经验、主要问题和建议。

（10）预备费动用情况。

（11）项目建设管理制度执行情况、政府采购情况、合同履行情况。

（12）征地拆迁补偿情况、移民安置情况。

（13）需说明的其他事项。

（二）竣工财务决算报表

建设项目竣工财务决算报表要根据大、中型建设项目和小型建设项目分别制定。大、中型建设项目竣工财务决算报表包括建设项目竣工财务决算审批表，大、中型建设项目概况表，大、中型建设项目竣工财务决算表，大、中型建设项目交付使用资产总表，建设项目交付使用资产明细表。小型建设项目竣工财务决算报表包括建设项目竣工财务决算审批表、小型建设项目竣工财务决算总表、建设项目交付使用资产明细表等。

（三）建设工程竣工图

建设工程竣工图是真实地记录各种地上、地下建筑物和构筑物等情况的技术文件，是工程进行交工验收、维护、改建和扩建的依据，是国家的重要技术档案。国家规定：各项新建、扩建、改建的基本建设工程，特别是基础、地下建筑、管线、结构、井巷、桥梁、隧道、港口、水坝以及设备安装等隐蔽部位，都要编制竣工图。为确保竣工图质量，必须在施工过程中（不能在竣工后）及时做好隐蔽工程检查记录，整理好设计变更文件。编制竣工图的形式和深度，应根据不同情况区别对待，其具体要求如下。

（1）凡按图竣工没有变动的，由承包人（包括总包和分包承包人，下同）在原施工图上加盖“竣工图”标志后，即作为竣工图。

（2）凡在施工过程中，虽有一般性设计变更，但能将原施工图加以修改补充作为竣工图的，可不重新绘制，由施工单位负责在原施工图（必须是新蓝图）上注明修改部分，并附以设计变更通知单和施工说明，加盖“竣工图”标志后，作为竣工图。

（3）凡结构形式改变、施工工艺改变、平面布置改变、项目改变以及有其他重大改变，不宜再在原施工图上修改、补充时，应重新绘制改变后的竣工图。因设计原因造成的，由设计单位负责重新绘图；因施工原因造成的，由施工单位负责重新绘图；由其他原因造成的，由建设单位自行绘图或委托设计单位绘图。施工单位负责在新图上加盖“竣工图”标志，并附以有关记录和说明，作为竣工图。

（4）为了满足竣工验收和竣工决算需要，还应绘制反映竣工工程全部内容的工程设计平面示意图。

（5）重大的改建、扩建工程项目涉及原有的工程项目变更时，应将相关项目的竣工图资料统一整理归档，并在原图案卷内增补必要的说明一起归档。

（四）工程造价比较分析

经批准的概（预）算是考核实际建设工程造价的依据。在分析时，可将决算报表中所提供的实际数据和相关资料与批准的概（预）算指标进行对比，以反映出竣工项目总造价和单方造价是节约还是超支，并在比较的基础上，总结经验教训，找出原因，以利于改进。

在考核概（预）算执行情况，正确核实建设工程造价时，财务部门首先应积累概（预）算动态变化资料，如设备材料价差、人工价差、费率价差及设计变更资料等；其次，核查竣工工程实际造价节约或超支的数额。为了便于进行比较分析，可先对比整个项目的总概算，然后对比单项工程的综合概算和其他工程费用概算，最后对比分析单位工程概算，并分别将建筑安装工程费，设备及工、器具费和其他工程费用逐一与竣工决算的实际工程造价对比分析，找出节约或超支的具体内容和原因。在实际工作中，主要分析以下内容。

（1）考核主要实物工程量。对实物工程量出入较大的项目，还必须查明原因。

（2）考核主要材料消耗量。要按照竣工决算表中所列明的三大材料实际超概算的消耗量，查明是在工程的哪一个环节超出量最大，再进一步查明超耗的原因。

（3）考核建设单位管理费、措施费和间接费的取费标准。建设单位管理费、措施费和间接费的取费标准要按照国家和各地的有关规定，根据竣工决算报表中所列的建设单位管理费与概预算所列的建设单位管理费数额进行比较，依据规定查明是否多列或少列的费用项目，确定其节约超支的数额，并查明原因。

三、建设项目竣工决算的编制

（一）建设项目竣工决算的编制条件

编制建设项目竣工决算应具备下列条件。

（1）经批准的初步设计所确定的工程内容已完成。

（2）单项工程或建设项目竣工阶段已完成。

（3）收尾工程投资和预留费用不超过规定的比例。

（4）涉及法律诉讼、工程质量纠纷的事项已处理完毕。

（5）其他影响工程竣工决算编制的重大问题已解决。

（二）建设项目竣工决算的编制依据

建设项目竣工决算应依据下列资料编制。

（1）《基本建设财务规则》（2017修正）等法律、法规和规范性文件。

（2）项目计划任务书及立项批复文件。

（3）项目总概算书和单项工程概算书文件。

（4）经批准的设计文件及设计交底、图纸会审资料。

（5）招标文件和最高投标限价。

（6）工程合同文件。

（7）项目竣工结算文件。

（8）工程签证、工程索赔等合同价款调整文件。

（9）设备、材料调价文件记录。

（10）会计核算及财务管理资料。

（11）其他有关项目管理的文件。

（三）建设项目竣工决算的编制步骤

（1）收集、整理和分析有关依据资料。在编制竣工决算文件之前，应系统地整理所有技术资料、工料结算的经济文件、施工图纸和各种变更与签证资料，并分析它们的准确性。完整、齐全的资料，是准确而迅速编制竣工决算的必要条件。

（2）清理各项财务、债务和结余物资。在搜集、整理和分析有关资料中，要特别注意建设工程从筹建到竣工投产或使用的全部费用的各项账务、债权和债务的清理，做到工程完毕账目清晰，既要核对账目，又要查点库存实物的数量，做到账与物相等、账与账相符。对结余的各种材料、工器具和设备，要逐项清点核实，妥善管理，并按规定及时处理，收回资金。对各种往来款项要及时进行全面清理，为编制竣工决算提供准确的数据和结果。

（3）核实工程变动情况。重新核实各单位工程、单项工程造价，将竣工资料与原设计图纸进行查对、核实，必要时可实地测量，确认实际变更情况；根据经审定的承包人竣工结算等原始资料，按照有关规定对原概（预）算进行增减调整，重新核定工程造价。

（4）编制建设工程竣工决算说明。按照建设工程竣工决算说明的内容要求，根据编制依据材料填写在报表中的结果，编写文字说明。

（5）填写竣工决算报表。按照建设工程决算表格中的内容，根据编制依据中的有关资料进行统计或计算各个项目和数量，并将其结果填到相应表格的栏目内，完成所有报表的填写。

（6）做好工程造价对比分析。

（7）清理、装订好竣工图。

（8）上报主管部门审查存档。

将上述编写的文字说明和填写的表格经核对无误，装订成册，即为建设工程竣工决算文件。将其上报主管部门审查，并把其中的财务成本部分送交开户银行签证。竣工决算在上报主管部门的同时，抄送有关设计单位。大、中型建设项目的竣工决算还应抄送财政部、建设银行总行和省、自治区、直辖市的财政局和建设银行分行各1份。建设工程竣工决算的文件，由建设单位负责组织人员编写，在竣工建设项目办理验收使用1个月之内完成。

四、建设项目竣工决算的审核

（一）审核程序

根据《基本建设项目竣工财务决算管理暂行办法》（财建〔2016〕503号）的规定，基本建设项目完工可投入使用或者试运行合格后，应当在3个月内编报竣工财务决算，特殊情况确需延长的，中、小型项目不得超过2个月，大型项目不得超过6个月。

中央项目竣工财务决算，由财政部制定统一的审核批复管理制度和操作规程。中央项目主管部门本级以及不向财政部报送年度部门决算的中央单位的项目竣工财务决算，由财政部批复；其他中央项目竣工财务决算，由中央项目主管部门负责批复，报财政部备案。国家另有规定的，从其规定。地方项目竣工财务决算审核批复管理职责和程序要求由同级财政部门确定。

财政部门和项目主管部门对项目竣工财务决算实行先审核、后批复的办法，可以委托预算评审机构或者有专业能力的社会中介结构进行审核。

（二）竣工决算的审核内容

财政部门和项目主管部门审核批复项目竣工财务决算时，应当重点审查以下内容。

（1）工程价款结算是否准确，是否按照合同约定和国家有关规定进行，有无多算和重复计算工程量、高估冒算建筑材料价格现象。

（2）待摊费用支出及其分摊是否合理、正确。

（3）项目是否按照批准的概（预）算内容实施，有无超标准、超规模、超概（预）算建设现象。

（4）项目资金是否全部到位，核算是否规范，资金使用是否合理，有无挤占、挪用现象。

（5）项目形成资产是否全面反映，计价是否准确，资产接收单位是否落实。

（6）项目在建设过程中历次检查和审计所提的重大问题是否已经整改落实。

（7）待核销基建支出和转出投资有无依据，是否合理。

（8）竣工财务决算报表所填列的数据是否完整，表间勾稽关系是否清晰、明确。

（9）尾工工程及预留费用是否控制在概算确定的范围内，预留的金额和比例是否合理。

（10）项目建设是否履行基本建设程序，是否符合国家有关建设管理制度要求等。

（11）决算的内容和格式是否符合国家有关规定。

（12）决算资料报送是否完整、决算数据间是否存在错误。

（13）相关主管部门或者第三方专业机构是否出具审核意见。

五、新增资产价值的确定

建设项目竣工投入运营后，所花费的总投资形成相应的资产。按照新的财务制度和企业会计准则，新增资产按资产性质可分为固定资产、流动资产、无形资产、递延资产和其他资产五大类。

（一）新增资产价值的分类

1.固定资产

固定资产是指使用期限超过一年，单位价值在1000元、1500元或2000元以上，并且在使用过程中保持原有实物形态的资产。

2.流动资产

流动资产是指可以在一年或者超过一年的营业周期内变现或者耗用的资产。流动资产按资产的占用形态可分为现金、存货、银行存款、短期投资、应收账款及预付账款。

3.无形资产

无形资产是指特定主体所控制的，不具有实物形态，对生产经营长期发挥作用且能带来经济利益的资源。无形资产主要有专利权、非专利技术、商标权和商誉。

4.递延资产

递延资产是指不能全部计入当年损益，应当在以后年度分期摊销的各种费用，包括开办费、租入固定资产改良支出等。

5.其他资产

其他资产是指具有专门用途，但不参加生产经营的经国家批准的特种物资，银行冻结存款和冻结物资、涉及诉讼的财产等。

（二）新增固定资产价值的确定

1.新增固定资产价值的概念和范畴

新增固定资产价值是建设项目竣工投产后所增加的固定资产的价值，是以价值形态表示的固定资产投资最终成果的综合性指标。新增固定资产价值是投资项目竣工投产后所增加的固定资产价值，即交付使用的固定资产价值，是以价值形态表示建设项目的固定资产最终成果的指标。新增固定资产价值的计算是以独立发挥生产能力的单项工程为对象的。单项工程建成经有关部门验收鉴定合格，正式移交生产或使用的，即应计算新增固定资产价值。一次交付生产或使用的工程一次计算新增固定资产价值；分期分批交付生产或使用的工程，应分期分批计算新增固定资产价值。新增固定资产价值的内容包括：已投入生产或交付使用的建筑、安装工程造价；达到固定资产标准的设备、工器具的购置费用；增加固定资产价值的其他费用。

2.新增固定资产价值计算时应注意的问题

在计算时应注意以下几种情况。

（1）对于为了提高产品质量、改善劳动条件、节约材料消耗、保护环境而建设的附属辅助工程，只要全部建成，正式验收交付使用后就要计入新增固定资产价值。

（2）对于单项工程中不构成生产系统，但能独立发挥效益的非生产性项目，如住宅、食堂、医务所、托儿所、生活服务网点等，在建成并交付使用后，也要计算新增固定资产价值。

（3）凡购置达到固定资产标准不需安装的设备、工具、器具，应在交付使用后计入新增固定资产价值。

（4）属于新增固定资产价值的其他投资，应随同受益工程交付使用的同时一并计入。

（5）共同费用的分摊方法。新增固定资产的其他费用，如果是属于整个建设项目或两个以上单项工程的，在计算新增固定资产价值时，应在各单项工程中按比例分摊。一般情况下，建设单位管理费按建筑工程、安装工程、需安装设备价值总额等按比例分摊，而土地征用费、地质勘查和建筑工程设计费等则按建筑工程造价比例分摊，生产工艺流程系统设计费按安装工程造价比例分摊。

（三）新增流动资产价值的确定

1.货币性资金

货币性资金是指现金、各种银行存款及其他货币资金，其中现金是指企业的库存现金，包括企业内部各部门用于周转使用的备用金；各种存款是指企业各种不同类型的银行存款；其他货币资金是指除现金和银行存款以外的其他货币资金，根据实际入账价值核定。

2.应收及预付款项

应收账款是指企业因销售商品、提供劳务等应向购货单位或受益单位收取的款项；预付款项是指企业按照购货合同预付给供货单位的购货定金或部分货款。应收及预付款项包括应收票据、应收款项、其他应收款、预付货款和待摊费用。一般情况下，应收及预付款项按企业销售商品、产品或提供劳务时的实际成交金额入账核算。

3.短期投资，包括股票、债券、基金

股票和债券根据是否可以上市流通分别采用市场法和收益法确定其价值。

4.存货

存货是指企业的库存材料、在产品、产成品等。各种存货应当按照取得时的实际成本计价。存货的形成，主要有外购和自制两个途径。外购的存货，按照买价加运输费、装卸费、保险费，途中合理损耗、入库前加工、整理及挑选费用以及缴纳的税金等计价；自制的存货，按照制造过程中的各项实际支出计价。

（四）新增无形资产价值的确定

根据我国2008年颁布的《资产评估准则—无形资产》规定，我国作为评估对象的无形资产通常包括专利权、非专利技术、生产许可证、特许经营权、租赁权、土地使用权、矿产资源勘探权和采矿权、商标权、版权、计算机软件及商誉等。

1.无形资产的计价原则

（1）投资者以无形资产作为资本金或者合作条件投入时，按评估确认或合同协议约定的金额计价。

（2）购入的无形资产，按照实际支付的价款计价。

（3）企业自创并依法申请取得的，按开发过程中的实际支出计价。

（4）企业接受捐赠的无形资产，按照发票账单所载金额或者同类无形资产市场价作价。

（5）无形资产计价入账后，应在其有效使用期内分期摊销，即企业为无形资产支出的费用应在无形资产的有效期内得到及时补偿。

2.无形资产的计价方法

（1）专利权的计价

专利权可分为自创和外购两类。自创专利权的价值为开发过程中的实际支出，主要包括专利的研制成本和交易成本。研制成本包括直接成本和间接成本。直接成本是指研制过程中直接投入发生的费用（主要包括材料费用、工资费用、专用设备费、资料费、咨询鉴定费、协作费、培训费和差旅费等）；间接成本是指与研制开发有关的费用（主要包括管理费、非专用设备折旧费、应分摊的公共费用及能源费用）。交易成本是指在交易过程中的费用支出（主要包括技术服务费、交易过程中的差旅费及管理费、手续费、税金）。由于专利权是具有独占性并能带来超额利润的生产要素，因此，专利权转让价格不按成本估价，而是按照其所能带来的超额收益计价。

（2）专有技术（又称非专利技术）的计价

非专利技术具有使用价值和价值，使用价值是非专利技术本身应具有的，非专利技术的价值在于非专利技术的使用所能产生的超额获利能力，应在研究分析其直接和间接获利能力的基础上，准确计算出其价值。如果非专利技术是自创的，一般不作为无形资产入账，自创过程中发生的费用，按当期费用处理。对于外购非专利技术，应由法定评估机构确认后再进行估价，其方法往往通过能产生的收益采用收益法进行估价。

（3）商标权的计价

如果商标权是自创的，一般不作为无形资产入账，而将商标设计、制作、注册、广告宣传等发生的费用直接作为销售费用计入当期损益。只有当企业购入或转让商标时，才需要对商标权计价。商标权的计价一般根据被许可方新增的收益确定。

（4）土地使用权的计价

根据取得土地使用权的方式不同，土地使用权可有以下几种计价方式：当建设单位向土地管理部门申请土地使用权并为之支付一笔出让金时，土地使用权作为无形资产核算；当建设单位获得土地使用权是通过行政划拨的，这时土地使用权就不能作为无形资产核算；将土地使用权有偿转让、出租、抵押、作价入股和投资，按规定补交土地出让价款时，才能作为无形资产核算。

（五）递延资产和其他资产价值的确定

1.开办费的计价

开办费是指在筹集期间发生的费用，不能计入固定资产或无形资产价值的费用，主要包括筹建期间人员工资、办公费、员工培训费、差旅费、印刷费、注册登记费以及不计入固定资产和无形资产购建成本的汇兑损益、利息支出等。根据现行财务制度规定，企业筹建期间发生的费用，应于开始生产经营起一次计入开始生产经营当期的损益。企业筹建期间开办费的价值可按其账面价值确定。

2.租入固定资产改良支出的计价

以经营租赁方式租入的固定资产改良工程支出的计价，应在租赁有限期限内摊入制造费用或管理费用。

3.其他资产

其他资产包括特准储备物资等，按实际入账价值核算。

第三节　建设项目质量保证金的处理

一、缺陷责任期的概念和期限

（一）缺陷责任期与保修期的概念

1.缺陷责任期

缺陷是指建设工程质量不符合工程建设强制标准、设计文件，以及承包合同的约定。缺陷责任期是指承包人对已交付使用的合同工程承担合同约定的缺陷修复责任的期限。

2.保修期

建设工程保修期是指在正常使用条件下，建设工程的最低保修期限。其期限长短由《建设工程质量管理条例》（2019修正）规定。

（二）缺陷责任期与保修期的期限

1.缺陷责任期的期限

由于承包人原因导致工程无法按规定期限进行竣工验收的，缺陷责任期从实际通过竣工验收之日起计。由于发包人原因导致工程无法按规定期限进行竣工验收的，在承包人提交竣工验收报告90天后，工程自动进入缺陷责任期。缺陷责任期一般为1年，最长不超过2年，由发承包双方在合同中约定。

2.保修期的期限

（1）基础设施工程、房屋建筑的地基基础工程和主体结构工程，为设计文件规定该工程的合理使用年限。

（2）屋面防水工程、有防水要求的卫生间、房间和外墙面的防渗漏为5年。

（3）供热与供冷系统为两个采暖期和供热期。

（4）电气管线、给水排水管道、设备安装和装修工程为2年。

（5）其他项目的保修期限由承发包双方在合同中规定。

二、质量保证金的使用及返还

（一）质量保证金的含义

根据《住房和城乡建设部、财政部关于印发建设工程质量保证金管理办法的通知》（建质〔2016〕138号）的规定，建设工程质量保证金（以下简称保证金）是指发包人与承包人在建设工程承包合同中约定，从应付的工程款中预留，用以保证承包人在缺陷责任期内对建设工程出现的缺陷进行维修的资金。

（二）质量保证金的预留及管理

（1）质量保证金的预留。发包人应按照合同约定方式预留质量保证金，质量保证金总预留比例不得高于工程价款结算总额的5%，合同约定由承包人以银行保函替代预留质量保证金的，保函金额不得高于工程价款结算总额的5%。在工程项目竣工前，已经缴纳履约保证金的，发包人不得同时预留工程质量保证金。采用工程质量保证担保、工程质量保险等其他方式的，发包人不得再预留质量保证金。

（2）缺陷责任期内，实行国库集中支付的政府投资项目，质量保证金的管理应按国库集中支付的有关规定执行。其他政府投资项目，质量保证金可以预留在财政部门或发包方，缺陷责任期内，如发包方被撤销，质量保证金随交付使用资产一并移交使用单位，由使用单位代行发包人职责。社会投资项目采用预留质量保证金方式的，发承包双方可以约定将质量保证金交由金融机构托管。

（3）质量保证金的使用。缺陷责任期内，由承包人原因造成的缺陷，承包人应负责维修，并承担鉴定及维修费用，如承包人不维修也不承担费用，发包人可按合同约定从质量保证金或银行保函中扣除，费用超出质量保证金金额的，发包人可按合同约定向承包人进行索赔。承包人维修并承担相应费用后，不免除对工程的损失赔偿责任。由他人及不可抗力原因造成的缺陷，发包人负责组织维修，承包人不承担费用，且发包人不得从质量保证金中扣除费用。发承包双方就缺陷责任有争议时，可以请有资质的单位进行鉴定，责任方承担鉴定费用并承担维修费用。

（三）质量保证金的返还

缺陷责任期内，承包人认真履行合同约定的责任，到期后，承包人向发包人申请返还质量保证金。

发包人在接到承包人返还质量保证金申请后，应于14天内会同承包人按照合同约定的内容进行核实。如无异议，发包人应当按照约定将质量保证金返还给承包人。对返还期限没有约定或者约定不明确的，发包人应当在核实后14天内将质量保证金返还给承包人，逾期未返还的，依法承担违约责任。发包人在接到承包人返还质量保证金申请后14天内不予答复，经催告后14天内仍不予答复的，视同认可承包人的返还质量保证金申请。

第四节　保修费用的处理

本节主要介绍保修费用的处理，其中包括保修的范围及期限、保修费用的处理办法等内容。

一、保修的范围及期限

工程项目在竣工验收交付使用后，建立工程质量保修制度，是施工企业对工程负责的具体体现，通过工程保修可以听取和了解使用单位对工程施工质量的评价和改进意见，便于施工单位提高管理水平。

（一）建设项目保修的意义

1.工程保修的含义

《中华人民共和国建筑法》第六十二条规定：“建筑工程实行质量保修制度。”建设工程质量保修制度是国家所确定的重要法律制度，是指建设工程在办理交工验收手续后，在规定的保修期限内（按合同有关保修期的规定），因勘察设计、施工、材料等原因造成的质量缺陷，应由责任单位负责维修。项目保修是项目竣工验收交付使用后，在一定期限内由施工单位到建设单位或用户处进行回访，对于工程发生的确实是由于施工单位施工责任造成的建筑物使用功能不良或无法使用的问题，由施工单位负责修理，直到达到正常使用的标准。保修回访制度属于建筑工程竣工后的管理范畴。

2.工程保修的意义

建设工程质量保修制度是国家所确定的重要法律制度，它对于完善建设工程保修制度、促进承包方加强质量管理、保护用户及消费者的合法权益能够起到重要的作用。

（二）保修范围和最低保修期限

1.保修范围

建筑工程的保修范围应包括地基基础工程、主体结构工程、屋面防水工程和其他土建工程，以及电气管线、上下水管线的安装工程，供热、供冷系统工程等项目。

2.保修期限

保修期限应当按照保证建筑物合理寿命内正常使用，维护使用者合法权益的原则确定。具体的保修范围和最低保修期限，按照国务院《建设工程质量管理条例》第四十条的规定执行。

（1）基础设施工程、房屋建筑的地基基础工程和主体结构工程，为设计文件规定的该工程的合理使用年限。

（2）屋面防水工程、有防水要求的卫生间、房间和外墙面的防渗漏为5年。

（3）供热与供冷系统为两个采暖期和供冷期。

（4）电气管线、给排水管道、设备安装和装修工程为两年。

（5）其他项目的保修期限由承发包双方在合同中规定。

建设工程的保修期，自竣工验收合格之日起计算。

建设工程在保修范围和保修期限内发生质量问题的，承包人应当履行保修义务，并对造成的损失承担赔偿责任。凡由于用户使用不当而造成建筑功能不良或损坏，不属于保修范围；凡属工业产品项目发生问题，也不属于保修范围。以上两种情况应由建设单位自行组织修理。

（三）保修的工作程序

1.发送保修证书（房屋保修卡）

在工程竣工验收的同时（最迟不应超过3天到一周），由施工单位向建设单位发送《建筑安装工程保修证书》。保修证书目前在国内没有统一的格式或规定，应由施工单位拟定并统一印刷。保修证书一般的主要内容如下。

（1）工程简况、房屋使用管理要求。

（2）保修范围和内容。

（3）保修时间。

（4）保修说明。

（5）保修情况记录。

（6）保修单位（施工单位）的名称、详细地址等。

2.要求检查和保修

在保修期间内，建设单位或用户发现房屋的使用功能出现问题，是由于施工质量造成的，则可以口头或书面形式通知施工单位的有关保修部门，说明情况，要求派人前往检查修理。施工单位必须尽快派人检查，并会同建设单位共同做出鉴定，提出修理方案，尽快组织人力、物力进行修理。房屋建筑工程在保修期间出现质量缺陷，建设单位或房屋建筑所有人应当向施工单位发出保修通知，施工单位接到保修通知后，应到现场检查情况，在保修书约定的时间内予以保修。发生涉及结构安全或者严重影响使用功能的紧急抢修事故，施工单位接到保修通知后，应当立即到达现场抢修。发生涉及结构安全的质量缺陷，建设单位或者房屋建筑产权人应当立即向当地建设主管部门报告，采取安全防范措施；由原设计单位或者具有相应资质等级的设计单位提出保修方案，施工单位实施保修，原工程质量监督机构负责监督。

3.验收

在发生问题的部位或项目修理完毕后，要在保修证书的“保修记录”栏内做好记录，由建设单位验收签认，此时修理工作完毕。

二、保修费用的处理办法

保修费用是指在保修期间和保修范围内所发生的维修、返工等各项费用支出。保修费用应按合同和有关规定合理确定和控制。保修费用一般可参照建筑安装工程造价的确定程序和方法计算，也可以按照建筑安装工程造价或承包工程合同价的一定比例计算（目前取5%）。

根据《中华人民共和国建筑法》的规定，在保修费用的处理问题上，必须根据修理项目的性质、内容以及检查修理等多种因素的实际情况，区别保修责任的承担问题，对于保修经济责任的确定，应当由有关责任方承担，由建设单位和施工单位共同商定经济处理办法，具体处理办法如下。

第一，因承包单位未按国家有关规范、标准和设计要求施工而造成的质量缺陷，由承包单位负责返修并承担经济责任。

第二，因设计方面的原因造成的质量缺陷，由设计单位承担经济责任，设计单位提出修改方案，可由施工单位负责维修，其费用按有关规定通过建设单位向设计单位索赔，不足部分由建设单位负责协同有关方解决。

第三，因建筑材料、建筑构配件和设备质量不合格而造成的质量缺陷，属于工程质量检测单位提供虚假或错误检测报告的，由工程质量检测单位承担质量责任并负责维修费用；属于承包单位采购的或经其验收同意的，由承包单位承担质量责任和经济责任；属于建设单位采购的，由建设单位承担经济责任。

第四，因使用单位使用不当造成的损坏问题，由使用单位自行负责。

第五，因地震、洪水、台风等自然灾害造成的质量问题，施工单位、设计单位不承担经济责任，由建设单位负责处理。

第六，根据《中华人民共和国建筑法》第七十五条规定，建筑施工企业违反该法规定，不履行保修义务的，责令改正，可以处以罚款。在保修期间若有屋顶、墙面渗漏、开裂等质量缺陷，有关责任企业应当依据实际损失给予实物或价值补偿。质量缺陷因勘察设计原因、监理原因或者建筑材料、建筑构配件和设备等原因造成的，根据民法规定，施工企业可以在保修和赔偿损失之后，向有关责任者追偿。因建设工程质量不合格而造成损害的，受损害人有权向责任者要求赔偿。因建设单位或者勘察设计的原因、施工的原因、监理的原因产生的建设质量问题，造成他人损失的，以上单位应当承担相应的赔偿责任。受损害人可以向任何一方要求赔偿，也可以向以上各方提出共同赔偿要求。有关各方之间在赔偿后，可以在查明原因后向真正的责任人追偿。

涉外工程的保修问题，除参照上述办法进行处理外，还应依照原合同条款的有关规定执行。

第八章　建筑工程项目成本核算

第一节　建筑工程项目成本核算概述

一、工程成本核算的概念

项目施工成本管理的核心分为两级成本核算，即企业的工程项目施工成本核算（工程成本核算）和项目经理部的工程施工成本核算（施工成本核算）。

工程成本与施工成本是一种包含与被包含的关系。工程成本是制作成本在施工企业所核算范围的准确概括，施工成本是施工要求根据自身管理水平、管理特点和各单位所确定的项目责任成本范围以及根据每个项目的项目施工成本责任合同所确定的成本开支范围而确定。

二、工程成本核算的对象

成本核算对象，是指在计算工程成本中，确定归集和分配生产费用的具体对象，即生产费用承担的客体。成本计算对象的确定，是设立工程成本明细分类账户、归集和分配生产费用以及正确计算工程成本的前提。

项目成本核算一般以每一独立编制施工图预算的单位工程为对象，但也可以按照承包工程项目的规模、工期、结构类型、施工组织和施工现场等情况，结合成本控制的要求，灵活划分成本核算对象。

三、工程成本核算的分类

为了正确计算工程成本，首先要对工程成本进行合理分类。通常情况下，可按以下情况划分。

（一）按经济内容划分

按成本的经济内容可分为外购材料费、外购动力费、外购燃气费、工资（包括工资、奖金和各种工作效率的津贴、补贴等）、职工福利费、折旧费、利息支出、税金及其他支出。

这种分类方法可反映建筑企业在一定时期内资金耗费的构成和水平，可以为编制材料采购资金计划和劳动工资计划提供资料，也可以为制订物资储备资金计划及计算企业净产值和增加值提供资料。

（二）按经济用途划分

按成本的经济用途可分为直接人工费、直接材料费、机械使用费、其他直接费、施工间接费用、期间费用。

这种分类方法可正确反映工程成本的构成，便于组织成本的考核和分析，有利于加强企业的成本管理。

（三）按计入成本的方式划分

按计入成本核算对象的方式可分为直接成本和间接成本。直接成本指费用发生后可以直接计入各工程项目成本中的资金耗费，如能明确区分为某一工程项目耗用的材料、工资和施工机械使用费等；间接成本是指不能明确区分为某一个工程项目耗用，而需要先行归集，然后按规定的标准分配计入各项工程成本中的资金耗费，如施工间接费用。

（四）按与工程量的关系划分

按成本与工程的关系可分为变动成本与固定成本两种。这种分类对于组织成本控制、分析成本升降原因以及做出某些成本决策十分必要，而降低固定成本要从节约开支、减少耗费的绝对数着手。

（五）按成本形成的时间划分

按成本形成的时间可分为会计期成本和工程期成本。按会计期计算成本，可以将实际成本与预算进行对比，有利于各个时期的成本分析和考核，可以及时总结工程施工与管理的经验教训。按工程期计算成本，有利于分析某一工程项目在施工全过程中的经验和教训，从而为进一步加强工程施工管理提供依据。

四、工程成本核算的任务

鉴于施工项目成本核算在项目成本管理中所处的重要地位，工程成本核算的主要任务如下。

执行国家有关成本开支范围、费用开支标准、工程预算定额和企业施工预算、成本计划的有关规定。控制费用，促使项目合理、节约地使用人力、物力和财力，是项目成本核算的先决条件和首要任务。

正确、及时地核算施工过程中发生的各项费用，计算工程项目的实际成本，这是项目成本核算的主体和中心任务。

反映和监督项目成本计划的完成情况，为项目成本预测和参与项目施工生产、技术和经营决策提供可靠的成本报告和有关资料，促进项目改善经营管理、降低成本、提高经济效益，这是项目成本核算的根本目的。

五、工程成本核算的意义

成本核算是施工企业成本管理一个极其重要的环节。认真做好成本核算工作，对于加强成本管理、促进增产节约、发展企业生产有重要的意义。具体表现为以下几个方面。

通过项目成本核算，将各项生产费用按照用途和一定的程序，直接计入或分配计入各项工程，正确算出各项工程的实际成本，将其与预算成本进行比较，可以检查预算成本的执行情况。

通过项目成本核算，可以及时反映施工过程中人力、物力、财力的耗费，检查人工费、材料费、机械使用费、措施费的耗用情况和间接费定额的执行情况，挖掘降低工程成本的潜力，节约活劳动和物化劳动。

通过项目成本核算，可以计算施工企业各个施工单位的经济效益和各项承包工程合同的盈亏，分清各个单位的成本责任，在企业内部实行经济责任制，以便于学先进、找差距，开展良性竞赛。

通过项目成本核算，可以为各种不同类型的工程积累经济技术资料，为修订预算定额、施工定额提供依据。

管理企业离不开成本核算，但成本核算不是目的，而是管好企业的一个经济手段。离开管理去讲成本核算，成本核算也就失去了应有的重要意义。

为了搞好施工企业管理、发挥项目成本核算的作用，工程成本的计算必须正确、及时。计算不正确，就不能据以考核分析各项消耗定额的执行情况，就不能保证企业再生产资金的合理补偿；计算不及时，就不能及时反映施工活动的经济效益，不能及时发现施工和管理中存在的问题。由于建筑安装工程生产属于单件生产，采用订单成本计算法以及同一工地上各个工程耗用大堆材料而难以严格划分计算等原因，对大堆材料、周转材料等往往要采用一定标准分配计入各项工程成本，这就使各项工程的成本带有一定的假定性。因此，对于工程成本计算的正确性，也必须从管理的要求出发，看它提供的成本资料能不能及时满足企业管理的需要。在计算工程项目成本时，必须防止简单化。如对施工期较长的建筑群工地，不能将工地上各项工程合并作为一个成本计算对象，而必须以单位工程或开竣工时期相近的各项单位工程作为一个成本计算对象，否则，就会形成“一锅煮”，不能满足成本管理的要求。当然，也要防止为算而算，脱离管理要求的倾向。烦琐的计算，不仅会使会计人员陷于埋头计算而不能深入工地和班组以便及时掌握施工生产动态，而且会影响工程成本核算的及时性，使提供的核算资料不能及时反映施工管理中存在的矛盾，不能为施工管理服务。因此，工程成本的计算，必须从管理要求出发，在满足管理需要的前提下，分清主次，按照主要从细、次要从简、细而有用、简而有理的原则，采取既合理又简便的方法，正确及时地计算企业生产耗费，计算工程成本，发挥工程成本核算在施工企业管理中的作用。

六、工程成本核算的原则

（一）确认原则

在项目成本管理中对各项经济业务中发生的成本，都必须按一定的标准和范围加以认定和记录。只要是为了经营目的所发生的或预期要发生的，并要求得到补偿的一切支出，都应作为成本来加以确认。正确的成本确认往往与一定的成本核算对象、范围和时期相联系，并必须按一定的确认标准来进行。这种确认标准具有相对的稳定性，主要侧重定量，但也会随着经济条件和管理要求的发展而变化。在成本核算中，往往要进行再确认，甚至是多次确认。如确认是否属于成本，是否属于特定核算对象的成本（如临时设施先算搭建成本，使用后算摊销费）以及是否属于核算当期成本等。

（二）分期核算原则

施工生产是连续不断的，项目为了取得一定时期的成本，就必须将施工生产活动划分为若干时期，并分期计算各期项目成本。成本核算的分期应与会计核算的分期相一致，这样便于财务成果的确定。但要指出的是，成本的分期核算，与项目成本计算期不能混为一谈。不论生产情况如何，成本核算工作，包括费用的归集和分配等都必须按月进行。至于已完项目成本的结算，可以是定期的，按月结转，也可以是不定期的，等到工程竣工后一次结转。

（三）实际成本核算原则

采用实际成本计价，采用定额成本或者计划成本方法的，应当合理计算成本差异，月终编制会计报表时，调整为实际成本。即必须根据计算期内实际产量（已完工程量）以及实际消耗和实际价格计算实际成本。

（四）权责发生制原则

凡是当期已经实现的收入和已经发生或应当负担的费用，不论款项是否收付，都应作为当期的收入或费用处理；凡不属于当期的收入和费用，即使款项已经在当期收付，都不应作为当期的收入和费用。权责发生制原则主要从时间选择上确定成本会计确认的基础，其核心是根据权责关系的实际发生和影响来确认企业的支出和收益。

（五）相关性原则

成本核算不只是简单的计算问题，而且要为项目成本管理目标服务，要与管理融为一体。因此，在具体成本核算方法、程度和标准的选择上，在成本核算对象和范围的确定上，应与施工生产经营特点和成本管理要求特性相结合，并与项目一定时期的成本管理水平相适应。正确地核算出符合项目管理目标的成本数据和指标，真正使项目成本核算成为领导的参谋和助手。无管理目标的成本核算是盲目和无益的，无决策作用的成本信息是没有价值的。

（六）一贯性原则

项目成本核算所采用的方法一经确定，不得随意变动。只有这样，才能使企业各期成本核算资料口径统一、前后连贯、相互可比。成本核算办法的一贯性原则体现在各个方面，如耗用材料的计价方法、折旧的计提方法、施工间接费的分配方法、未施工的计价方法等。坚持一贯性原则，并不是一成不变，如确有必要变更，要有充分的理由对原成本核算方法进行改变的必要性做出解释，并说明这种改变对成本信息的影响。如果随意变动成本核算方法，并不加以说明，则有对成本、利润指标、盈亏状况弄虚作假的嫌疑。

（七）划分收益性支出与资本性支出原则

划分收益性支出与资本性支出是指成本、会计核算应当严格区分收益性支出与资本性支出界限，以正确地计算当期损益。所谓收益性支出，是指该项目支出发生是为了取得本期收益，即仅仅与本期收益的取得有关，如工资、水电费支出等。所谓资本性支出，是指不仅为取得本期收益而发生的支出，同时该项支出的发生有助于以后会计期间的支出，如构建固定资产支出。

（八）及时性原则

及时性原则是指项目成本的核算、结转和成本信息的提供应当在所要求的时期内完成。需要指出的是，成本核算及时性原则并非指成本核算越快越好，而是要求成本核算和成本信息的提供，以确保真实为前提，在规定时期内核算完成，在成本信息尚未失去时效的情况下适时提供，确保不影响项目其他环节核算工作的顺利进行。

（九）明晰性原则

明晰性原则是指项目成本记录必须直观、清晰、简明、可控，便于理解和利用，使项目经理和项目管理人员了解成本信息的内涵，弄懂成本信息的内容，有效地控制本项目的成本费用。

（十）配比原则

配比原则是指营业收入与其对应的成本、费用应当相互对应。为取得本期收入而发生的成本和费用，应与本期实现的收入在同一时期内确认入账，不得脱节，也不得提前或延后，以便正确计算和考核项目经营成果。

（十一）重要性原则

重要性原则是指对于成本有重大影响的业务内容，应作为核算的重点，力求精确，而对于那些不太重要的琐碎的经济业务内容，可以相对从简处理。坚持重要性原则能够使成本核算在全面的基础上保证重点，有助于加强对经济活动和经营决策有重大影响和有重要意义的关键性问题的核算，达到事半功倍，简化核算，节约人力、财力、物力，提高工作效率的目的。

（十二）谨慎原则

谨慎原则是指在市场经济条件下，在成本、会计核算中应当对项目可能发生的损失和费用做出合理预计，以增强抵御风险的能力。

第二节　建筑工程项目成本核算的程序与方法

一、建筑工程成本核算的程序

（一）总分类核算程序

1.总分类科目的设置

为了核算工程成本的发生、汇总与分配情况，正确计算工程成本，项目经理部一般应设置以下总分类科目。

（1）“工程施工”科目

属于成本类科目，用来核算施工项目在施工过程中发生的各项成本性费用。借方登记施工过程中发生的人工费、材料费、机械使用费、其他直接费以及期末分配计入的间接成本；贷方登记结转已完工程的实际成本；期末余额在借方，反映未完工程的实际成本。

（2）“机械作业”科目

属于成本类科目，用来核算施工项目使用自有施工机械和运输机械进行机械作业所发生的各项费用。借方登记所发生的各种机械作业支出；贷方登记期末按照受益对象分配结转的机械使用费实际成本；期末应无余额。从外单位或本企业其他内部独立核算单位租入机械时支付的机械租赁费，应直接计入“工程施工”科目的机械使用费成本项目中，不通过本科目核算。

（3）“辅助生产”科目

属于成本类科目，用来核算企业内部非独立核算的辅助生产部门为工程施工、产品生产、机械作业等生产材料和提供劳务（如设备维修、结构件的现场制作、施工机械的装卸等）所发生的各项费用。借方登记发生的以上各项费用；贷方登记期末结转完工产品或劳务的实际成本；期末余额在借方，反映辅助生产部门在产品或未完工劳务的实际成本。

（4）“待摊费用”科目

属于资产类科目，用来核算施工项目已经支付但应由本期和以后若干期分别负担的各项施工费用，如低值易耗品的摊销，一次支付数额较大的排污费、财产保险费、进出场费等。发生各项待摊费用时，登记本科目的借方；按受益期限分期摊销时，登记本科目的贷方；期末借方余额反映已经支付但尚未摊销的费用。

（5）“预提费用”科目

属于负债类科目，用来核算施工项目预先提取但尚未实际发生的各项施工费用，如预提收尾工程费用、预提固定资产大修理费用等。贷方登记预先提取并计入工程成本的预提费用；借方登记实际发生或执行的预提费用；期末余额在贷方，反映已经计入成本但尚未发生的预提费用。

2.工程成本在有关总分类科目间的归集结转程序

（1）将本期发生的各项施工费用，按其用途和发生地点，归集到有关成本、费用科目的借方。

（2）月末，将归集在“辅助生产”科目中的辅助生产费用，根据受益对象和受益数量，按照一定方法分配转入“工程施工”“机械作业”等科目的借方。

（3）月末，将由本月成本负担的待摊费用和预提费用，转入其有关成本费用科目的借方。

（4）月末，将归集在“机械作业”科目的各项费用，根据受益对象和受益数量，按照一定方法分配计入“工程施工”科目借方。

（5）工程月末或竣工结算工程价款时，结算当月已完工程或竣工工程的实际成本，从“工程施工”科目的贷方转入“工程结算成本”科目的借方。

（二）明细分类核算程序

1.明细分类账的设置

（1）按成本核算对象设置“工程成本明细账”，并按成本项目设专栏归集各成本核算对象发生的施工费用。

（2）按各管理部门设置“工程施工间接成本明细账”，并按费用项目设专栏归集施工中发生的间接成本。

（3）按施工队、车间或部门以及成本核算对象（如产品、劳务的种类）的类别设置“辅助生产明细账”。

（4）按费用的种类或项目，设置“待摊费用明细账”“预提费用明细账”，以归集与分配各项有关费用。

（5）根据自有施工机械的类别，设置“机械作业明细账”。

2.工程成本在有关明细账间的归集和结转程序

（1）根据本期施工费用的各种凭证和费用分配表分别计入“工程成本明细账（表）”“工程施工间接成本明细账”“辅助生产明细账（表）”“待摊费用明细账（表）”“预提费用明细账（表）”和“机械作业明细账（表）”。

（2）根据“辅助生产明细账（表）”，按各受益对象的受益数量分配该费用编制“辅助生产费用分配表”，并据此登记“工程成本明细账（表）”等有关明细账。

（3）根据“待摊费用明细账（表）”及“预提费用明细账（表）”，编制“待摊费用计算表”及“预提费用计算表”，并据此登记“工程成本明细账（表）”等有关明细账。

（4）根据“机械作业明细账（表）”和“机械使用台账”，编制“机械使用费分配表”。按受益对象和受益数量，将本期各成本核算对象应负担的机械使用费分别计入“工程成本明细账（表）”。

（5）根据“工程施工间接成本明细账”，按各受益对象的受益数量分配该费用，编制“间接成本分配表”，并据此登记“工程成本明细账（表）”。

（6）月末，根据“工程成本明细账（表）”，计算出各成本核算对象的已完工程成本或竣工成本，从“工程成本明细账（表）”转出，并据此编制“工程成本表”。

二、建筑工程成本的归集和分配

（一）人工费的归集和分配

1.内包人工费

指企业所属的劳务分公司（内部劳务市场自有劳务）与项目经理签订的劳务合同结算的全部工程价款。适用于类似外包工式的合同定额结算支付办法，按月结算计入项目单位工程成本。当月结算，隔月不予结算。

2.外包人工费

按项目经理部与劳务基地（内部劳务市场外来劳务）或直接与外单位施工队伍签订的包清工合同，以当月验收完成的工程实物量计算出定额工日数，然后乘以合同人工单价确定人工费。并按月凭项目经济员提供的“包清工工程款月度成本汇总表”（分外包单位和单位工程）预提计入项目单位工程成本。当月结算，隔月不予结算。

（二）材料费的归集和分配

工程耗用的材料，根据限额领料单、退料单、报损报耗单、大堆材料耗用计算单等，由项目材料员按单位工程编制“材料耗用汇总表”，据以计入项目成本。

标内代办：指“三材”差价列入工程预算账单内作为造价组成部分。通常由项目经理部委托材料分公司代办，由材料分公司向项目经理部收取价差费。由项目成本员按价差发生额，一次或分次提供给项目负责统计的经济员报出产值，以便及时回收资金。月度结算成本时，为谨慎起见可不降低，而是进行持平处理，使预算与实际同步。单位工程竣工结算，按实际消耗量调整实际成本。

标外代办：指由建设单位直接委托材料分公司代办“三材”，其发生的“三材”差价，由材料分公司与建设单位按代办合同口径结算。项目经理部不发生差价，亦不列入工程预算账单内，不作为造价组成部分，可进行平价处理。项目经理部只核算实际耗用超过设计预算用量的那部分量差及负担市场高进高出的差价，并计入相应的项目单位工程成本。

一般价差核算：提高项目材料核算的透明度，简化核算，做到明码标价。一般可按一定时点上内部材料市场挂牌价作为材料记账，材料、财务账相符的“计划价”，两者对比产生的差异，计入项目单位工程成本，即所谓的实际消耗量调整后的实际价格。如市场价格发生较大变化，可适时调整材料记账的“计划价”，以便缩小材料成本差异。钢材、水泥、木材、玻璃、沥青按实际价格核算，高于预算取费的差价，高进高出，谁用谁负担。装饰材料按实际采购价作为计划价核算，计入该项目成本。项目对外自行采购或按定额承包供应材料，如砖、瓦、砂、石、小五金等，应按实际采购价或按议定供应价格结算，由此产生的材料、成本差异节超，相应增减项目成本。同时，重视转嫁压价让利风险，获取材料采购经营利益，使供应商让利并使项目受益。

（三）周转材料的归集和分配

周转材料实行内部租赁制，以租费的形式反映其消耗情况，按“谁租用谁负担”的原则核算其项目成本。按周转材料租赁办法和租赁合同，由出租方与项目经理部按月结算租赁费。租赁费按租用的数量、时间和内部租赁单价计算计入项目成本。周转材料在调入移出时，项目经理部必须加强计量验收制度，如有短缺、损坏，一律按原价赔偿，计入项目成本。租用周转材料的进退场运费，按其实际发生数，由调入项目负担。对U形卡、脚手扣件等零件，除执行项目租赁制外，考虑到其比较容易散失的因素，按规定实行定额预提摊耗，摊耗数计入项目成本，相应减少次月租赁基数及租赁费。单位工程竣工，必须进行盘点，盘点后的实物数与前期逐月按控制定额摊耗后的数量差，按实调整清算计入成本。实行租赁制的周转材料，一般不再分配负担周转材料差价。退场后发生的修复整理费用，应由出租单位做出租成本核算，不再向项目另行收费。

（四）结构件的归集和分配

项目结构件的使用必须有领发手续，并根据这些手续，按照单位工程使用对象编制“结构件耗用月报表”。项目结构件的单价，以项目经理部与外加工单位签订的合同为准计算耗用金额，计入成本。根据实际施工形象进度、已完施工产值的统计、各类实际成本报耗三者在月度时点上的三同步原则（配比原则的引申与应用），结构件耗用的品种和数量应与施工产值相对应。结构件数量金额账的结存数，应与项目成本员的账面余额相符。结构件的高进高出价差核算同材料费的高进高出价差核算一致。结构件内“三材”数量、单价、金额均按报价书核定，或按竣工结算单的数量据实结算。报价内的节约或超支由项目自负盈亏。如发生结构件的一般价差，可计入当月项目成本。部位分项分包，如铝合金门窗、卷帘门、轻钢龙骨石膏板、平顶、屋面防水等，按照企业通常采用的类似结构件管理和核算方法，项目经济员必须做好月度已完工程部分验收记录，正确计报部位分项分包产值，并书面通知项目成本员及时、正确、足额计入成本。预算成本的折算、归类可与实际成本的出账保持相同口径。分包合同价可包括制作费和安装费等有关费用，工程竣工依据部位分包合同结算书按实调整成本。在结构件外加工和部位分包施工过程中，项目经理部通过自身努力获取的经营利益或转嫁压价让利风险所产生的利益，均应受益于工程项目。

（五）机械使用费的归集和分配

机械设备实行内部租赁制，以租赁费形式反映其消耗情况，按“谁租用谁负担”的原则，核算其项目成本。按机械设备租赁办法和租赁合同，由企业内部机械设备租赁市场与项目经理部按月结算租赁费。租赁费根据机械使用台班，停置台班和内部租赁单价计算，计入项目成本。机械进出场费，按规定由承租项目负担。项目经理部租赁的各类大中小型机械，其租赁费全额计入项目机械费成本。根据内部机械设备租赁市场运行规则要求，结算原始凭证由项目指定专人签证开班和停班数，据以结算费用。现场机、电、修等操作工奖金由项目考核支付，计入项目机械费成本并分配到有关单位工程。向外单位租赁机械，按当月租赁费用全额计入项目机械费成本。

上述机械租赁费结算，尤其是大型机械租赁费及进出场费应与产值对应，防止只有收入而无成本的不正常现象，或收入与支出不配比状况。

（六）施工措施费的归集和分配

施工过程中的材料二次搬运费，按项目经理部向劳务分公司汽车队托运汽车包天或包月租费结算，或以运输公司的汽车运费计算。临时设施摊销费按项目经理部搭建的临时设施总价（包括活动房）除以项目合同工期求出每月应摊销额，临时设施使用一个月摊销一个月，摊完为止，项目竣工搭拆差额（盈亏）按实调整实际成本。大型机动工具、用具等可以套用类似内部机械租赁办法以租费形式计入成本，也可按购置费用一次摊销法计入项目成本，并做好在用工具实物借用记录，以便反复利用。在用工具的修理费按实际发生数计入成本。除上述以外的措施费内容，均应按实际发生的有效结算凭证计入项目成本。

（七）施工间接费的归集和分配

要求以项目经理部为单位编制工资单和奖金单列支工作人员薪金。项目经理部工资总额每月必须正确核算，以此计提职工福利费、工会经费、教育经费、劳保统筹费等。劳务分公司所提供的炊事人员代办食堂承包服务，警卫人员提供区域岗点承包服务以及其他代办服务费用计入施工间接费。内部银行的存贷款利息，计入“内部利息”（新增明细子目）。施工间接费，先在项目“施工间接费”总账归集，再按一定的分配标准计入受益成本核算对象（单位工程）“工程施工—间接成本”。

三、建筑工程成本核算的方法

工程成本核算是建筑工程成本管理的一项重要内容，它建立在企业管理方式和管理水平基础上，是建筑企业降低成本开支、提高企业利润水平的重要手段。建筑工程成本核算的方法主要有表格核算法和会计核算法两种。

（一）表格核算法

表格核算法建立在内部各项成本核算基础之上，各要素部门和核算单位定期采集信息，填制相应的表格，并通过一系列表格，形成项目成本核算体系，作为支撑项目成本核算平台的方法。

表格核算法依靠众多部门和单位支持，专业性要求不高。一系列表格由有关部门和相关要素提供单位按有关规定填写，完成数据比较、考核和简单的核算。它的优点是简洁明了、直观易懂、易于操作、实时性较好。缺点，一是覆盖范围较窄，如核算债权债务等比较困难；二是较难实现科学严密的审核制度，有可能造成数据失实，精度较差。

1.确定项目责任成本总额

首先确定“项目责任成本总额”，然后分析项目成本收入的构成。项目责任成本总额确认表一般由“工程报价收入”“项目责任成本收入”等组成，并经相关人员确认。

2.项目责任成本和岗位收入调整

项目责任成本收入调整表一般由“项目责任成本收入”“项目责任成本变更明细”“项目责任成本调整后收入金额”等组成，并经相关人员签字确认。

3.确定当期责任成本收入

在已确认的工程收入的基础上，按月确定本项目的成本收入。这项工作一般由项目统计员或合约预算人员与公司合约部门或统计部门，依据项目成本责任合同中有关项目成本收入确认的方法和标准，进行计算。月度项目成本收入额确认表一般由当月的主要“工程产值收入”“项目成本收入”等组成，并经相关人员签字或确认。

4.确定当月的分包成本支出

项目依据当月分部分项的完成情况，结合分包合同和分包商提出的当月完成产值，确定当月的项目分包成本支出，编制“分包成本预估支出表”。这项工作的一般程序是：由施工员提出，预算合约人员初审，项目经理确认，公司合约部门批准。月度项目分包成本预估支出表一般由“项目成本收入”“分包成本预估”等组成，并经相关人员签字确认。

5.确定单位职工工资的结算

由工长落实当月本单位职工所完成的工日数，劳资员根据人工单价计算其人工费支出，经项目经理确认后，报公司劳资部门批准，计算其工资收入和超额工资。当月完成发放后，计入成本中相应科目列支。工资及奖金分配表一般由“工资种类”和“岗位耗用对象”等组成，并经相关人员签字确认。

6.材料消耗的核算

以经审核的项目报表为准，由项目材料员和成本核算员计算后，确认其主要材料消耗值和其他材料消耗值。在分清岗位成本责任的基础上，编制材料耗用汇总表。由材料员依据各施工员开具的领料单而汇总计算的材料费支出，经项目经理确认后，报公司物资部门批准。材料耗用汇总分配表一般由“材料耗用类别”“材料耗用对象”等组成，并经相关人员签字确认。

7.周转材料租用支出的核算

以施工员提供的或财务转入项目的租费确认单为基础，由项目材料员汇总计算，在分清岗位成本责任的前提下，经公司财务部门审核后，落实周转材料租用成本支出，项目经理批准后，编制其费用预估成本支出。如果是租用外单位的周转材料，还要经过公司有关部门审批。周转材料租用预估支出表一般由“材料租用类别”“材料租用对象”及“金额”等组成，并经相关人员签字确认。

8.水、电费支出的核算

以机械管理员或财务转入项目的租费确认单为基础，由项目成本核算员汇总计算，在分清岗位成本责任的前提下，经公司财务部门审核后，落实周转材料租用成本支出，项目经理批准后，编制其费用成本支出。水电费分配表一般由“费用项目”“岗位成本”及“金额”等组成，并经相关人员签字确认。

9.项目外租机械设备的核算

所谓项目外租机械设备，是指项目从公司或公司从外部租入用于项目的机械设备，不管此机械设备具有公司的产权还是公司从外部临时租入用于项目施工的，对于项目而言都是从外部获得，周转材料也是这个性质，真正属于项目拥有的机械设备，往往只有部分小型机械设备或部分大型器具。机械设备租用费分配表一般由“设备名称”“单价”“租价”“岗位对象”等组成，并经相关人员签字确认。

10.项目自有机械设备、大小型器具摊销、费用分摊、临时设施摊销等费用开支的核算

由项目成本核算员按公司规定的摊销年限，在分清岗位成本责任的基础上，计算按期进入成本的金额。经公司财务部门审核并经项目经理批准后，按月计算成本支出金额。自有机械设备费用分摊表一般由“月分摊费用”“岗位对象”等组成，并经相关人员签字确认。

11.现场实际发生的措施费开支的核算

由项目成本核算员按公司规定的核算类别，在分清岗位成本责任的基础上，按照当期实际发生的金额，计算进入成本的相关明细。经公司财务部门审核并经项目经理批准后，按月计算成本支出金额。

12.项目成本收支核算

按照已确认的当月项目成本收入和各项成本支出，由项目会计编制，经项目经理同意，公司财务部门审核后，及时编制项目成本收支计算表，完成当月的项目成本收支确认。月度项目成本收支表一般由“收支内容”“收入金额”“支出金额”等组成，并经相关人员签字确认。

13.项目成本总收支的核算

首先由项目预算合约人员与公司相关部门根据项目成本责任总额和工程施工过程中的设计变更以及工程签证等变化因素，落实项目成本总收入。由项目成本核算员与公司财务部门，根据每月的项目成本收支确认表中所反映的支出与耗费，经有关部门确认和依据相关条件调整后，汇总计算并落实项目成本总支出。在以上基础上，由成本核算员落实项目成本总的收入、总的支出和项目成本降低水平。项目责任成本总收支表一般由“收支内容”“收入金额”“支出金额”等组成，并经相关人员签字确认。

（二）会计核算法

1.项目成本的直接核算

项目除及时上报规定的工程成本核算资料外，还要直接进行项目施工的成本核算，编制会计报表，落实项目成本的盈亏。项目不仅是基层财务核算单位，而且是项目成本核算的主要承担者。还有一种是不进行完整的会计核算，通过内部列账单的形式，利用项目成本台账，进行项目成本列账核算。

直接核算是将核算放在项目上，便于及时了解项目各项成本情况，也可以减少扯

皮。但是每个项目都要配有专业水平和工作能力较高的会计核算人员。此种核算方式，一般适用于大型项目。

2.项目成本的间接核算

项目经理部不设专职的会计核算部门，由项目有关人员按期按规定的程序向财务部门提供成本核算资料，委托企业在本项目成本责任范围内进行项目成本核算，落实当期项目成本盈亏。企业在外地设立分公司的，一般由分公司组织会计核算。

间接核算是将核算放在企业的财务部门，项目经理部不设专职的会计核算部门，由项目有关人员按期与相应部门共同确定当期的项目成本收入。项目按规定的时间、程序和要求向财务部门提供成本核算资料，委托企业的财务部门在项目成本收支范围内进行项目成本支出的核算，落实当期项目成本的盈亏。这样可以使会计专业人员相对集中，一个成本会计可以完成两个或两个以上的项目成本核算。不足之处：一是项目了解成本情况不方便，项目对核算结论信任度不高；二是由于核算不在项目上进行，项目开展管理岗位成本责任核算，就会失去人力支持和平台支持。

3.项目成本列账核算

项目成本列账核算是介于直接核算和间接核算之间的一种方法。项目经理部组织相对直接核算，正规的核算资料留在企业的财务部门。项目每发生一笔业务，其正规资料都要由财务部门审核存档，并与项目成本员办理确认和签认手续。项目凭此列账通知作为核算凭证和项目成本收支的依据，对项目成本范围的各项收支，登记台账会计核算，编制项目成本及相关报表。企业财务部门按期确认资料，对其加以审核。这里的列账通知单，一式两联，一联给项目据以核算，另一联留财务审核之用。项目所编制的报表，企业财务不汇总，只作为考核之用。内部列账单，项目主要使用台账进行核算和分析。

（三）两种核算方法的并行运用

表格核算法具有便于操作和表格格式自由的特点，可以根据不同的管理方式和要求设置各种表式。使用表格法核算项目岗位成本责任，能较好地解决核算主体和载体的统一、和谐问题，便于项目成本核算工作的开展。并且随着项目成本核算工作的深入发展，表格的种类、数量、格式、内容、流程都在不断地发展和改进，以适应各个岗位的成本控制和考核。

随着项目成本管理的深入开展，要求项目成本核算内容更全面、结论更权威。表格核算由于自身的局限性，显然不能满足这种要求。于是，采用会计核算法进行项目成本核算提到了会计部门的议事日程。

基于近年来对项目成本核算方法的认识已趋于统一，计算机及其网络技术的使用和普及以及财务软件的迅速发展，为开展项目成本核算的自动化和信息化提供了可能，已具备了采用会计核算法开展项目成本核算的条件。将工程成本核算和项目成本核算从收入上做到统一，在支出中再将项目非责任成本的支出利用一定的手段单独列出来，其成本收支就成了项目成本的收支范围。会计核算项目成本，也就成了很平常的事情，所以从核算方法上进行调整，是会计核算项目成本的主要手段。

总的说来，用表格核算法进行项目施工各岗位成本的责任考核和控制，用会计核算法进行项目成本核算，两者相互补充，相得益彰。

第三节　建筑工程成本核算会计报表及其分析

一、项目成本核算的台账

（一）为项目成本核算积累资料的台账

产值构成台账（表8-1），按单位工程设置，根据“已完工程验工月报”填制。

表8-1　产值构成台账

日期		工作量/万元	预算成本					2.5%大修费	工程成本表预算成本合计	利润已减让利	装备费全部	劳保基金1.92%全部	一税一费	二站费用	双包完成	机械分包
年	月		高进高出	系数材差	直、间接费	利息	记账数合计									

预算成本构成台账（表8–2），按单位工程设置，根据“已完工程验工月报”及“竣工结算账单”进行折算。

表8–2　预算成本构成台账

<table>
<tr><td colspan="11">单位工程名称：　　结构　　面积/m²　　预算造价　　竣工决算造价</td></tr>
<tr><td colspan="2"></td><td>人工费</td><td>材料费</td><td>周转材料费</td><td>结构件</td><td>机械使用费</td><td>措施费</td><td>间接费</td><td>分建成本</td><td>合计</td><td>备注</td></tr>
<tr><td colspan="2">原合同数</td><td></td><td></td><td></td><td></td><td></td><td></td><td></td><td></td><td></td><td></td></tr>
<tr><td colspan="2">增减账</td><td></td><td></td><td></td><td></td><td></td><td></td><td></td><td></td><td></td><td></td></tr>
<tr><td colspan="2">竣工决算数</td><td></td><td></td><td></td><td></td><td></td><td></td><td></td><td></td><td></td><td></td></tr>
<tr><td colspan="2">逐月发生数</td><td></td><td></td><td></td><td></td><td></td><td></td><td></td><td></td><td></td><td></td></tr>
<tr><td>年</td><td>月</td><td></td><td></td><td></td><td></td><td></td><td></td><td></td><td></td><td></td><td></td></tr>
<tr><td></td><td></td><td></td><td></td><td></td><td></td><td></td><td></td><td></td><td></td><td></td><td></td></tr>
<tr><td></td><td></td><td></td><td></td><td></td><td></td><td></td><td></td><td></td><td></td><td></td><td></td></tr>
<tr><td></td><td></td><td></td><td></td><td></td><td></td><td></td><td></td><td></td><td></td><td></td><td></td></tr>
</table>

单位工程增减账台账（表8–3）。

表8–3　单位工程增减账台账

<table>
<tr><td rowspan="2">编号</td><td colspan="2">日期</td><td rowspan="2">内容</td><td rowspan="2">金额</td><td colspan="7">直接费部分</td><td colspan="3">签证状况</td></tr>
<tr><td>年</td><td>月</td><td>合计</td><td>人工费</td><td>材料费</td><td>结构费</td><td>周转材料费</td><td>机械费</td><td>措施费</td><td>已送审</td><td>已签证</td><td>已报工作记录</td></tr>
<tr><td>1</td><td></td><td></td><td></td><td></td><td></td><td></td><td></td><td></td><td></td><td></td><td></td><td></td><td></td><td></td></tr>
<tr><td>2</td><td></td><td></td><td></td><td></td><td></td><td></td><td></td><td></td><td></td><td></td><td></td><td></td><td></td><td></td></tr>
<tr><td>3</td><td></td><td></td><td></td><td></td><td></td><td></td><td></td><td></td><td></td><td></td><td></td><td></td><td></td><td></td></tr>
<tr><td>4</td><td></td><td></td><td></td><td></td><td></td><td></td><td></td><td></td><td></td><td></td><td></td><td></td><td></td><td></td></tr>
<tr><td>5</td><td></td><td></td><td></td><td></td><td></td><td></td><td></td><td></td><td></td><td></td><td></td><td></td><td></td><td></td></tr>
<tr><td>6</td><td></td><td></td><td></td><td></td><td></td><td></td><td></td><td></td><td></td><td></td><td></td><td></td><td></td><td></td></tr>
<tr><td>7</td><td></td><td></td><td></td><td></td><td></td><td></td><td></td><td></td><td></td><td></td><td></td><td></td><td></td><td></td></tr>
<tr><td>8</td><td></td><td></td><td></td><td></td><td></td><td></td><td></td><td></td><td></td><td></td><td></td><td></td><td></td><td></td></tr>
<tr><td>9</td><td></td><td></td><td></td><td></td><td></td><td></td><td></td><td></td><td></td><td></td><td></td><td></td><td></td><td></td></tr>
<tr><td>10</td><td></td><td></td><td></td><td></td><td></td><td></td><td></td><td></td><td></td><td></td><td></td><td></td><td></td><td></td></tr>
</table>

（二）对项目资源消耗进行控制的台账

如人工费用台账（表8–4），依项目经济员提供的内包和外包用工统计来填制。

表8–4　人工费用台账

日期		内包工		外包工		其他		合计		备注
年	月	工日数	金额	工日数	金额	工日数	金额	工日数	金额	

机械使用台账（表8–5），依项目材料员提供的机械使用月报来填制。

表8–5　机械使用台账

机械名称																							金额合计
型号规格																							
年	月	台班	单价	金额	台班	单价	金额	台班	单价	金额	台班	单价	金额	台班	单价	金额	台班	单价	金额	台班	单价	金额	

（三）为项目管理服务的台账

甲供料台账（表8-6）：

表8-6　甲供料台账

年		凭证		摘要	供料情况				结算情况			经办人	备注
年	月	种类	编号		名称	规格	单位	数量	结算方式	单价	金额		

分包合同台账（表8-7），根据有关合同副本进行填制。

表8-7　分包合同台账

序号	合同名称	合同编号	签约日期	签约人	对方单位及联系人	合同标的	履行标的	结算日期	违约情况	索赔记录

二、项目成本核算的账表

（一）项目成本表

项目成本表要求参照“工程结算收入”“工程结算成本”“工程结算税金及附加”等填列。要求预算成本按规定折算，实际成本账表相符，按月填报。其格式见表8-8。

表8-8　项目成本表

项目	行次	本期数				累计数			
		预算成本	实际成本	降低额	降低率	预算成本	实际成本	降低额	降低率
		1	2	3	4	5	6	7	8
人工费	1								
外清包人工费	2								
材料费	3								
结构件	4								
周转材料费	5								
机械使用费	6								
措施费	7								
间接成本	8								
工程成本合计	9								
分建成本	10								
工程结算成本合计	11								
工程结算其他收入	12								
工程结算成本总计	13								

（二）在建工程成本明细表

要求分单位工程列示，账表相符，按月填报，编制方法同上。其格式见表8-9。

表8-9　在建工程成本明细表

单位名称	本月数							
	预算成本	人工费	外包费用	材料费	周转材料费	结构件	机械费	措施费

（三）施工间接费表

施工间接费表系复合表，又称费用表，企业和项目均可通用。根据“施工间接费”账户发生额填列，要求账表相符，按季填报。其格式见表8-10。

表8-10　施工间接费表

行次	项目	管理费用	财务费用	施工间接费	小计	备注
1	工作人员薪金					
2	职工福利费					
3	工会经费					
4	职工教育经费					
5	差旅交通费					
6	办公费					
7	固定资产使用费					
8	低值易耗品摊销					

续表

行次	项目	管理费用	财务费用	施工间接费	小计	备注
9	劳动保护费					
10	技术开发费					
11	业务活动经费					
12	各种税金					
13	上级管理费					
14	劳保统筹费					
15	离退休人员医疗费					
16	其他劳保费用					
17	利息支出					
18	利息收入					
19	银行手续费					
20	其他财务费用					
21	内部利息					
22	资金占用费					
23	房改支出					
24	坏账损失					
25	保险费					
26	其他					
27	合计					

第九章　建筑工程施工组织设计管理

第一节　工程施工组织设计管理的基础理论

一、市政工程施工组织设计概念

施工组织设计就是指在施工前，对市政工程建筑产品（一个建设项目或单位工程等）生产（施工）过程的生产诸要素，即直接使用的建筑工人，施工机械和建筑材料与构件等的合理组织。

施工组织设计就是要从工程的全局出发，按照客观的施工规律和当地的具体条件，统筹考虑施工活动的人力、资金、材料、机构和施工方法这五个因素后，对整个工程的施工进度和资源消耗等做出科学而合理的安排。市政工程施工组织的目的，是使工程建设在一定的时间和空间内，实现有组织、有计划、有秩序的施工，以期达到市政工程施工的相对最优效果。即时间上耗工少、工期短；质量上精度高、功能好；经济上资金省、成本低。施工组织设计可以是对整个基本建设项目起控制作用的总体战略部署，也可以是对某一单位工程的具体施工作业起指导作用的战术安排。

施工组织设计是建设项目施工组织管理工作的核心和灵魂，是指导一个拟建工程进行施工准备和组织实施施工基本的技术经济文件。它的任务是对具体的拟建工程的施工准备工作和整个施工过程，在人力和物力、时间和空间、技术和组织上，做出一个全面而合理且符合好、快、省、安全要求的计划安排。

市政工程施工组织设计是市政工程基本建设项目在设计、招投标、施工阶段必须提交的技术文件，也是准备、组织、指导施工和编制施工作业计划的基本依据。因此，市政工程施工组织设计是市政工程基本建设管理的主要手段之一。

市政工程施工组织设计的具体任务是：

（1）确定开工前必须完成的各项准备工作；

（2）计算工程数量，合理部署施工力量，确定劳动力、机械台班、各种材料、构件的需要量和供应方案；

（3）确定施工方案，选择施工机具；

（4）安排施工顺序，编制施工进度计划；

（5）确定工地上的设备停放场、料场、仓库、预制场地的平面布置；

（6）制定确保工程质量及安全的有效技术措施。

此外，市政工程的施工总方案可以是多种多样的，我们应该依据市政工程具体任务的特点、工期要求、劳动力数量及技术水平、机械装备能力、材料供应以及构件生产、运输能力，地质、气候等自然条件及技术经济条件进行综合分析，从几个方案中选取出最理想的方案。

把上述各项问题加以综合考虑，并进行合理决定，形成指导施工生产的技术经济文件——施工组织设计。它本身是施工准备工作，也是指导施工准备工作、全面布置施工生产活动、控制施工进度、进行劳动力和机械调配的基本指导依据，对是否能多、快、好、省地完成市政工程的施工生产任务起着决定性作用。

二、施工组织设计在市政工程中的重要性和作用

市政工程施工需要时间（工期），占用空间（场地），消耗资源（人工、材料、机具等），需要资金（造价），需要选择施工方法，确定施工方案等。

市政工程施工应遵循工程建设的客观规律，充分考虑市政工程施工的特点，运用先进的科学方法和手段组织施工，合理安排施工中的各种要素，使工程建设费用低、效率高、质量好，保证按期完成施工任务，实现有组织、有计划、有秩序的施工，以期达到整个市政工程施工的最佳效果。根据工程特点、自然条件、资源供应情况、工期要求等，做出切实可行的施工组织计划，并提出确保工程质量和安全施工的有效技术措施，这就是施工组织设计的任务。编制施工组织设计，本身就是施工准备工作的一项重要内容。也就是说，市政工程施工从准备工作开始，施工组织设计起着指导施工准备工作、全面布置施工活动、控制施工进度、进行劳动力和机械调配的作用，同时对施工活动内部各环节的相互关系和与外部的联系，确保正常的施工秩序起着有效的协调作用。总之，市政工程施工组织设计对于能否优质、高效、按时、低耗地完成市政工程施工任务起着决定性的作用。

施工组织设计是指导项目投标、施工准备和组织施工的全面性的技术经济文件，是指导现场施工的纲领。编制和实施施工组织设计是我国建筑施工企业一项重要的技术管理制度，它使施工项目的准备和施工管理具有合理性和科学性。它有以下作用。

（1）对于投标，施工组织设计既是投标文件的重要组成部分，又是组织施工的一个纲领性文件。其作用：一为投标服务，为工程预算的编制提供依据，向业主提供对要投标项目的整体策划及技术组织工作，为最终中标打下基础；二为施工服务，为工程项目最终能达到预期目标提供可靠的施工保障。

（2）统一规划和协调复杂的施工活动。做任何事情之前都不能没有通盘的考虑，不能没有计划，否则不可能达到预定目的。施工的特点综合表现为复杂性，如果施工前不对施工活动的各种条件、各种生产要素和施工过程进行精心安排，周密计划，那么复杂的施工活动就没有统一行动的依据，就必然陷入毫无头绪的混乱状态，所以要完成施工任务，达到预定的目的，一定要预先制订好相应的计划，并且切实执行。对于施工单位来说，就是要编制生产计划；对于一个拟建工程来说，就是要进行施工组织设计。有了施工组织设计这种计划安排，复杂的施工活动就有了统一行动的依据，就可以据此统筹全局，协调方方面面的工作，保证施工活动有条不紊地进行，顺利完成合同规定的施工任务。

（3）对拟建市政工程施工全过程进行科学管理。施工全过程是在施工组织设计的指导下进行的。首先，在接受施工任务并得到初步设计以后，就可以开始编制建设项目的施工组织规划设计。施工组织规划设计经主管部门批准以后，再进行全场性施工的具体实施准备。随着施工图的出图，按照各工程项目的施工顺序，逐一制定各单位工程的施工组织设计，然后根据各个单位市政工程施工组织设计，指导实施具体施工的各项准备工作和施工活动。在施工工程的实施过程中，要根据施工组织设计的计划安排，组织现场施工活动，进行各种施工生产要素的落实与管理，进行施工进度、质量、成本、技术与安全的管理等，所以施工组织设计是对拟建市政工程施工全过程进行科学管理的重要手段。

（4）使施工人员心中有数，工作处于主动地位。施工组织设计根据工程特点和施工的各种具体条件科学地拟定施工方案，确定了施工顺序、施工方法和技术组织措施，拟定了施工的进度；施工人员可以根据相应的施工方法，在进度计划的控制下，有条不紊地组织施工，保证拟建工程按照合同要求完成。

通过施工组织设计，我们对每一拟建工程在开工之前就了解它所需要的材料、机具和人力，并根据进度计划拟定先后使用的顺序，确定合理的劳动组织及施工材料、机具等在施工现场的合理布置，使施工顺利地进行，还可以合理地安排临时设施，保证物资保管和生产与生活的需要。根据施工方案大体估计到施工中可能发生的各种情况，从而预先做好各项准备工作，清除施工中的障碍，并充分利用各种有利的条件，对施工的各项问题予以最合理、最经济的解决。通过施工组织设计，还可以把工程的设计和施工、技术和经济、前方和后方有机地结合起来，把整个施工单位的施工安排和具体工程的施工组织得更好，使施工中的各单位、各部门、各阶段、各建筑物之间的关系更明确和协调。

总之，通过施工组织设计，就把施工生产合理地组织起来，规定有关施工活动的基本内容，保证了具体工程的施工得以顺利进行。因此，施工组织设计的编制是具体市政工程施工准备阶段中各项工作的核心，在施工组织与管理工作中占有十分重要的地位。一个市政工程如果施工组织设计编制得好，能反映客观实际，符合建设项目的全面要求，并且认真地贯彻执行，施工就可以有条不紊地进行，使施工组织与管理工作经常处于主动地位，取得好、快、省、安全的效果。若没有施工组织设计或者施工组织设计脱离实际或者虽有质量优良的施工组织设计而未得到很好的贯彻执行，就很难正确地组织具体工程的施工，使工作经常处于被动状态或造成不良后果，难以完成施工任务及预定目标。

第二节　施工组织设计的任务与原则

一、施工组织设计的任务

施工组织设计的任务是根据国家或建设单位对拟建工程的要求、设计图纸和编制施工组织设计的基本原则，从拟建工程施工全过程的人力、物力和空间三个要素着手，在人力与物力、主体与辅助、供应与消耗、生产与储存、专业与协作、使用与维修、空间布置与时间排列的方面进行科学的、合理的部署，为建筑产品的节奏性、均衡性和连续性提供最优方案，从而以最少的资源消耗取得最大的经济效果，使最终建筑产品的生产在时间上达到速度最快和工期最短，在质量上达到精度高和功能好，在经济上达到消耗少、成本低和利润高的目标。

二、编制市政工程施工组织设计的一般原则

我国很早就开始重视施工组织设计工作。几十年来，积累了较丰富的经验，并逐步形成了我国施工组织应遵循的一套原则，归纳起来有以下几个方面。

（一）严格执行基本建设法规和施工验收规范的原则

为了保证基本建设顺利进行，缩短施工周期，提高工程质量，尽早发挥投资效益，国家在基本建设方面颁发了一系列有关法规、政策和规定，如没有勘察就不能设计，没有设计就不能施工，实施工程监理、进行质量监督等方针，国家还颁布了有关施工技术规范和验收规范。在编制施工组织设计时，应逐一得到贯彻落实。

（二）严格遵守合同工期的原则

根据合同工期来安排施工进度计划，针对工程特点，有效地集中施工力量，对工程量大的分项工程或对工期影响大的关键分部分项工程、关键工序，应加大机械设备、原材料和劳动力的投入，确保按计划完成，不影响后续工序的正常开工。

（三）充分利用时间和空间的原则

市政工程是一个形体庞大的空间结构，按照时间的先后顺序，对工程项目各个构成部分的施工要做好计划安排。换言之，就是在什么时间，用什么材料，使用什么机具设备，在结构空间的什么部位上进行施工，也就是时间与空间的关系。如何处理好这种关系，除了考虑工艺关系外，还要考虑组织关系。更重要的是要利用运筹学理论、系统工程原理处理这些关系。

（四）最佳技术经济决策原则

完成某些工程项目，存在不同的施工方法，采用不同的施工技术，使用不同的机具和设备，要消耗不同的材料，导致不同的结果（工期、成本）。因此，对于此类工程项目的施工，可以从这些不同的施工方法、施工技术中，通过具体的计算、分析、比较，选择出最佳的技术经济方案，以达到降低成本和按期完工的目的。

（五）专业化分工与紧密协作相结合的原则

现代施工组织管理既要求专业化分工，又要求紧密协作，特别是采用流水施工组织原理和网络计划技术时尤其如此。处理好专业化分工与协作的关系，就是要减少或

防止窝工，提高劳动生产率和机械效率，以达到提高工程质量、降低工程成本、缩短工程工期的目的。

（六）采用先进技术，提高工业化机械化施工水平原则

严格执行建筑安装工程施工验收规范、施工操作规程，积极采用先进施工技术，确保工程质量和施工安全。努力贯彻建筑安装工业化的方针，加强系统管理，不断提高施工机械化和预制装配化程度，努力提高劳动生产率。先进的科学技术是提高劳动生产率、加快施工进度、提高工程质量、降低工程成本的重要源泉。同时，积极运用和推广新技术、新工艺、新材料、新设备，减轻施工人员的劳动强度，是现代化文明施工的标志。施工机械化是市政建设工程实现优质、快速的根本途径，扩大预制装配化程度和采用标准构件是安装施工的发展方向。只有这样，才能从根本上改变市政工程施工手工操作的落后面貌，实现快速施工。在组织施工时，应结合当时机具的实际配备情况、工程特点和工期要求，做出切实可行的布置和安排，注意机械的配套使用，提高综合机械化水平，从而充分发挥机具设备的效能。

（七）供应与消耗的协调原则

物资的供应要保证施工现场的消耗，既不能过剩也不能不足，即物资供应要与施工现场的消耗相协调。如果供应过剩，则要多占临时用地面积，多建存放库房，必然增加临时设备费用，同时物资积压过剩，存放时间就过长，必然导致部分物资霉烂、变质、失效，从而增加了材料费用的支出，最终造成工程成本的增加；如果物资供应不足，必然出现停工待料，影响施工的连续性，降低劳动生产率，既延长了工期又提高了工程成本。因此，在供应与消耗的关系上一定要坚持协调性原则。

（八）组织连续均衡施工的原则

市政工程施工受外界的干扰很大，要实现连续、均衡而紧凑的施工就必须科学、合理地安排施工计划。计划的科学性，就是对施工项目做出总体的综合判断，采用现代分析的方法，使施工活动在时间、空间上得到最优的统筹安排，也就是施工优化。计划的合理性，是指对各个项目相互关系的合理安排，如施工程序和工序的合理确定等。要做到这些，就必须采用系统分析、流水作业、统筹方法、电子计算机辅助系统和先进的施工工艺等现代化科学技术成果。施工的连续性和均衡性对于施工物资的供应，减少临时设施、生产和生活的安排等都是十分必要的。安排工程计划时，尽量利

用正式工程、原有建筑和设施作为施工临时设施，尽量减少大型临时设施的规模，在保证重点工程施工的同时，可以将一些辅助或附属的工程项目做适当穿插。还应考虑季节特点，努力提高施工生产力水平；一切从实际出发，做好人力、物力的综合平衡，组织均衡施工。一方面要避免施工断断续续，人力、机械等资源利用不足；另一方面，又要防止出现突击赶工的现象，尽可能做到在总的工期内连续、均衡地施工，使各项活动有秩序、有节奏地进行。只有采取这些措施，才能使各专业机构、各工种工人和施工机械能够不间断、有秩序地进行施工，尽快由一个项目转移到另一个项目，从而实现在全年中能够连续、均衡而又紧凑地组织施工。

（九）确保工程质量和安全生产的原则

“百年大计，质量第一”是施工现场常见的一句标语口号，也是基本建设战线上特有的一句口号，这是根据建筑产品的经济价值高、使用寿命长等特点提出的。因此，在编制施工组织设计时，要认真贯彻“质量第一”和“安全生产”的方针，严格按照施工验收规范和施工操作规程的要求，制定具体的保证质量和安全的措施，以确保工程顺利进行。尤其是采用新工艺、新技术时，更要注意。

（十）认真调查研究的原则

施工组织设计是具体指导施工的技术经济文件，编制前，编制人员应先进行调查了解，掌握第一手资料，然后综合分析，提出初步设想方针，并听取领导、技术人员和施工人员意见。对于施工组织总设计及有关重大技术措施方案，还应听取建设、设计、监理和施工协作单位的意见，这样编写出的施工组织设计能理论结合实际，有一定的深度和广度，比较切实可行。编制施工组织设计切忌闭门造车，内容应避免概念化、公式化和形式化。

三、市政工程施工组织设计的编制依据

施工组织设计是根据不同的施工对象、现场条件、施工条件等主客观因素，在充分调查分析的基础上编制的。不同类型建筑施工组织设计的编制依据有共同的地方，也存在差异。具有共性的编制依据主要如下。

（1）国家和行业颁布的有关法规、规范和规程；

（2）合同有关条款；

（3）经批准的计划（可行性研究报告）和设计文件，包括计划任务书、设计图

纸和工程量清单等；

（4）工程所在地区的自然条件资料，包括地形地貌资料、工程地质和水文地质资料、气象资料等；

（5）工程所在地区的技术经济资料，包括供水、供电、交通运输、地方建筑材料等的供应情况；

（6）类似项目的施工经验资料；

（7）施工单位的施工技术力量和管理水平。

第三节　施工组织设计的阶段与内容

市政工程施工组织设计要结合工程项目本身的规模、特点及实施阶段的不同分别编制。按工程项目的规模和特点，施工组织设计阶段可以分为施工组织总设计、单位工程施工组织设计、分部分项工程施工方案或技术措施三类；按工程项目实施阶段，可以划分为规划性施工组织设计、指导性施工组织设计和实施性施工组织设计三类。

一、当按工程项目的规模、特点划分时

（一）施工组织总设计

施工组织总设计是以整个建设项目（包括该项目的各单项工程、每个单项工程中的各单位工程及每个单位工程中的各分部分项工程）为对象编制的，是整个建设项目组织施工的全局性和指导性施工技术文件。一般在有了初步设计（或扩大初步设计）和总概算（或修正总概算）后，以负责该项目的总承包单位为主，由建设单位、设计单位和分包单位参与共同编制。它是整个建设项目总的战略部署，作为修建全工地性大型暂设工程和编制年度施工计划的依据。编制总体施工组织设计一般在工程中标之后开工之前，在重新评价投标阶段施工组织设计，获得进一步原始调查资料的基础上，由总承包单位的项目总工程师主持进行编制。

施工组织总设计的内容和深度视工程的性质、规模、建筑结构和施工复杂程度、工期要求及建设地区的自然经济条件不同而有所不同，但都应突出“总体规划”和

“宏观控制”的特点，一般应包括以下一些主要内容。

1.工程概况

简要叙述工程项目的性质、规模、特点、建造地点周围环境、拟建项目的单位工程情况（可列一览表）、建设总期限和各单位工程分批交付生产和使用的时间、有关上级部门及建设单位对工程的要求等已定因素的情况和分析。

2.施工部署

主要有施工任务的组织分工和总进度计划的安排意见，施工区段的划分，网络计划的编制，主要（或重要）单位工程的施工方案，及主要工种工序的施工方法等。

3.施工准备工作计划

主要是做好现场测量控制网及征地、拆迁工作，大型临时设施工程的计划和定点，施工用水、用电、用气，道路及场地平整工作的安排，有关新结构、新材料、新工艺、新技术的试制和试验工作，技术培训计划，劳动力、物资、机具设备等需求量计划及做好申请工作等。

4.施工总平面图

对整个建设场地进行全面的总体规划。如施工机械位置的布置、材料构件的堆放位置、临时设施的搭建地点、各项临时管线通行的路线以及交通道路等。应避免相互交叉、往返重复，以有利于施工的顺利进行和提高工作效率。

5.技术经济指标分析

用来评价上述施工组织总设计的技术经济效果，并作为今后总结、交流、考核的依据。

（二）单位工程施工组织设计

单位工程施工组织设计是以单位工程为对象，以施工图设计为基础，以施工组织总设计为依据，由承包单位编制的对单位工程的全面施工具有指导作用的技术、经济文件。由于单位工程的规模相对较小，施工图设计又很具体，编制时间相对充足，因此，单位工程的施工组织设计应比较具体、详细，既可作为编制分部、分项工程施工方案及季度、月度计划的依据，又是对施工进行科学管理、提高企业经济效益的重要手段。编制单位工程施工组织设计一般在拟建工程开工之前，由该单位工程的技术负责人组织人员进行编制。

单位工程施工组织设计的内容和深度应视工程规模、技术复杂程度和现场施工条件而定，一般有以下两种情况。

（1）内容比较全面的单位工程施工组织设计。常用于工程规模较大、现场施工条件较差、技术要求较复杂或工期要求较紧以及采用新技术、新材料、新工艺或新结构的项目。其编制内容一般应包括工程概况、施工方案、施工方法、施工进度计划、各项资源需求量计划、施工平面图、质量安全措施以及有关技术经济指标等。

（2）内容比较简单的施工组织设计。常用于结构较简单的一般性工程项目，施工人员比较熟悉，故其编制内容可以相对简化，一般只需明确主要施工方法、施工进度计划和施工平面图。

（三）分部分项工程施工组织设计

分部分项工程施工组织设计又称施工方案，是针对工程项目中某一比较复杂或采用新技术、新材料、新工艺、新结构的分部分项工程的施工而编制的具体施工方案。如复杂的基础工程、大体积混凝土工程、大面积软土地基处理、大跨度大吨位结构构件的吊装等。它是直接指导现场施工作业的技术性文件，内容应具体详尽。分部分项工程施工组织设计一般与单位工程施工组织设计的编制同时进行，并由单位工程的技术人员进行编制。

不论编制哪一类施工组织设计，都必须抓住重点，突出“组织”二字，对施工中的人力与物力、时间与空间、需要与可能、局部与整体、阶段与全过程、前方与后方等给予周密的安排。它不是单纯的技术性文件或经济性文件，而应当是技术与经济相结合的文件，其最终目的是提高经济效益。

从突出“组织”的角度出发，在编制施工组织设计时，应抓住三个重点。

（1）在施工组织总设计中是施工部署和施工方案，在单位工程施工组织设计中是施工方案和施工方法。前者重点是安排，后者重点是选择。这是解决施工中组织指导思想和技术方法问题的关键。在编制过程中，应努力在安排和选择上优化。

（2）在施工组织总设计中是施工总进度计划，在单位工程施工组织设计中是施工进度计划。这是解决时间和顺序问题，应努力做到时间利用合理，顺序安排得当。巨大的经济效益寓于时间和顺序的组织中，绝不能忽视。

（3）在施工组织总设计中是施工总平面图，在单位工程施工组织设计中是施工平面图。这一部分是解决空间和施工投资问题，技术性和经济性都很强，涉及占地、环保、安全、消防、用电、交通和有关政策法规等问题，应做到科学、合理的布置。

二、当按工程项目实施阶段划分时

（一）规划性施工组织设计

这是设计单位在设计阶段编制的施工组织设计，也称初步施工组织设计。编制规划性施工组织设计必须结合结构设计计算和编制概（预）算的需要，因为工程项目的结构设计与施工方法密切相关，不同的施工方法导致结构内力具有很大的差异；同时，施工方法不同，选择的施工机械也就不同，施工荷载也随之不同。施工方法、施工机械就构成了结构设计和内力计算的基本条件，也是编制概（预）算的重要依据。

初步施工组织设计只能制订工程施工的轮廓计划，初步拟定施工方法、施工程序及施工时间安排。虽然初步施工组织设计不详细、不具体，但它是把工程设计计算付诸实施的战略性决策，应当力求切合实际。

（二）指导性施工组织设计

指导性施工组织设计是指施工单位在参加工程投标时，根据工程招标文件的要求，结合本单位的具体情况编制的施工组织设计。中标后，在施工开始之前，依据规划性施工组织设计，施工单位还要进行重新审查，修订或重新编制施工组织设计，这个阶段的施工组织设计称为指导性施工组织设计。

指导性施工组织设计是施工单位在深入了解和研究设计文件，以及调查复核现场情况之后着手编制的。因此，指导性施工组织设计比规划性施工组织设计更详细、具体、完善，更具有全面指导施工全过程的作用。

在指导性施工组织设计中，确定施工顺序，选定施工方法和施工机械，编制工程项目的进度计划、各种资源（劳动力、机具、材料、资金）需求量计划，制订采购、运输计划，安排施工准备工作计划，做部分施工设计（例如供水、供电设计，各种临时房屋设计等），进行施工现场总平面布置图设计和规划，最后提出保证工程质量、安全生产、缩短工期、降低成本的措施。

1.指导性施工组织设计的作用

（1）确定最合适的施工方法和施工程序，以保证在合同工期内完成或提前完成施工任务。

（2）及时而周密地做好施工准备工作、供应工作和服务工作。

（3）合理地组织劳动力和施工机具，使其需要量没有骤增骤减的现象，同时尽量发挥其工作效率。

（4）在施工场地内最合理地布置生产、生活、交通等一切设施，最大限度地节约临时用地，节省生产时间，同时方便生活。

（5）施工进度计划及劳动力、机具、材料供应计划要详细到按月安排，以便于具体进行组织供应工作。

指导性施工组织设计是编制施工预算的主要依据，是组织施工总计划的，所以，应使其尽可能符合客观实际，并随时根据客观情况的变化进行不断调整和修改。

2.指导性施工组织设计编制的要求

（1）编制指导性施工组织设计要做到“四个一致”。投标人的施工组织设计必须满足业主的要求。工程招标文件对编制施工组织设计一般都有很细致的规定，不符合规定的、违背业主意图的投标书，被视为严重错误，作为废标处理。为了避免这种情况的出现，编制指导性施工组织设计必须做到“四个一致”，即与招标文件的要求一致，与设计文件的要求一致，与现场实际情况一致，与评标办法一致。

（2）施工组织设计要能反映企业的综合实力，施工方案应科学、合理、先进、可行，措施得力可靠。投标文件中施工组织设计的目的就是让业主了解企业的组织和管理水平，反映企业的综合实力。施工组织设计中的施工方案，施工方法及各项保证措施反映了一个企业施工能力的强弱，施工经验丰富与否，能否让业主放心。为此，参加编制人员应掌握技术、管理方面的信息，了解施工现场情况，熟悉和了解当今国内外的先进施工机械、施工方法、施工工艺和新材料等，掌握施工程序及施工方法，科学合理地编制施工进度，安排施工顺序，优化配置劳动力和机械设备，做到在保证合同工期的前提下，充分发挥资源作用。

（3）指导性施工组织设计要注重表达方式的选择，做到图文并茂。在标书中的施工组织设计一定要有其独到的表达方式。如果太冗长，重点不突出，提纲紊乱、不一致，逻辑性不强，那么施工方法再先进，方案再科学，评委也不会给高分。

（4）施工组织设计应按程序审核和校对，消除低级错误（不应该出现的错误）。指导性施工组织设计的编制是一个紧张的过程，人们的注意力容易偏重在自己工作的狭窄方面，形成定式思维，对低级错误视而不见。消除低级错误的方法之一是依靠编制人员的细心和经验，按照程序自行检查校对。方法之二是要坚持换手检查和校对，很多低级错误换人检查很容易发现，换手检查效果非常明显。一般容易犯的低级错误有：关键名词口语化、简略化，不按招标文件写；开工、竣工时间与招标文件有差异，施工进度前后不一致（尤其是修改工期后，总有一部分工期遗漏改正）；摘抄其他标书时地名、工程名称不能完全改过来，多人编写的标书前后不一致。

（三）实施性施工组织设计

工程中标后，在指导性施工组织设计的基础上，对于单位工程和分部工程，施工过程中基层施工单位还要根据各分部工程（如桥梁工程中的基础工程，墩台工程，上部构造预制、安装工程）的具体情况，及分工负责施工的队伍或班组的人力、机具等配备情况，编制分部工程的施工方案或技术措施，称为实施性施工组织设计。

实施性施工组织设计是以指导性施工组织设计为依据，把指导性施工组织设计按年度、季度、月或将单位工程施工组织设计按各分部、分项工程分割后编制的。实施性施工组织设计基本上不改变指导性施工组织设计中所规定的施工方法、施工程序、施工工期及物资供应指标。但当执行后的实际情况与原计划产生偏离时，不应再机械地执行原计划，应对原计划做适当的调整，并采取某些必要的措施，制订新计划交付下一阶段贯彻执行。编制实施性施工组织设计的目的是：将工程项目的总目标分解为许多子目标，总目标是管理的核心，子目标是管理的基础，时刻抓住子目标这个基础不放，把所有管理工作重心移到这个子目标上。只要所有子目标实现了，总目标也就自然实现了。实践中，将项目的总计划分解为年度、季度、月、旬计划，重点抓旬计划，以旬保月、以月保季、以季保年、以年保项目总计划的实现。

实施性施工组织设计的任务包括以下几个方面。

（1）它是用来直接指挥施工的计划，因此应具体制订按工作日程安排的施工进度计划，这是它的核心内容。

（2）根据施工进度计划，具体计算出劳动力、机具、材料等的日程需要量，并规定工作班组及机械在作业过程中的移动路线及日程。

（3）在施工方法上，要结合具体情况考虑到工程细目的施工细节，具体到能按所定施工方法确定工序、劳动组织及机具配备。

（4）工序的划分、劳动力的组织及机具的配备，既要适应施工方法的需要，也要考虑工作班组的组织结构和设备情况，要最有效地发挥班组的工作效率，便于实行分项承包和结算，还要切实保证工程质量和施工安全。

（5）要考虑到意外情况而留有调节计划的余地。如因故中途必须停止计划项目的施工时，要准备机动工程，调动原计划安排的班组继续工作，避免窝工。

（6）实施性施工组织设计必须具体、详细，以达到指导施工的目的，但应避免过于复杂、烦琐。

（四）特殊工程施工组织设计

在某些特定情况下，针对工程的具体情况有时还需要编制特殊施工组织设计。

（1）某些特别重要和复杂，或者缺乏施工经验的分部、分项工程，为了保证其施工的工期和质量，有必要编制专门的施工组织设计。但是，编制这种特殊的施工组织设计，其开工与竣工的工期要与总体施工组织设计一致。

（2）对一些特殊条件下的施工，如严寒、雨季、沼泽地带和危险地区等，需要采取一些特殊的技术措施，有必要为之专门编制施工组织设计，以保证施工的顺利进行，以及质量要求和人员安全。

（3）某些施工时间较长的项目，即跨越几个年度的项目，在编制指导性施工组织设计或实施性施工组织设计时，不可能准确地预见到以后年度各种施工条件的变化，因而也不可能完全切实或详尽地进行施工安排。因此，需要对原定项目施工总设计在某一年进行进一步具体化或做相应的调整与修正。这时，就有必要编制年度的项目施工组织总设计，用以指导施工。

指导性项目施工组织设计是整个项目施工的龙头，是总体的规划。在这个指导文件规划下，再深入研究各个单位工程，从而制定实施性施工组织设计和特殊工程施工组织设计。在编制指导性施工组织设计时，可能对某些因素和条件未预见到，而这些因素或条件会影响整个部署。这就需要在编制局部的施工设计组织后，有时还要对全局性的指导性施工组织设计进行必要的修正和调整。

第四节　施工组织的基本方法

一、顺序作业法

顺序作业法是各施工段或各施工工程依次开工、依次完成的一种施工组织方式，即按次序一段段或一个个施工过程进行施工。这种方法的优点是单位时间内投入的人力和物资资源较少，施工现场管理简单。但专业工作队的工作有间歇，工地物资资源消耗也有间断性，工期显然拉得很长。它适用于工作面有限、规模小、工期要求不紧的工程。

顺序作业法（也称为依次作业法）的主要特点：

（1）没有充分利用工作面进行施工，（总）工期较长。

（2）每天投入施工的劳动力、材料和机具的种类比较少，有利于资源供应的组织工作。

（3）施工现场的组织、管理比较简单。

（4）不强调分工协作，若由一个作业队完成全部施工任务，不能实现专业化生产，不利于提高劳动生产率；若按工艺专业化原则成立专业作业队（班组），各专业队不能连续作业，劳动力和材料的使用可能不均衡。

二、平行作业法

平行作业法是全部工程的各施工段同时开工，同时完成的一种施工组织方式。这种方法的优点是工期短，充分利用工作面。但专业工作队数目成倍增加，现场临时设施增加，物资资源消耗集中，这些情况都会带来不良的经济效果。平行作业法适用于工期紧、工作面允许且资源充分的施工任务。

平行作业法的主要特点：

（1）充分利用工作面进行施工，（总）工期较短；

（2）每天同时投入施工的劳动力、材料和机具数量较大，影响资源供应的组织工作；

（3）如果各工作面之间需共用某种资源时，施工现场的组织管理比较复杂、协调工作量大；

（4）不强调分工协作，此点与顺序作业法相同。

这种方法的实质是用增加资源的方法来达到缩短（总）工期的目的，一般适用于需要突击施工时施工作业的组织。

三、流水作业法

流水作业法指当有若干任务时，将各项任务划分为若干工序，各工序由专业队进行操作，相同的工序依次进行，不同的工序平行进行的作业方法。

流水作业法的主要特点：

（1）必须按照工艺专业化原则成立专业作业队，实现专业化生产；

（2）专业化作业队能够连续作业，相邻作业队的施工时间能最大限度地搭接；

（3）尽可能利用工作面施工，工期较短；

（4）每天资源消耗比较均衡；

（5）需要较强的组织管理能力。

这种方法可以充分利用工作面，有效缩短工期，一般适用于工序繁多、工程量大而又集中的大型构筑物的施工。

第五节　机械化施工组织

一、机械化施工组织的作用和意义

在现代化公路运输体系中，随着汽车工业的不断发展，汽车行驶性能的逐步提高，大型集装箱等不同运输方式的出现和推广，公路运输对公路的等级及其使用功能提出更高的要求。尤其是高等级公路的飞速发展和新技术、新工艺的不断涌现，致使评价公路使用功能的指标值越来越高，有些质量指标甚至已达到了非人力所为、人力所及的程度。因此，在施工过程中，全面实现施工生产机械化已势在必行。如果没有施工机械代替人工作业，不仅难以达到工期要求和获得应得的经济利益，而且，对于某些工序而言，其施工质量几乎没有可能达到规定的设计要求和质量标准。

目前，我国公路建设具有等级高、速度快、工期短、成本低、质量好的生产特点。在这种施工条件复杂且施工技术要求越来越高的现代化公路建设背景下，对于企业来讲，只有采用先进、高效的施工机械装备施工队伍，切实提高企业的机械化生产水平，才能保证施工过程的内在质量，提高生产率，取得良好的技术经济效果；只有逐渐提高施工企业的机械化程度，才能不断提升企业的施工能力和市场竞争力，满足现代公路建设的质量要求，适应现代化公路建设的需要。对于社会来讲，只有逐步改进与创新施工机械，充分利用先进、高效的施工机械不断地开展生产活动，才能推动公路施工生产技术的更新和发展；才能适应我国公路建设高速度、高标准、高等级的发展需要。

（一）机械化施工组织的意义和作用

在现代公路建设过程中，完成任何一个公路建设项目都离不开施工机械，而且在整个公路的施工过程中机械化作业所占的份额越来越大，业已成为影响工程质量、进度和效益的重要因素。究竟制定什么施工方案，怎样选择和配套机械设备才算合理，能否切实地处理施工方案及配套机械的相互关系，这些问题是现代公路建设的施工过程组织首要且必须考虑的关键问题，决定着工程施工的成败得失；而在施工方案一定的情况下，能否有效地提高各种施工机械的生产效率和利用率，充分发挥施工机械在生产过程中的主导作用，这也是现代公路施工过程管理必须重点关注的环节。实践证明，机械化施工组织在整个公路施工过程中起着十分重要的作用。其作用如下。

（1）进行机械化施工组织可合理利用机械设备的效能，提高机械设备的生产率，保证机械化施工作业的连续性和均衡性、降低成本、提高经济效益；

（2）通过机械化施工组织可充分挖掘机械设备的潜力，合理配置与整合机械资源，发挥施工机械设备在施工过程中的主导作用，保证工程质量和安全生产，达到规定的质量、安全和环保要求；

（3）采用安全可靠的机械化施工技术与组织措施，合理调配施工机械，可提高机械设备的利用率，调控并加快施工进度，达到合同工期要求；

（4）通过机械化施工组织，可了解各种施工机械的实际运行工况，合理保养和维修施工机械，提高机械设备完好率，保持施工机械处在连续、正常的作业状态，保证机械化施工的连续性，提高作业效益；

（5）开展机械化施工组织活动，有利于新工艺、新技术的推广，促进社会化生产技术水平的提高和发展。

（二）机械化施工的重要性

公路机械化施工是减轻生产人员的劳动强度、提高工效、降低成本、加快工程进度、保工程质量和节约投资的重要手段。在长期的公路生产过程中，随着高质量、高效率施工机械的逐步出现和推广，施工机械化程度的不断提高，机械化施工的重要性和优越性也逐步凸显出来，早已被人们认识和接受。主要表现在以下几个方面。

1.公路机械化施工有利于降低工程成本

采用机械代替人工作业，不仅改善了劳动条件，降低了劳动强度，而且机械化施工的工效是人工作业的几十倍甚至上百倍。如一台斗容0.5的挖掘机可替代80～90个工人的体力劳动；一台中型推土机的产出率相当于100～200个工人的产出率。显然，在充分体现速度效应的现代化生产条件下，合理组织机械化施工，充分发挥机械效用，这无疑对提高生产率、降低工程成本是十分有益的。特别是当前，由于施工机械的广泛运用，采用机械作业方式能够完成的施工任务越来越多，使许多施工项目实现了由过去的高成本、低产出向现代低成本、高产出的转变，如土方装运、采用回旋钻机进行基础施工等。此外，随着综合机械化施工配套机械的不断完善，也使得施工过程中的机械使用费在工程造价中所占的比重越来越大，如土方工程占40%，混凝土工程占60%。至此，在公路施工过程中，充分发挥施工机械快速、高效的优势，提高机械使用率，减少机械损耗，也是降低工程成本的一个重要方面，具有一定的现实意义。

2.公路机械化施工可以有效地缩短工期

施工进度的快慢主要取决于施工过程施工能力的大小，增强施工能力又有赖于提高劳动生产率，而在现代公路建设过程中，提高劳动生产率最为有效的途径是采用科学化管理，机械化施工，显然，采用机械化施工也是缩短工期最为有效的方法。

众多施工事实表明，过去像南京长江大桥一样的一座桥梁，需要近10年的时间才能完成，现在仅需要3年左右的时间即可完成，这也说明，桥梁施工机械化在缩短桥梁建造周期中起着极为重要的作用。

3.公路机械化施工有利于提高工程质量

现代汽车工业的飞速发展，促进了汽车行驶性能的不断提高，也对公路的使用功能提出了更高的要求。如果没有施工机械对劳动对象进行精密控制和施加有效作用，单靠人工是很难达到这些要求的。如公路的平整度是评价行车舒适感的主要指标，平整度越小，行车舒适感越好。为了适应现代汽车快速行驶的需要，这一指标值随着公路等级的提高而减小，特别是高等级公路，如果没有机械摊铺作业就很难达到这一规定的平整度质量标准，这意味着没有摊铺机就难以满足汽车高速行驶时的行车舒适性要求。同样，公路的强度是评价公路耐久性的指标之一，倘若没有压路机取代人工进行压实作业，公路路基、路面的强度就无法保证，更难以适应现代汽车运载量越来越大的变化，最终导致公路的耐久性较差，必将缩短公路的使用寿命。此类事实，举不胜举，足以证明，公路机械化施工才是保证和提高工程质量的重要手段。

4.公路机械化施工有利于节约社会劳动力，优化社会资源

在施工过程中，尽量采用公路机械化施工可以大幅度缩减劳动力的需求量，有利于整合、优化社会资源，刺激技术型劳动力的成长。

5.公路机械化施工为公路设计提供了更宽、更广的创作空间

公路设计理论与方法的创新总是建立在一定物质条件的基础上。不管公路设计采用什么方法，当具备可行的技术手段和先进的劳动工具，特别是具有能够满足设计要求的相应机械设备时，才能使新的设计意图得以实现。比如，没有满足设计要求的张拉设备，就没有悬臂拼装的施工工艺。而有了大吨位的架桥机，才使有水河流中采用装配法建造大跨径梁桥成为可能。由此可见，公路机械化施工还可拓展设计理论和方法的应用空间。

6.公路机械化施工促进了社会化生产技术水平的提高和发展

古往今来，“工欲善其事，必先利其器”这一千年古训早已成为人类改造自然的基本法则。人类征服自然的过程，实质上也是不断改进劳动工具、提高劳动生产力的过程，这是人类社会发展的必然选择。公路施工机械作为公路建筑生产活动的劳动工具，也是在不断改进和更新中发展的。人们为了提高生产能力，追求更高的经济利益，总是针对不同的施工需要，不断地改进、革新旧机械，发明创造新机械，这样，必将促进社会化生产技术水平的提高和发展，这是公路生产技术发展的必然趋势。

二、机械化施工组织设计的任务

机械化施工组织是针对施工机械的充分、合理利用所展开的组织活动。机械化施工组织应与施工总进度计划保持一致，并服从施工总进度计划的总体安排和要求。事实上，机械化施工组织是在合同段的施工全过程组织的基础上进行的，并与施工全过程组织相辅相成。在进行机械化施工组织时，首先应根据施工总进度计划中对各项施工任务的具体施工日程安排和施工方法的要求，确定施工过程各时段的机械设备供应计划。其次，在满足总进度计划施工需要的前提下，以充分和合理利用施工机械设备为出发点，再对设备供应计划中的各种资源进行调整和优化，进而达到使施工机械均衡和连续生产的目的，力求最大限度地发挥施工机械的效能及作用。由此可见，施工组织设计的主要任务是：

（1）合理选用机械，力求最大限度地发挥机械的效能；

（2）针对不同的施工方案和施工条件，确保各种机械的最佳匹配；

（3）进行机械化施工平面组织设计，合理布设机位和运行路线，避免机械运行和操作冲突，保证施工顺畅和安全；

（4）制订合理的机械维修及保养计划，提高设备利用率，保证机械化施工的连续性；

（5）核定机械作业量，确定机械种类和需要量，安排机械使用及作业调配计划；

（6）合理进行关键工程的施工机械组织，力求提高生产率、缩短作业工期。

三、机械化施工组织设计的影响因素

（一）机械化施工的作业方式与施工特点

机械化施工具有两种形式，即单机或综合机械化作业方式。无论以什么方式作业，机械化施工都具有以下施工特点。

（1）施工机械能够完成人力不及或具有一定风险性的施工作业：自然条件和施工条件虽然是影响机械化施工效果的关联因素，但在特殊的自然条件和施工环境中，人力达不到的质量要求或人工作业存在一定风险的施工任务，均可通过机械作业完成并可达到预期的效果。

（2）施工机械可从根本上改变劳动条件：只要有可能，采用机械化施工便可彻底改善劳动条件，提高生产力。

（3）施工机械可以大幅度提高劳动生产率：机械施工与人力劳动相比，其生产效率可提高几十倍甚至上百倍。

（4）施工机械具有机动灵活的特点，可以长时间连续作业：机械化作业的活动范围大，有效工作半径长，移动方便、迅速，可以针对作业量较大的施工任务长时间进行连续作业，还能适应流动性大的工程施工。

（二）机械化施工组织的影响因素

1.机械完好率

机械需要经常维修和保养，使其处在正常的工作状态，才能保证施工作业的连续性，达到最大负荷运转。否则，进场的机械很多，可以利用的较少，部分机械即使可以勉强使用，又因机械故障频出导致机械作业断断续续，这样，不仅影响作业进度，也增加了许多随机的组织协调和调度工作。特别是综合化机械作业，当主导施工机械出现故障时，往往导致多种配合机械的台班损失和浪费。可见，机械的完好率越高，保证施工过程处在正常状态的可能性就大，就越有利于发挥机械效能、加快进度。

2.自然条件

不同地区的气象特征不同，南北方温度差异很大。当施工地点的气温过低或气温与大气压过高时，均会影响施工机械的作业效率，降低生产率。故在机械化施工组织时，必须考虑自然条件的影响。比如土方施工时，当工点的地质、水文条件不良，或雨天泥泞等，会造成机械作业效率下降，必将减缓施工进度。此外，自然因素还会影响机械化施工任务的作业次序和时间。如北方严寒地区，沥青类路面一般必须在9月中旬前完工，否则由于气温下降，无法保证路面的施工质量；南方地区在汛期到来之前最好完成桥梁下部施工的全部机械作业项目，否则将提高施工成本。

3.施工方案及其配套机械

施工方案与配套机械是相辅相成的关系，确定施工方案有时以选择主导机械为主，在施工方案确定的情况下，配套机械选择又会受到施工方案的限制。唯此，根据施工方案来选择施工机械时，配套机械在型号、功率、容积、长度等方面必须达到施工方案的要求，同时各种机械也应配合适当，否则会降低作业效率，影响工程质量和进度，甚至损耗机器或造成机械损失。可见，施工方案是机械化施工组织重点考虑的因素，也是机械选型匹配的重要依据。

4.机械配套的合理性

在综合化作业过程中，如果工程主导机械的选择是正确合理的，能够持续稳定地进行施工作业，则其配套机械的好坏也会直接影响作业进度。因此，在机械化施工组织中，施工机械的选型与组合必须考虑。

（1）施工机械的技术性能应满足工程的技术标准要求；

（2）必须具有良好的工作性能；

（3）必须具有足够的工作稳定性及可靠性；

（4）尽量采用同厂家或品牌的配套机械，以保证最佳匹配和便于维修保养；

（5）为了充分发挥机械效能，保证工作效率，配套机械的匹配次数不宜过多；

（6）对配套机械必须定时定期地检修，不能因为一台机器故障，而使整个施工生产停工。

5.机械操纵熟练程度

主导机械的驾驶人员操纵机械的熟练程度对施工过程和进度的影响是很大的，它决定作业速度的快慢，也影响作业质量。若驾驶员技艺纯熟、施工速度快、产出高，施工质量就有保证，否则，进度慢、效率低。如低等级公路面层施工时，采用平地机进行整平作业，驾驶员的操作技能对摊铺质量和进度的影响就是非常明显的。显然，机械驾驶员操纵机械的熟练程度也是影响机械化施工组织作业工期的重要因素。

6.耐用台班数

机械的耐用总台班是指机械设备从开始投入使用至报废前所使用的总台班数。使用寿命是在正常施工作业的条件下，在其耐用总台班内，按规定的大修理次数划分的工作周期数。实用台班数量如果超过耐用总台班，则经济效益好，否则即差。在施工组织管理中，正确估价和计算现场机械的使用寿命和已用总台班，有利于合理处理闲置的台班数量，以保证施工现场机械的连续运转。否则，当机械已接近或达到使用寿命，使用完耐用总台班还在超负荷运转，就会出现现场停机或施工中断现象。

四、机械化施工组织原理

（一）机械化施工组织设计的特点

1.施工全过程组织与机械化施工组织的联系与区别

机械化施工组织与公路生产过程组织是既有联系又有区别的两种不同的施工组织活动，二者联系及区别如下。

（1）组织目的不同：机械化施工组织的主要依据是施工总进度计划，它是在服从总进度计划的施工组织安排的前提下，在满足总进度计划统一要求的基础上，针对主要机具设备的供应计划所进行的资源整合和优化，其目的是：

①合理选用和配置各个施工环节的施工机械，充分发挥各种机械的效能；

②合理利用施工机械设备，充分发挥施工主导机械的作用，提高相应施工环节的生产率，加快关键工程等重要施工环节的作业进度；

③科学维护和保养施工机械设备，提高机械完好率，保持机械作业过程的正常工作状态，从而保证施工总进度计划的顺利实施；

④优化可供利用的设备资源，合理进行机械的组织和调配，提高机械的利用率，保证施工机械能够连续均衡地进行生产作业，避免机械损失和浪费，提高经济效益。

显然，机械化施工组织仅仅是针对施工机械资源的合理配置和利用而进行的组织活动，且这些资源的配置及需求量是由施工总进度计划所决定的，而施工过程组织的目的是全过程、全方位地合理安排各项施工生产活动。二者的组织目的截然不同。

（2）组织对象不同：施工组织的对象是施工过程，如分部分项工程或半成品，而机械化施工组织的对象是完成这些施工过程（施工任务）所需配置的机械资源，即考虑机械资源配置的合理性、实效性和利用率。显然，二者的落脚点也不同。

（3）组织内容不同：施工组织的主要内容包括时间组织和空间组织两个方面。

施工组织的成果是施工进度计划，它是遵循施工生产的客观规律，按照时间和工艺顺序，对施工全过程的各项生产活动及其施工资源做出的科学合理的计划安排；而机械化施工组织只是施工组织的一个组成部分，仅仅针对机械设备资源的优化利用而言。二者的组织内容也不同。

（4）侧重点不同：施工组织强调生产活动计划的合理性，机械化施工组织设计强调机械资源利用的实效性。

2.机械化施工组织设计的特点

由以上比较可以看出，机械化施工组织有其自身的特点。

（1）机械化施工组织的宗旨是最大限度地保持机械作业的均衡性和连续性。

（2）机械化施工组织的重点是机械资源配置的合理性、实效性和利用率。

（3）与施工组织设计比较，组织内容单一。

（4）机械化施工组织具有从属性。即机械化施工组织是在施工总进度计划的基础上进行的，服从并从属于施工总进度计划的机械作业时间安排，它是为了总进度计划顺利实施而进行的组织活动。

（5）机械化施工组织以资源组织为主。施工组织主要以“计划组织”为主，需要安排各项生产活动的次序和时间，确定计划工期；机械化施工组织主要以“资源组织”为主，主要是合理配置各项施工活动的机械资源，解决机械设备资源的合理配置和有效利用问题。

（二）机械化施工组织设计的内容

对于一个工程项目来讲，为了保证工程质量和进度，有时业主在招标文件中，针对施工过程中某些关键环节的主要机械设备配置提出一些具体要求，如机械或设备的规格、型号及生产率等。通常承包商在进行机械化施工组织时，首先应满足招标文件或设计文件提出的要求，其次，才能根据施工方案及施工总进度计划合理地进行机械化施工组织。具体内容如下。

1.机械化施工总体组织内容

（1）制订机械设备供应计划。

（2）组建机械设备资源管理机构，确定机械作业流程、方法及操作规程。

（3）确定重点工程的机械化施工方案，合理配置机械设备。

（4）合理进行机械化施工场地布设。

（5）确定各季度计划台班数量，制订主要机械的作业计划。

2.主要分部、分项工程机械化施工组织内容

（1）合理配置与组合分部、分项工程的机械设备。

（2）确定机械作业流程、方法及操作规程。

（3）合理布设机械作业现场，保证安全生产。

（4）制订分部、分项工程机械作业计划。

五、施工机械的使用与维修管理

（一）施工机械管理的内容

在现代公路建设中，机械设备的地位和作用越来越重要，它一般占施工企业固定资产投资的70%～80%，而且，许多施工任务都要通过机械作业来完成。在施工过程中，倘若不能充分发挥施工机械在生产中的作用，不仅直接影响企业的施工经营效益，而且对工程的质量、进度影响也很大。因此，为了确保施工机械正常运行和连续作业，必须对施工机械进行系统管理。

施工机械管理的内容分为装备管理、资产管理、使用管理、维修管理和经济管理五个方面，其中与施工密切相关的是使用管理和维修管理，包括以下内容。

（1）合理选用机械，发挥机械效能；

（2）正确使用机械，提高生产率；

（3）做好维修保养，提高机械完好率；

（4）合理储备配件及配料，满足维修保养需要；

（5）更新改造机械，满足生产发展需要。

（二）施工机械的使用管理

施工企业购买机械设备的目的是在使用中改善劳动条件、降低劳动强度、创造经济效益。施工机械的使用价值只有在施工过程中才能体现出来。因此，企业对施工机械使用管理水平的高低直接影响企业的经济利益。

1.企业合理使用机械的三个标志

施工机械使用管理的终极目标是使施工机械“合理使用”，而所谓“合理使用”标志是指以下三个方面。

（1）高效率：指机械使用必须使单机或综合化作业的主导机械的生产技术性能得以充分发挥。

（2）经济性：是指在可能的条件下，使单位实物工程量的机械使用费成本最低。

（3）设备不正常损耗防护：是指设法采取防护措施，避免机械性能不正常损耗现象的发生。如施工机械因使用不当或缺乏应有的保养措施引起的早期磨损、过度磨损或事故损坏等终将导致施工机械机械效率的降低，施工生产率下降。

2.合理使用机械的基本要求

（1）执行“人机固定”原则，实行“定机、定人、定岗位职责”的三定制度：人是机械管理的主导因素。

（2）按最佳经济运行条件选择和配套特定施工方案的施工机械设备。针对特定的施工方案选择配套机械时，应处理好配套与效率的关系，把握配套要点，合理进行机械配套方案的技术与经济比较，按最佳经济运行条件选择配套方案。

（3）按照机械实际的运行工况合理使用机械设备，充分发挥机械的使用性能。通常不能按照机械的实际运行工况合理选用机械的现象有：低载、低负荷使用（大马拉小车）；高载、高负荷使用；降低机械的性能范围使用（大材小用）；超越机械的性能范围使用。在使用机械过程中出现以上现象都意味着不能合理使用机械。

（4）合理采用技术服务措施，防止机械受到不正常因素损耗，保证机械设备正常投入使用。即严格执行磨合期规定，注意换季保养，对于以电动机作为动力的机械，还要注意供电质量。

3.施工机械使用状况评价

由于机械的使用状态对工程进度和效益的影响很大，特别是施工主导机械的使用状态直接影响工程进展的速度。所以，在施工机械的生产管理过程中，首要解决的问题是评价自备或租赁机械设备的使用状况，统筹优化和合理利用可供利用的机械设备资源，以保证施工生产的顺利进行。

机械的使用状况好坏通常从以下四个方面评价。

（1）机械作业效率对施工进度和质量有无影响；

（2）出现故障和需要维修的频率（涉及机械利用率）对施工进度和质量有无影响；

（3）机械的使用状况对施工质量有无影响；

（4）使用中影响安全和环境的程度。

（三）施工机械维修管理

施工机械维修管理主要指按照机械固有的运行规律所进行的维修和保养。通过维修保养补偿机械设备的有形损耗，恢复机械正常和应有的使用性能，其目的在于使施工机械经常处于完好状态，延长机械的使用寿命和利用率，力求最大限度地发挥各台机械的效能，从而能够正常、连续地为施工项目服务。

我国现行的维修制度是计划预期检修制，包括保养与检修两个方面的内容，二者采用的技术措施以及实施目的和作用均不相同。其中，保养分为日常保养和定期保养。

1.日常保养

（1）每日保养。这是每天开始运转和运转结束后必做的保养，由机械操作员和辅助操作人员负责完成，包括擦拭、检查、调整和补充燃料、润滑油脂和冷却水。

（2）每周保养（一级保养）。对每日保养所做不到的润滑油补充和离合器、制动器调整等保养工作，就只有每周保养一次。保养工作除操作人员及其辅助操作人员以外，还需机械师指导保养。要及早发现漏油、裂缝、螺栓螺母的松动以及反常发热等异常情况，必须清理机械、记录结果、填报记录。

（3）每月保养（二级保养）。这种保养主要在当地的机械维修基地，由机械师和操作员进行检查、保养。保养规模大，除更换一些零部件外，也拆卸一部分外围部件进行保养。同时记录结果，填报记录表。

（4）润滑管理。在机械故障中，机件长期得不到润滑是主要原因。润滑工作的标准因机械种类不同而不同，一般按机械使用说明书所记载的标准执行即可。如果有特殊规格，或有特殊运转条件时，就要和机械制造厂家协商，采取适当的维护保养措施。进行正确的润滑工作，必须遵守四个原则：①润滑必须在适当的时期进行；②润滑必须在适当的部位进行；③润滑必须选用适当的润滑油；④润滑油用量要适中。

2.定期保养

通过检查、调整、紧固和消除所发生的故障来恢复机械工作能力的保养。这种保养要求将机械置于防风、防尘的专用封闭场地，在机械师的指导下进行。

3.定期中、大修

指以整机为对象所进行的关键部分恢复性修理或全面、彻底的恢复性修理。

总之，施工机械维修和保养的好坏，直接影响施工机械的利用率和作业效率。正确维持施工机械的使用性能使其处在正常的作业状态是保证施工机械作业的先决条件。因此，合理制订机械的维修保养计划并适时进行施工机械的维修保养也是提高生产效率、保证生产秩序、降低施工机械使用费的有效途径。

第十章　建筑工程项目风险管理

第一节　建筑工程项目风险管理

风险管理是指人们对潜在的意外损失进行辨识、评估，并根据具体情况采取相应的措施进行处理，即在主观上尽可能做到有备无患，或在客观上无法避免时亦能寻求切实可行的补救措施，从而减少意外损失或化解风险为我所用。

建筑工程项目风险管理是指参与工程项目的各方，包括发包方、承包方和勘察、设计、监理单位等在工程项目的筹划、设计、施工建造以及竣工后投入使用等各阶段采取的辨识、评估、处理项目风险的措施和方法。

一、风险的概念

（一）风险的定义

项目风险是一种不确定的事件或条件，一旦发生，就会对一个或多个项目目标造成积极或消极的影响，如范围、进度、成本或质量。

风险既是机会又是威胁。人们从事经济社会活动，既有可能获得预期的利益，也有可能蒙受意想不到的损失或损害。正是风险蕴含的机会引诱人们从事包括项目在内的各种活动；而风险蕴含的威胁，则唤醒人们的警觉，设法回避、减轻、转移或分散。机会和威胁是项目活动的一对孪生兄弟，是项目管理人员必须正确处理的一对矛盾。承认项目有风险，就是承认项目既蕴含机会又蕴含威胁。本章内容，除非特别强调，所指风险大多指风险蕴含的威胁。

（二）风险源与风险事件

1.风险源

给项目带来机会，造成损失或损害、人员伤亡的风险因素，就是风险源。风险源是风险事件发生的潜在原因，是造成损失或损害的内在或外部原因。如果消除所有风险源，则损失或损害就不会发生。对于建筑施工项目，不合格的材料、漏洞百出的合同条件、松散的管理、不完全的设计文件、变化无常的建材市场都是风险源。

2.转化条件和触发条件

风险是潜在的，只有具备一定条件时，才有可能发生风险事件，这一定的条件称为转化条件。即使具备转化条件，风险也不一定演变成风险事件。只有具备另外一些条件时，风险事件才会真的发生，这后面的条件称为触发条件。了解风险由潜在转变为现实的转化条件、触发条件及其过程，对于控制风险非常重要。控制风险，实际上就是控制风险事件的转化条件和触发条件。当风险事件只能造成损失和损害时，应设法消除转化条件和触发条件；当风险事件可以带来机会时，则应努力创造转化条件和触发条件，促使其实现。

3.风险事件

活动或事件的主体未曾预料到，或虽然预料到其发生，但却未预料到其后果的事件称为风险事件。要避免损失或损害，就要把握导致风险事件发生的风险源和转化其触发条件，减少风险事件的发生。

（三）风险的分类

风险可以从不同的角度，根据不同的标准进行分类。

1.按风险来源划分

风险根据其产生的根源可分为政治风险、经济风险、金融风险、管理风险、自然风险和社会风险等。

（1）政治风险。政治风险是指政治方面的各种事件和原因导致项目蒙受意外损失。

（2）经济风险。经济风险是指在经济领域潜在或出现的各种可导致项目的经营损失的事件。

（3）金融风险。金融风险是指在财政金融方面，内在或主客观因素而导致的各种风险。

（4）管理风险。管理风险通常是指人们在经营过程中，因不能适应客观形势的变化或因主观判断失误或对已发生的事件处理欠妥而产生的威胁。

（5）自然风险。自然风险是指因自然环境如气候、地理位置等构成的障碍或不利条件。

（6）社会风险。社会风险包括企业所处的社会背景、秩序、宗教信仰、风俗习惯及人际关系等形成的影响企业经营的各种束缚或不便。

2.按风险后果划分

风险按其后果可分为纯粹风险和投机风险。

（1）纯粹风险。不能带来机会、没有获得利益可能的风险，称为纯粹风险。纯粹风险只有两种后果：造成损失和不造成损失。纯粹风险造成的损失是绝对的损失。建筑施工项目蒙受损失，全社会也会跟着受损失。例如，某建筑施工项目发生火灾所造成的损失不但是这个建筑施工项目的损失，也是全社会的损失，没有人能从中获得好处。纯粹风险总是与威胁、损失和不幸相联系。

（2）投机风险。极可能带来机会、获得利益，又隐含威胁、造成损失的风险，称为投机风险。投机风险有三种后果：造成损失、不造成损失和获得利益。对于投机风险，如果建筑施工项目蒙受了损失，则全社会不一定也跟着受损失；相反，其他人有可能因此而获得利益。例如，私人投资的房地产开发项目如果失败，投资者就要蒙受损失，而发放贷款的银行却可将抵押的土地和房屋收回，等待时机，高价卖出，不但可收回贷款，而且有可能获得高额利润，当然也可能面临亏损。

纯粹风险和投机风险在一定条件下可以互相转化。项目管理人员必须避免投机风险转化为纯粹风险。

3.按风险是否可控划分

风险按其是否可控可分为可控风险和不可控风险。可控风险是指可以预测，并可采取措施进行控制的风险；反之，则为不可控风险。风险是否可控，取决于能否消除风险的不确定性以及活动主体的管理水平。要消除风险的不确定性，就必须掌握有关的数据、资料等信息。随着科学技术的发展与信息的不断增加以及管理水平的提高，有些不可控风险可以变成可控风险。

4.按风险影响范围划分

风险按影响范围可分为局部风险和总体风险。局部风险影响小，总体风险影响大，项目管理人员要特别注意总体风险。例如，项目所有的活动都有拖延的风险，而处在关键线路上的活动一旦延误，就要推迟整个项目的完成时间，形成总体风险。

5.按风险的预测性划分

按照风险的预测性，风险可以分为已知风险、可预测风险和不可测风险。已知风险就是在认真、严格地分析项目及其计划之后就能够明确哪些是经常发生的，而且其后果亦可预见的风险。可预测风险就是根据经验，可以预见其发生，但不可预见其后果的风险。不可测风险是指有可能发生，但其发生的可能性即使是最有经验的人亦不能预见的风险。

6.按风险后果的承担者划分

项目风险，若按其后果的承担者来划分，则有项目业主风险、政府风险、承包方风险、投资方风险、设计单位风险、监理单位风险、供应商风险、担保方风险和保险公司风险等。这样划分有助于合理分配风险，提高项目的风险承受能力。

二、建筑工程项目风险的特点

建筑工程项目风险具有风险多样性、存在范围广、影响面大等特点。

（1）风险的多样性。在一个工程项目中存在许多种类的风险，如政治风险、经济风险、法律风险、自然风险、合同风险、合作者风险等。这些风险之间有着复杂的内在联系。

（2）风险存在范围广。风险在整个项目生命期中都存在。例如，在目标设计中可能存在构思的错误，重要边界条件的遗漏，目标优化的错误；可行性研究中可能有方案的失误，调查不完全，市场分析错误；技术设计中存在专业不协调，地质不确定，图纸和规范错误；施工中有物价上涨，实施方案不完备，资金缺乏，气候条件变化；运行中有市场变化，产品不受欢迎，运行达不到设计能力，操作失误等。

（3）风险影响面大。在建筑工程中，风险影响常常不是局部的，而是全局的。例如，反常的气候条件造成工程的停滞，会影响整个后期计划，影响后期所有参加者的工作，不仅会造成工期的延长，而且会造成费用的增加，及对工程质量的危害。即使局部的风险，其影响也会随着项目的发展逐渐扩大。例如一个活动受到风险干扰，可能影响与它相关的许多活动，所以在项目中，风险影响随时间推移而有扩大的趋势。

（4）风险具有一定的规律性。建筑工程项目的环境变化、项目的实施有一定的规律性，所以风险的发生和影响也有一定的规律性，是可以进行预测的。重要的是人们要有风险意识，重视风险，对风险进行有效的控制。

三、建筑工程项目风险管理过程

项目风险管理过程应包括项目实施全过程的风险识别、风险评估、风险响应和风险控制。

（1）风险识别。确定可能影响项目的风险的种类，即可能有哪些风险发生，并将这些风险的特性整理成文档，决定如何采取和计划一个项目的风险管理活动。

（2）风险评估。对项目风险发生的条件、概率及风险事件对项目的影响进行分析，并评估它们对项目目标的影响，按它们对项目目标的影响顺序排列。

（3）风险响应。即编制风险应对计划，制定一些程序和技术手段，用来提高实现项目目标的概率和减少风险的威胁。

（4）风险控制。在项目的整个生命期阶段进行风险预警，在风险发生情况下，实施降低风险计划，保证对策措施的应用性和有效性，监控残余风险，识别新风险，更新风险计划，以及评估这些工作的有效性等。

项目实施全过程的风险识别、风险评估、风险响应和风险控制，既是风险管理的内容，也是风险管理的程序和主要环节。

四、建筑工程项目全过程的风险管理

风险管理必须落实于工程项目的全过程，并有机地与各项管理工作融为一体。

（1）在项目目标设计阶段，就应开展风险确定工作，对影响项目目标的重大风险进行预测，寻找目标实现的风险和可能的困难。风险管理强调事前的识别、评估和预防措施。

（2）在可行性研究中，对风险的分析必须细化，进一步预测风险发生的可能性和规律性，同时必须研究各风险状况对项目目标的影响程度，即项目的敏感性分析。应在各种策划中着重考虑这种敏感性分析的结果。

（3）在设计和计划过程中，随着技术水平的提高和建筑设计的深入，实施方案也逐步细化，项目的结构分析逐渐清晰。这时风险分析不仅要针对风险的种类，而且必须细化落实到各项目结构单元直到最低层次的工作包上。要考虑对风险的防范措施，制订风险管理计划，其包括：风险准备金的计划、备选技术方案、应急措施等。在招标文件（合同文件）中应明确规定工程实施中风险的分组。

（4）在工程实施中加强风险的控制。通过风险监控系统，能及早地发现风险，及早做出反应；当风险发生时，采取有效措施保证工程正常实施，并保证施工和管理秩序，及时修改方案、调整计划，以恢复正常的施工状态，减少损失。

（5）项目结束，应对整个项目的风险、风险管理进行评估，以作为今后进行同类项目的经验和教训，这样就形成了一个前后连贯的管理过程。

第二节　建筑工程项目风险识别

风险识别是指确定项目实施过程中各种可能的风险事件，并将它们作为管理对象，不能有遗漏和疏忽。全面风险管理强调事先分析与评估，迫使人们想在前，看到未来和为此做准备，把风险干扰减至最少。

通过风险因素识别确定项目的风险范围，即有哪些风险存在，将这些风险因素逐一列出，以作为全面风险管理的对象。

风险因素识别是基于人们对项目系统风险的基本认识上的，通常首先罗列对整个工程建设有影响的风险，然后注意对本组织有重大影响的风险。罗列风险因素通常要从多角度、多方面进行，形成对项目系统风险的多方位透视。风险因素分析可以采用结构化分析方法，即由总体到细节、由宏观到微观分析，层层分解。

一、建筑工程项目风险因素类别

风险因素是指促使和增加损失发生的频率或严重程度的任何事件。风险因素范围广、内容多，总的来说，其可以分为有形风险因素和无形风险因素两类。

（一）有形风险因素

有形风险因素是指导致损失发生的物质方面的因素。如财产所在地域、建筑结构和用途等。例如，北京的建筑施工企业到外地或国外承包工程项目与在北京地区承包工程项目相比，前者可能发生风险的频率和损失大些；又如两个建筑工程项目，一个是高层建筑，结构复杂，另一个是多层建筑，结构简单，则高层建筑就比多层建筑发生安全事故的可能性大。但如果高层建筑采取了有效的安全技术措施，多层建筑施工管理水平低，缺少必要的安全技术措施，相比之下，高层建筑发生安全事故的可能性就比多层的小。

（二）无形风险因素

无形风险因素是指非物质形态因素影响损失发生的可能性和程度。这种风险因素包括道德风险因素和行为风险因素两种。

1.道德风险因素

道德风险因素通常指人有不良企图、不诚实以致采用欺诈行为故意促使风险事故发生，或扩大已发生的风险事故所造成的损失的因素。例如招标活动中故意划小标段，将工程发包给不符合资质的施工企业；低资质施工企业骗取需高资质企业才能承包的项目；发包方采用压标和陪标方式以低价发包等。

2.行为风险因素

行为风险因素是指由于人们在行为上的粗心大意和漠不关心而引发的风险事故的机会和扩大损失程度的因素。如投标中现场勘察不认真，未能发现施工现场存在的问题而给施工企业带来的损失，未认真审核施工图纸和设计文件给投标报价、项目实施带来的损失，均属此类风险因素。

二、建筑工程项目风险识别程序

识别项目风险应遵循以下程序。

（1）收集与项目风险有关的信息。风险管理需要大量信息，要对项目的系统环境有十分深入的了解，并进行预测。不熟悉情况、不掌握数据，不可能进行有效的风险管理。风险识别是要确定具体项目的风险，因此必须掌握该项目和项目环境的特征数据，例如与本项目相关的数据资料、设计与施工文件，以了解该项目系统的复杂性、规模、工艺的成熟程度。

（2）确定风险因素。通过调查、研究、座谈、查阅资料等手段分析工程、工程环境、其他各类微观和宏观环境、已建类似工程等，列出风险因素一览表。在此的基础上通过甄别、选择、确认，把重要的风险因素筛选出来加以确认，列出正式风险清单。

（3）编制项目风险识别报告。编制项目风险识别报告，是在风险清单的基础上，补充文字说明，作为风险管理的基础。风险识别报告通常包括已识别风险、潜在的项目风险、项目风险的征兆。

三、建筑工程项目风险因素分析

风险因素分析是确定一个项目的风险范围，即有哪些风险存在，将这些风险因素逐一列出，以作为工程项目风险管理的对象。风险因素分析是基于人们对项目系统风险的基本认识上的，通常首先罗列对整个工程建设有影响的风险，然后注意对自己有重大影响的风险。罗列风险因素通常要从多角度、多方面进行，形成对项目系统风险的多方位透视。风险因素通常可以从以下几个角度进行分析。

（一）按项目系统要素进行分析

1.项目环境要素风险

项目环境系统结构的建立和环境调查对风险分析有很大帮助，最常见的风险因素为：

（1）政治风险。例如政局的不稳定性，战争状态、动乱、政变的可能性，国家的对外关系，政府信用和政府廉洁程度，政策及政策的稳定性，经济的开放程度或排外性，国有化的可能性，国内的民族矛盾，保护主义倾向等。

（2）经济风险。国家经济政策的变化、产业结构的调整、银根紧缩、项目产品的市场变化；项目的工程承包市场、材料供应市场、劳动力市场的变动，工资的提高，物价上涨，通货膨胀速度加快，原材料进口价格和外汇汇率的变化等。

（3）法律风险。法律不健全，有法不依、执法不严，相关法律内容的变化，法律对项目的干预；人们对相关法律未能全面、正确理解，工程中可能有触犯法律的行为等。

（4）社会风险。包括宗教信仰的影响和冲击、社会治安的稳定性、社会的禁忌、劳动者的文化素质、社会风气等。

（5）自然条件。如地震、风暴，特殊的未预测到的地质条件，如泥石流、河塘、垃圾场、流沙、泉眼等，反常的恶劣的雨雪天气、冰冻天气，恶劣的现场条件，周边存在对项目的干扰源，工程项目的建设可能造成对自然环境的破坏，不良的运输条件可能造成供应的中断。

2.项目系统结构风险

它是以项目结构图上的项目单元作为对象确定的风险因素，即各个层次的项目单元，直到工作包在实施以及运行过程中可能遇到的技术问题，人工、材料、机械、费用消耗的增加，在实施过程中可能的各种障碍、异常情况。

3.项目行为主体产生的风险

它是从项目组织角度进行分析的，主要有以下几种情况。

（1）业主和投资者：①业主的支付能力差，企业的经营状况恶化，资信不好，企业倒闭，投资者撤走资金，或改变投资方向，改变项目目标。②业主不能完成他的合同责任，如不及时供应他负责的设备、材料，不及时交付场地，不及时支付工程款。③业主违约、苛求、刁难、随便改变主意，但又不赔偿，做出错误的行为，发出错误的指令，非程序地干预工程。

（2）承包商（分包商、供应商）：①技术能力和管理能力不足，没有适合的技术专家和项目经理，不能积极地履行合同，由于管理和技术方面的失误，工程中断。②没有得力的措施来保证进度、安全和质量。③财务状况恶化，无力采购和支付工资，企业处于破产境地。④工作人员罢工、抗议或软抵抗。⑤错误理解业主意图和招标文件，方案错误，报价失误，计划失误。⑥设计单位设计错误，工程技术系统之间不协调，设计文件不完备，不能及时交付图纸，或无力完成设计工作。

（3）项目管理者：①项目管理者的管理能力、组织能力、工作热情和积极性、职业道德、公正性差。②管理者的管理风格、文化偏见可能会导致他不正确地执行合同，在工程中苛刻要求。③在工程中起草错误的招标文件、合同条件，下达错误的指令。

4.其他方面

例如中介人的资信、可靠性差；政府机关工作人员、城市公共供应部门（如水、电等部门）的干预、苛求和个人需求；项目周边或涉及的居民或单位的干预、抗议或苛刻的要求等。

（二）按风险对目标的影响分析

由于项目管理上层系统的情况和问题存在不确定性，目标的建立是基于对当时情况和对将来的预测之上，所以会有许多风险。这是按照项目目标系统的结构进行分析的，是风险作用的结果。从这个角度看，常见的风险因素有：

（1）工期风险。即造成局部的（工程活动、分项工程）或整个工程的工期延长，不能及时投入使用。

（2）费用风险。包括财务风险、成本超支、投资追加、报价风险、收入减少、投资回收期延长或无法收回、回报率降低。

（3）质量风险。包括材料、工艺、工程不能通过验收，工程试生产不合格，经过评价，工程质量未达标准。

（4）生产能力风险。项目建成后达不到设计生产能力，可能是由于设计、设备问题，或生产用原材料、能源、水、电供应问题。

（5）市场风险。工程建成后产品未达到预期的市场份额，销售不足，没有销路，没有竞争力。

（6）信誉风险。即造成对企业形象、职业责任、企业信誉的损害。

（7）法律责任。即可能被起诉或承担相应法律的或合同的处罚。

（三）按管理的过程分析

按管理的过程进行风险分析包括极其复杂的内容，常常是分析责任的依据。具体情况为：

（1）高层战略风险，如指导方针、战略思想可能有错误而造成项目目标设计错误。

（2）环境调查和预测的风险。

（3）决策风险，如错误的选择，错误的投标决策、报价等。

（4）项目策划风险。

（5）计划风险，包括对目标（任务书、合同、招标文件）理解错误，合同条款不准确、不严密、错误、二义性，过于苛刻的单方面约束性的、不完备的条款，方案错误、报价（预算）错误、施工组织措施错误。

（6）技术设计风险。

（7）实施控制中的风险。例如：①合同风险。合同未履行，合同伙伴争执，责任不明，产生索赔要求。②供应风险。如供应拖延、供应商不履行合同、运输中的损坏以及在工地上的损失。③新技术、新工艺风险。④由于分包层次太多，计划的执行和调整、实施控制有困难。⑤工程管理失误。

（8）运营管理风险。如准备不足、无法正常营运、销售渠道不畅、宣传不力等。在风险因素列出后，可以采用系统分析方法，进行归纳整理，即分类、分项、分目及细目，建立项目风险的结构体系，并列出相应的结构表，作为后面风险评价和落实风险责任的依据。

四、风险识别的方法

在大多数情况下，风险并不显而易见，它往往隐藏在工程项目实施的各个环节，或被种种假象所掩盖，因此风险识别要讲究方法，一方面，可以通过感性认识和经验认识进行风险识别；另一方面，可以通过对客观事实、统计资料的归纳、整理和分析进行风险识别。风险识别常用的方法有以下几种。

（一）专家调查法

（1）头脑风暴法。头脑风暴法是最常用的风险识别方法，它借助于以项目管理专家组成的专家小组，利用专家们的创造性思维集思广益，通过会议方式进行项目风险因素的罗列，主持者以明确的方式向所有参与者阐明问题，专家畅所欲言，发表自己对项目风险的直观预测，然后根据风险类型进行风险分类。

不进行讨论和判断性评论是头脑风暴法的主要规则。头脑风暴法的核心是想出风险因素，注重风险的数量而不是质量。通过专家之间的信息交流和相互启发，从而引导专家们产生“思维共振”，以达到相互补充并产生“组合效应”，获取更多的未来信息，使预测和识别的结果更接近实际、更准确。

（2）德尔菲法。德尔菲法是邀请专家背对背匿名参加项目风险分析，主要通过信函方式来进行。项目风险调查员使用问卷方式征求专家对项目风险方面的意见，再将问卷意见整理、归纳，并匿名反馈给专家，以便进一步识别。这个过程经过几个来回，可以在主要的项目风险上达成一致意见。

问卷内容的制作及发放是德尔菲法的核心。问卷内容应对调查的目的和方法做出简要说明，让每一个被调查对象都能对德尔菲法进行了解；问卷问题应集中、用词得当、排列合理，问题内容应描述清楚、无歧义；还应注意问卷的内容不宜过多，内容越多，调查结果的准确性越差；问卷发放的专家人数不宜太少，一般10 ~ 50人为宜，这样可以保证风险分析的全面性和客观性。

（二）财务报表分析法

财务报表能综合反映一个企业的财务状况，企业中存在的许多经济问题都能从财务报表中反映出来。财务报表有助于确定一个特定企业或特定项目可能遭受哪些损失以及在何种情况下遭受这些损失。

财务报表分析法是通过分析资产负债表、现金流量表、损益表、营业报表以及补充记录，识别企业当前的所有资产、负债、责任和人身损失风险，将这些报表与财务预测、预算结合起来，可以发现企业或项目未来的风险。

(三)流程图法

流程图法是将项目实施的全过程，按其内在的逻辑关系或阶段顺序形成流程图，针对流程图中关键环节和薄弱环节进行调查和分析，标出各种潜在的风险或利弊因素，找出风险存在的原因，分析风险可能造成的损失和对项目全过程造成的影响。

(四)现场风险调查法

从建筑项目本身的特点可看出，不可能有两个完全相同的项目，两个不同的项目也不可能有完全相同的项目风险。因此，在项目风险识别的过程中，对项目本身的风险调查必不可少。

现场风险调查法的步骤如下。

(1)做好调查前的准备工作。确定调查的具体时间和调查所需的时间，对每个调查对象进行描述。

(2)现场调查和询问。根据调查前对潜在风险事件的罗列和调查计划，组织相关人员，通过询问进行调查或对现场情况进行实际勘察。

(3)汇总和反馈。将调查得到的信息进行汇总，并将调查时发现的情况通知有关项目管理者。

第三节　建筑工程项目风险评估

风险评估就是对已识别出的风险因素进行研究和分析，考虑特定风险事件发生的可能性及其影响程度，定性或定量地进行比较，从而对已识别的风险进行优先排序，并为后续分析或控制活动提供基础的过程。

一、项目风险评估的内容

(一)风险因素发生的概率

风险发生的可能性有其自身的规律性，通常可用概率表示。既然被视为风险，则它必然在必然事件（概率等于1）和不可能事件（概率等于0）之间。它的发生有一定的规律性，但也有不确定性，所以人们经常用风险发生的概率来表示风险发生的可能性。风险发生的概率需要利用已有数据资料和相关专业方法进行估计。

（二）风险损失量的估计

风险损失量是个非常复杂的问题，有的风险造成的损失较小，有的风险造成的损失很大，可能引起整个工程的中断或报废。风险之间常常是有联系的，某个工程活动受到干扰而拖延，则可能影响它后面的许多活动，例如：经济形势的恶化不但会造成物价上涨，而且可能会引起业主支付能力的变化；通货膨胀引起了物价上涨，会影响后期的采购、人工工资及各种费用支出，进而影响整个后期的工程费用；由于设计图纸提供不及时，不仅会造成工期拖延，而且会造成费用提高（如人工和设备闲置、管理费开支），还可能在原来本可以避开的冬雨期施工，造成更大的拖延和费用增加。

1.风险损失量的估计内容

风险损失量的估计应包括下列内容。

（1）工期损失的估计。

（2）费用损失的估计。

（3）对工程的质量、功能、使用效果等方面的影响。

2.风险损失量估计过程

由于风险对目标的干扰常常首先表现在对工程实施过程的干扰上，所以风险损失量估计，一般通过以下分析过程。

（1）考虑正常状况下（没有发生该风险）的工期、费用、收益。

（2）将风险加入这种状态，分析实施过程、劳动效率、消耗、各个活动有什么变化。

（3）两者的差异则为风险损失量。

（三）风险等级评估

风险因素非常多，涉及各个方面，但人们并不是对所有风险都十分重视，否则将大大提高管理费用，干扰正常的决策过程。所以，组织应根据风险因素发生的概率和损失量确定风险程度，进行分级评估。

1.风险位能的概念

对一个具体的风险，它如果发生，设损失为R_H，发生的可能性为E_w，则风险的期望值R_w为：

$$R_w=R_H\times E_w \quad (10\text{–}1)$$

例如，一种自然环境风险如果发生，则损失达20万元，而发生的可能性为0.1，则损失的期望值R_w=20万元×0.1=2万元。

引用物理学中位能的概念，损失期望值高的，则风险位能高。可以在二维坐标上作等位能线（损失期望值相等），如图10–1所示，则具体项目中的任何一个风险可以在图上找到一个表示它位能的点。

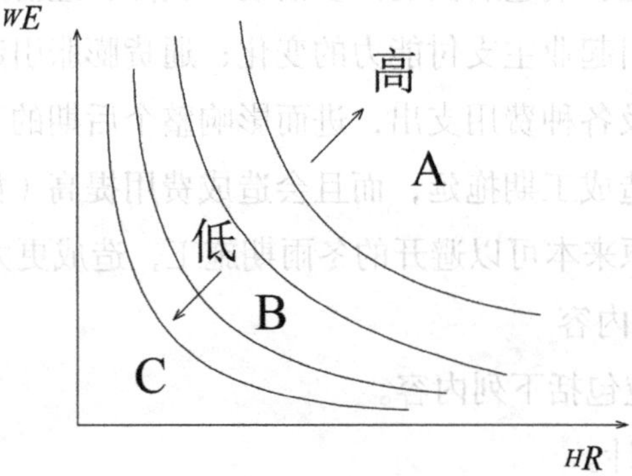

图10–1　二维坐标风险位能线

2.位能的风险类别

A、B、C分类法：不同位能的风险可分为不同的类别。

（1）A类：高位能，即损失期望很大的风险。通常发生的可能性很大，而且一旦发生损失也很大。

（2）B类：中位能，即损失期望值一般的风险。通常发生的可能性不大，损失也不大，或发生可能性很大但损失极小，或损失比较大但可能性极小。

（3）C类：低位能，即损失期望极小的风险，发生的可能性极小，即使发生损失也很小。

在工程项目风险管理中，A类是重点，B类要顾及，C类可以不考虑。另外，也有不用A、B、C分类的形式，而用级别的形式划分，例如1级、2级、3级等，其意义是相同的。

3.风险等级评估表

组织进行风险分级时可使用表10–1。

表10-1　风险分级

后果 风险等级 / 可能性	轻度损失	中度损失	重大损失
很大	Ⅲ	Ⅳ	Ⅴ
中等	Ⅱ	Ⅲ	Ⅳ
极小	Ⅰ	Ⅱ	Ⅲ

二、项目风险评估分析的步骤

（一）收集信息

建筑工程项目风险评估分析时必须收集的信息主要有：承包商类似工程的经验和积累的数据；与工程有关的资料、文件等；对上述来源的主观分析结果。

（二）对信息的整理加工

根据收集的信息和主观分析加工，列出项目所面临的风险，并将发生的概率和损失的后果列成一个表格，风险因素、发生概率、损失后果、风险程度表一一对应，见表10–2。

表10–2　风险程度（R）分析

风险因素	发生概率P（%）	损失后果C/万元	风险程度R/万元
物价上涨	10	50	5
地质特殊处理	30	100	30
恶劣天气	10	30	3
工期拖延罚款	20	50	10
设计错误	30	50	15
业主拖欠工程款	10	100	10
项目管理人员不胜任	20	300	60
合计	–	–	133

（三）评价风险程度

风险程度是风险发生的概率和风险发生后的损失严重性的综合结果。其表达式为：

$$R=\sum_{i=1}^{n}R_i=\sum_{i=1}^{n}P_i\times C_i \tag{10-2}$$

式中：R——风险程度；

R_i——每一风险因素引起的风险程度；

P_i——每一风险发生的概率；

C_i——每一风险发生的损失后果。

（四）提出风险评估报告

风险评估分析结果必须用文字、图表表达说明，作为风险管理的文档，即以文字、表格的形式作风险评估报告。评估分析结果不仅作为风险评估的成果，而且应作为人们风险管理的基本依据。

三、风险评估的方法

项目风险的评估往往采用定性与定量相结合的方法来进行。目前，常用的项目评估方法主要有调查打分法、蒙特卡洛模拟法、敏感性分析法等。

（一）调查打分法

调查打分法是一种常用的、易于理解的、简单的风险评估方法。它是指将识别出的项目可能遇到的所有风险因素列入项目风险调查表，将项目风险调查表交给有关专家，专家们根据经验对可能的风险因素的等级和重要性进行评估，确定项目的主要因素。

调查打分法的步骤如下。

（1）识别出影响待评估工程项目的所有风险因素，列出项目风险调查表。

（2）将项目风险调查表提交给有经验的专家，请他们对项目风险表中的风险因素进行主观打分评价。

①确定每个风险因素的权数W，取值范围为0.01～1.0，由专家打分加权确定。

②确定每个风险因素的权重，即风险因素的风险等级C，其分为五级，分别为0.2、0.4、0.6、0.8、1.0，由专家打分加权确定。

（3）回收项目风险调查表。将各专家打分评价后的项目风险调查表整理出来，计算出项目风险水平。将每个风险因素的权数W与权重C相乘，得出该项风险因素得分WC。将各项风险因素得分加权平均，得出该项目风险总分，即项目风险度，风险度越大，风险越大。

（二）蒙特卡洛模拟法

风险评估时经常面临不确定性、不明确性和可变性；而且，即使我们可以对信息进行前所未有的访问，仍无法准确预测未来。蒙特卡洛模拟法允许我们查看做出的决策的所有可能结果并评估风险影响，从而在存在不确定因素的情况下做出更好的决策。蒙特卡洛模拟法是一种计算机化的数学方法，允许人们评估定量分析和决策制定过程中的风险。

应用蒙特卡洛模拟法可以直接处理每一个风险因素的不确定性，并把这种不确定性在成本方面的影响以概率分布的形式表示出来。

（三）敏感性分析法

敏感性分析法是研究和分析由于客观条件的影响（如政治形势、通货膨胀、市场竞争等风险），项目的投资、成本、工期等主要变量因素发生变化，导致项目的主要经济效果评价指标（如净现值、收益率、折现率等）发生变动的敏感程度。

第四节 建筑工程项目风险响应

一、风险的分配

合理的风险分配是高质量风险管理的前提。一方面，业主希望承包人在自己能够接受的价格条件下保质保量地完成工程，所以在分担风险前，应综合考虑自身条件及尽可能对工程风险做出准确的判断，而不是认为只需将风险在合同中简单地转嫁给承包人。另一方面，只要承包人认为能获得相应的风险费，就可能愿意承担相应的风险。事实上，许多有实力的承包人更愿意去承担风险较大而潜在利润也较大的工程。因此，可以认为，风险的划分是根据工程具体条件及双方承担风险的态度来进行的，这样才更有利于风险的管理及整个工程实施过程中的管理。

风险分配的原则是，任何一种风险都应由最适宜承担该风险或最有能力进行损失制约的一方承担。具体如下。

（1）归责原则。如果风险事件的发生完全是由一方的行为错误或失误造成的，那么其应当承担该引起的风险所造成的损失。例如，施工单位应当对其施工质量不合格承担相应的责任。虽然在这种情况下，合同的另一方并不需要承担责任，但是，此类风险造成的工期延长或费用增加等后果将不可避免地使另一方遭受间接损失。因此，为了工程利益最大化，合同双方应当相互监督，尽量避免发生此类情况。

（2）风险收益对等原则。当一个主体在承担风险的同时，也应当有权利享有风险变化所带来的收益，并且该主体所承担的风险程度应与其收益相匹配。正常情况下，没有任何一方愿意只承受风险而不享有收益。

（3）有效控制原则。应将工程风险分配至能够最佳管理风险和减少风险的一方，即风险在该方控制之内或该方可以通过某种方式转移该风险。

（4）风险管理成本最低原则。风险应当划分给该风险发生后承担其代价或成本最小的一方来承担。代价和成本最低应当是针对整个建筑施工项目而言的，如果业主为了降低自身的风险而将不应由承包商承担的风险强加给承包商，承包商势必会通过抬高报价或降低工程质量来平衡该风险可能造成的损失，其结果可能会给业主造成更大的损失。

（5）可预见风险原则。根据风险的预见和认知能力，如果一方能更好地预见和避免该风险的发生，则该风险应由此方承担。例如，工程施工过程中可能遇到的各种技术问题潜在的风险，承包商应当比业主更有经验来预见和避免此类风险事件的发生。

二、风险响应对策

对分析出来的风险应有响应，即确定针对项目风险的对策。风险响应是通过采用将风险转移给另一方或将风险自留等方式，研究如何对风险进行管理，包括风险规避、风险减轻、风险转移、风险自留及其组合等策略。

（一）建筑工程项目风险规避

建筑工程项目风险规避是指承包商设法远离、躲避可能发生的风险的行为和环境，从而达到避免风险发生的可能性，其具体做法有以下三种。

1.拒绝承担风险

承包商拒绝承担风险大致有以下几种情况。

（1）对某些存在致命风险的工程拒绝投标。

（2）利用合同保护自己，不承担应该由业主承担的风险。

（3）不接受实力差、信誉不佳的分包商和材料、设备供应商，即使其是业主或者有实权的其他任何人推荐的。

（4）不委托道德水平低下或其他综合素质不高的中介组织或个人。

2.承担小风险，回避大风险

在建筑工程项目决策时要注意放弃明显导致亏损的项目。对于风险超过自己的承受能力，成功把握不大的项目，不参与投标，不参与合资。甚至有时在工程进行到一半时，预测后期风险很大，必然有更大的亏损，不得不采取中断项目的措施。

3.为了避免风险而损失一定的较小利益

利益可以计算，但风险损失是较难估计的，在特定情况下可采用此种做法，如在建材市场，有些材料价格波动较大，承包商与供应商提前订立购销合同并付一定数量的定金，从而避免因涨价带来的风险；采购生产要素时应选择信誉好、实力强的分包商，虽然价格略高于市场平均价，但分包商违约的风险减小了。

规避风险虽然是一种风险响应策略，但应该承认，这是一种消极的防范手段。因为规避风险固然避免损失，但同时也失去了获利的机会。如果企业想生存、图发展，又想回避其预测的某种风险，最好的办法是采用除规避以外的其他策略。

（二）建筑工程项目风险减轻

承包商的实力越强，市场占有率越高，抵御风险的能力也就越强，一旦出现风险，其造成的影响就相对显得小些。如承包商承担一个项目，出现风险会使他难以承受；若承包若干个工程，其中某个项目上一旦出现了风险损失，还可以有其他项目的成功加以弥补。这样，承包商的风险压力就会减轻。

在分包合同中，通常要求分包商接受建设单位合同文件中的各项合同条款，使分包商分担一部分风险。有的承包商直接把风险比较大的部分分包出去，将建设单位规定的误期损失赔偿费如数订入分包合同，将这项风险分散。

（三）建筑工程项目风险转移

建筑工程项目风险转移是指承包商在不能回避风险的情况下，将自身面临的风险转移给其他主体来承担。

风险的转移并非转嫁损失，有些承包商无法控制的风险因素，其他主体却可以控制。风险转移一般指对分包商和保险机构。

1.转移给分包商

工程风险中的很大一部分可以分散给若干分包商和生产要素供应商。例如：对待业主拖欠工程款的风险，可以在分包合同中规定在业主支付给总包后若干日内向分包方支付工程款。承包商在项目中投入的资源越少越好，以便一旦遇到风险，可以进退自如。可以采取租赁或指令分包商自带设备等措施来减少自身资金、设备沉淀。

2.工程保险

购买保险是一种非常有效的转移风险的手段，将自身面临的风险很大一部分转移给保险公司来承担。

工程保险是指业主和承包商为了工程项目的顺利实施，向保险人（公司）支付保险费，保险人根据合同约定对在工程建设中可能产生的财产和人身伤害承担赔偿保险金责任。

3.工程担保

工程担保是指担保人（一般为银行、担保公司、保险公司以及其他金融机构、商业团体或个人）应工程合同一方（申请人）的要求向另一方（债权人）做出的书面承诺。工程担保是工程风险转移的一项重要措施，它能有效地保障工程建设的顺利进行，许多国家政府都在法规中规定要求进行工程担保，在标准合同中也含有关于工程担保的条款。

（四）建筑工程项目风险自留

建筑工程项目风险自留是指承包商将风险留给自己承担，不予转移。这种手段有时是无意识的，即当初并不曾预测的，不曾有意识地采取种种有效措施，以致最后只好由自己承受；但有时也可以是主动的，即经营者有意识、有计划地将若干风险主动留给自己。

决定风险自留必须符合以下条件之一。

（1）自留费用低于保险公司所收取的费用。

（2）企业的期望损失低于保险人的估计。

（3）企业有较多的风险单位，且企业有能力准确地预测其损失。

（4）企业的最大潜在损失或最大期望损失较小。

（5）短期内企业有承受最大潜在损失或最大期望损失的经济能力。

（6）风险管理目标可以承受年度损失的重大差异。

（7）费用和损失支付分布于很长的时间里，因而导致很大的机会成本。

（8）投资机会很好。

（9）内部服务或非保险人服务优良。

如果实际情况与以上条件相反，则应放弃风险自留的决策。

三、建筑工程项目风险管理计划

建筑工程项目风险响应的结果应形成以项目风险管理计划为代表的书面文件，其中应详细说明风险管理目标、范围、职责、对策的措施、方法、定性和定量计算、可行性以及需要的条件和环境等。

建筑工程风险管理计划的编制应该确保在相关的运行活动开展以前实施，并且与各种项目策划工作同步进行。

风险管理计划可分为专项计划、综合计划和专项措施等。专项计划是指专门针对某一项风险（如资金或成本风险）制订的风险管理计划；综合计划是指项目中所有不可接受风险的整体管理计划；专项措施是指将某种风险管理措施纳入其他项目管理文件中，如新技术应用中的风险管理措施可编入项目设计或施工方案，与施工措施有机地融为一体。

从操作角度讲，项目风险管理计划是否需要形成专门的单独文件，应根据风险评估的结果进行确定。

第五节　建筑工程项目风险控制

风险监控是建筑施工项目风险管理的一项重要工作，贯穿于项目的全过程。风险监测是在采取风险应对措施后，对风险和风险因素发展变化的观察和把握；风险控制则是在风险监测的基础上，采取的技术、作业或管理措施。在项目风险管理过程中，风险监测和控制交替进行，即发现风险后经常需要马上采取控制措施，或风险因素消失后立即调整风险应对措施。因此，常将风险监测和控制整合起来考虑。

一、风险预警

建筑施工项目进行中会遇到各种风险，要做好风险管理，就要建立完善的项目风险预警系统，通过跟踪项目风险因素的变动趋势，测评风险所处状态，尽早发出预警信号，及时向业主、项目监管方和施工方发出警报，为决策者掌握和控制风险争取更多的时间，尽早采取有效措施防范和化解项目风险。

在工程中需要不断地收集和分析各种信息。捕捉风险前奏的信号，可通过以下几条途径进行。

（1）天气预测警报。

（2）股票信息。

（3）各种市场行情、价格动态。

（4）政治形势和外交动态。

（5）各投资者企业状况报告。

（6）在工程中通过工期和进度的跟踪、成本的跟踪分析、合同监督、各种质量监控报告、现场情况报告等手段，了解工程风险。

（7）在工程的实施状况报告中应包括风险状况报告。

二、建筑工程项目风险监控

在建筑工程项目推进过程中，各种风险在性质和数量上都是在不断变化的，有可能增大或者衰退。因此，在项目整个生命周期中，需要时刻监控风险的发展与变化情况，并确定随着某些风险的消失而带来的新的风险。

（一）风险监控的目的

风险监控的目的有三个。

（1）监视风险的状况，例如风险是已经发生、仍然存在还是已经消失。

（2）检查风险的对策是否有效，监控机制是否在运行。

（3）不断识别新的风险并制定对策。

（二）风险监控的任务

风险监控的任务主要包括以下三个方面。

（1）在项目进行过程中跟踪已识别风险、监控残余风险并识别新风险。

（2）保证风险应对计划的执行并评估风险应对计划的执行效果。评估的方法可以采用项目周期性回顾、绩效评估等。

（3）对突发的风险或“接受”风险采取适当的权变措施。

（三）风险监控的方法

风险监控常用的方法有以下三种。

（1）风险审计：专人检查监控机制是否得到执行，并定期进行风险审核。例如，在大的阶段点重新识别风险并进行分析，对没有预计到的风险制订新的应对计划。

（2）偏差分析：与基准计划比较，分析成本和时间上的偏差。例如，未能按期完工、超出预算等都是潜在问题。

（3）技术指标：比较原定技术指标和实际技术指标的差异。例如，测试未能达到性能要求，缺陷数大大超过预期等。

三、建筑工程项目风险控制对策

（一）实施风险控制对策应遵循的原则

1.主动性原则

对风险的发生要有预见性与先见性，项目的成败结果不是在结束时出现的，而是在开始时产生的，因此，要在风险发生之前采取主动措施防范风险。

2.“终身服务”原则

从建筑工程项目的立项到结束的全过程，都必须进行风险的研究与预测、过程控制以及风险评价。

3.理智性原则

回避大的风险，选择相对小的或者适当的风险。对于可能明显导致亏损的拟建项目就应该放弃，而对于某些风险超过其承受能力，并且成功把握不大的拟建项目应该尽量回避。

（二）常用的风险控制对策

1.加强项目的竞争力分析

竞争力分析是研究建筑工程项目在国内外市场竞争中获胜的可能性和获利能力。评价人员应站在战略的高度，首先分析建筑工程项目的外部环境，寻求建筑工程项目的生存机会以及存在的威胁；客观认识建筑工程项目的内部条件，了解自身的优势和劣势，提高项目的竞争能力，从而降低项目的风险。

2.科学筛选关键风险因素

建筑工程项目中的风险有一定的范围和规律性，这些风险必须在项目参加者（例如投资者、业主、项目管理者、承包商、供应商等）之间进行合理的分配、筛选，最大限度地发挥各方风险控制的积极性，从而提高建筑工程项目的效益。

3.确保资金运行顺畅

在建设过程中，资金成本、资金结构、利息率、经营成果等资金筹措风险因素是影响项目顺利进行的关键因素，当这些风险因素出现时，会出现资金链断裂、资源损失浪费、产品滞销等情况，造成项目投资时期停建，无法收尾。因此，投资者应该充分考虑社会经济背景及自身经营状况，合理选择资金的构成方式，规避筹资风险，确保资金运行顺畅。

4.充分了解行业信息，提高风险分析与评价的可靠度

借鉴不同案例中的基础数据和信息，为承担风险的各方提供可供借鉴的决策经验，提高风险分析与评价的可靠度。

5.采用先进的技术方案

为减少风险产生的可能性，应该选择有弹性、抗风险能力强的技术方案。

6.组建有效的风险管理团队

风险具有两面性，既是机遇又是挑战。这就要求风险管理人员加强监控，因势利导。一旦发生问题，要及时采取转移或缓解风险的措施。如果发现机遇，要把握时机，利用风险中蕴藏的机会来获得回报。

当然，风险应对策略远不止这些，应该不断提高项目风险管理的应变能力，适时地采取行之有效的应对策略，以保证风险程度最低化。

任何人对自己承担的风险应有准备和对策，应有计划，应充分利用自己的技术、管理、组织的优势和经验，在分析与评价的基础上建立完善的风险应对管理制度，采取主动行动，合理地使用规避、减少、分散或转移等方法和技术，对建筑工程项目所涉及的潜在风险因素进行有效的控制，妥善地处理风险因素对建筑工程项目造成的不利后果，以保证建筑工程项目安全、可靠地实现既定目标。

结束语

在当前时代快速发展的环境下，我国科技水平和社会主义市场经济等都得到了良好的发展，尤其是建筑工程领域，在这样的环境下得到了稳步发展。对我国建筑工程领域的发展来说，是不能脱离建筑工程管理模式的，要想保障建筑工程更好地适应当前新形势和新时代，建筑企业就应注重自身管理工作的开展，以完善的管理体系为基础，建立科学、全面、严谨的管理系统，并将其落实到各项工作中，由此确保建筑工程施工过程能够科学有效地开展，提升工程质量和效率的同时，确保建筑企业未来健康稳定的发展。

参考文献

[1]海晓凤.绿色建筑工程管理现状及对策分析[M].长春：东北师范大学出版社，2017.07.

[2]刘冰.绿色建筑理念下建筑工程管理研究[M].成都：电子科技大学出版社，2017.12.

[3]贾昊川，甘晓林，赵学凯.建筑工程组织与管理[M].成都：电子科技大学出版社，2017.01.

[4]胡戈，王贵宝，杨晶.建筑工程安全管理[M].北京：北京理工大学出版社，2017.01.

[5]骆萍.建筑工程资料管理[M].武汉：华中科技大学出版社，2017.02.

[6]尹素花.建筑工程项目管理[M].北京：北京理工大学出版社，2017.04.

[7]李玉洁.基于BIM的建筑工程管理[M].延吉：延边大学出版社，2018.06.

[8]杨渝青.建筑工程管理与造价的BIM应用研究[M].长春：东北师范大学出版社，2018.01.

[9]黄湘寒.建筑工程资料管理[M].重庆：重庆大学出版社，2018.12.

[10]张争强，肖红飞，田云丽.建筑工程安全管理[M].天津：天津科学技术出版社，2018.06.

[11]王永利，陈立春.建筑工程成本管理[M].北京：北京理工大学出版社，2018.08.

[12]刘尊明，张永平，朱锋.建筑工程资料管理[M].北京：北京理工大学出版社，2018.01.

[13]王会恩，姬程飞，马文静.建筑工程项目管理[M].北京：北京工业大学出版社，2018.06.

[14]王庆刚，姬栋宇.建筑工程安全管理[M].北京：科学技术文献出版社，2018.06.

[15]索玉萍，李扬，王鹏.建筑工程管理与造价审计[M].长春：吉林科学技术出版社，2019.05.

[16]肖凯成，郭晓东，杨波.建筑工程项目管理[M].北京：北京理工大学出版社，2019.08.

[17]李玉萍.建筑工程施工与管理[M].长春：吉林科学技术出版社，2019.08.

[18]杨莅滦，郑宇.建筑工程施工资料管理[M].北京：北京理工大学出版社，2019.08.

[19]潘智敏，曹雅娴，白香鸽.建筑工程设计与项目管理[M].长春：吉林科学技术出版社，2019.05.

[20]姚亚锋，张蓓.建筑工程项目管理[M].北京：北京理工大学出版社，2020.12.

[21]袁志广，袁国清.建筑工程项目管理[M].成都：电子科学技术大学出版社，2020.08.

[22]赵媛静.建筑工程造价管理[M].重庆：重庆大学出版社，2020.08.

[23]杜峰，杨凤丽，陈升建筑工程经济与消防管理[M].天津：天津科学技术出版社，2020.05.

[24]蒲娟，徐畅，刘雪敏.建筑工程施工与项目管理分析探索[M].长春：吉林科学技术出版社有限责任公司，2020.06.

[25]李红立.建筑工程项目成本控制与管理[M].天津：天津科学技术出版社，2020.07.

[26]王俊遐.建筑工程招标投标与合同管理案头书[M].北京：机械工业出版社，2020.01.

[27]经丽梅.建筑工程资料管理一体化教学工作页[M].重庆：重庆大学出版社，2021.10.

[28]高云.建筑工程项目招标与合同管理[M].石家庄：河北科学技术出版社，2021.01.

[29]潘三红，卓德军，徐瑛.建筑工程经济理论分析与科学管理[M].武汉：华中科学技术大学出版社，2021.09.

[30]梁勇，袁登峰，高莉.建筑机电工程施工与项目管理研究[M].北京：文化发展出版社，2021.05.

[31]谢晶，李佳颐，梁剑.建筑经济理论分析与工程项目管理研究[M].长春：吉林科学技术出版社有限责任公司，2021.06.